KB213038

맑스 재장전

맑스 재장전

자본주의와 코뮤니즘에 관한 대담

제이슨 바커 엮음 | **은혜·정남영** 옮김

일러두기

1. 인명, 지명, 작품명, 단체명은 국립국어원이 2002년 발간한 『외래어 표기 용례집』을 따랐다. 단, 이미 관례적으로 쓰이는 표기는 그대로 따랐다.

2. 각주는 모두 '옮긴이 주'이며 후주로 처리했다. 옮긴이 주에는 본문의 내용을 이해하는 데 필요한 배경지식이나 자세한 서지사항 등을 소개해놓았다.

3. 본문에 들어 있는 '[ ]' 안의 내용은 옮긴이가 읽는이들의 이해를 돕기 위해 원문에 없었던 내용이나 표현을 덧붙인 것이다.

4. 본문에 인용된 책이나 글의 내용 중, 해당 한국어판이 있는 경우에는 '[ ]' 안에 그 자세한 서지사항과 해당 쪽수를 병기했다. 단, 인용된 구절은 한국어판을 참조하되 꼭 그대로 따르지는 않았고, 필요할 경우에는 부분적으로 수정했다.

5. 단행본·전집·정기간행물·팸플릿·영상물·음반물·공연물에는 겹낫표(『 』)를, 그리고 논문·논설·기고문·단편·미술 등에는 홑낫표(「 」)를 사용했다.

한국의 독자들에게

2011년 여름, 나는 DMZ국제다큐멘터리영화제 프로그래머 박소현 씨에게 메일 한 통을 받았다. 다가올 영화제에서 『맑스 재장전』을 상영하고 싶다는 메일이었다. 나는 놀랐고 기뻤다. 『맑스 재장전』은 어쨌든 아르테 TV에서 방영하기 위해 집필하고 감독한 다큐멘터리였다. 극영화가 아니었다. 또한 (오로지 유럽에서만 찍었고 미국에서 시작된 경제 위기를 다뤘기 때문에) 이 다큐멘터리가 제작된 '서구적' 맥락 바깥에는 그다지 '적절해' 보이지 않았다. 그러나 박소현 씨는 이 영화가 아직 본 사람은 없지만 한국의 좌파들 사이에서 이미 회자되고 있다고 설명해줬다. 기분 좋은 뜻밖의 일이었다.

이 작은 대담 모음집을 출간해야겠다는 생각이 처음으로 든 것은 2011년 9월 파주에서 열린 DMZ국제다큐멘터리영화제에 참석했을 때였다. 이때 『맑스 재장전』은 아이러니컬하게도 비경쟁 부문에 속해 있었다. '아이러니컬하다'고 말하는 것은, 파주에 도착했을 때 『맑스 재장전』이 이 영화제에서 가장 인기 있는 영화라는 것이 금세 분명하게 드러났고 『한국일보』에 대서특필됐기 때문이다. 한국을 제대로 방문한 것은 처음이었지만, 한국을 전혀 모르는 것은 아니었다는 점을 물론 인정해야겠다. 알랭 바디우에 대해 내가 쓴 책의 한국어판이 2009년 도서출판 이후에서 출간된 바 있었기 때문이다. 한국 관객들과의 만남에 있어 이 점이 『맑스 재장전』에 조금 유리하게 작용했다. 그리고 서울과 부산에 있는 나의 친구들 덕분에 첫 상영에 이어 토론이 조직됐고 훌륭한 청중들이 토론회에 모여들었다

한국에서 이 영화가 수용되는 것과 관련해 나를 너무나 기쁘게 했던 것은 이 영화가 한국의 대중들 사이에 불러일으킨 관심이었다. 파주에서 상영된 다른 많은 영화들과 달리 『맑스 재장전』은 '영화제 인사들' 너머로까지 뻗어나갔다. '영화제 인사들'이란 영화제에서 관객들을 좌우하기 쉬운 해외 영화감독들과 업계 전문가들을 뜻한다. 『맑스 재장전』은 이와 대조적으로 한국인들에게 연령을 불문하고 압도적으로 호소력 있게 다가갔던 것 같다(꽤 많은 사람들이 『맑스 재장전』을 보러왔다). 나는 그들이 이 영화에 끌려서 어쩌면 이 영화에 담긴 적절하고 시급한 문제들을, 한국 사회나 정치와 연관성을 가질 수 있는 문제들을 발견했으리라고 생각하고 싶다. 말할 것도 없이 칼 맑스나 코뮤니즘은 한국의 근현대사와 무관하다고 보기 힘들다. 어쨌든 이런 관심은 내게 이 대담들 전체가 한 권의 책으로 출간되어야 한다는 확신을 심어주기에 충분했다. 이 대담들이 여러 언어들 중 최초로 한국어판으로 출간되는 것을 보게 되어 기쁘다.

다큐멘터리 『맑스 재장전』에 성실한 지지와 열정을 보여주어 그것이 대담 모음집으로 출간될 수 있도록 해준 나의 한국 친구들에게 감사를 전하고 싶다. 무엇보다도 먼저 이재원 씨에게 (특히 그가 보여준 인내심에) 영원히 감사드릴 것이다. 그는 이 대담 모음집을 출간하는 데 헌신했을 뿐만 아니라 바디우에 대해 쓴 나의 책이 한국에

소개되는 데 깊이 관여했다. 그런 성실한 편집자가 없었다면 한국의 독립 출판이 그렇게 명망 있는 높은 수준에 도달하지 못했을 것이라고 해도 과언이 아니다. 더불어 이택광 씨와 박용준 씨에게도 이 영화를 지지해주고 내가 하는 말에 깊은 관심을 가져준 것에 대해, 그리고 다른 사람들이 내 말에 귀를 기울이도록 설득하고자 노력해준 것에 대해 감사를 전한다. 끝으로 누구 못지않게 서용순 씨에게도 감사를 전한다. 그는 바디우의 뛰어난 제자 중 한 명으로, 프랑스 철학의 매력과 프랑스어 지식을 나와 공유하고 있는 사람이다. 나는 『맑스 재장전』 덕분에 이들 모두와 친구가 됐다. 부디 이것이 앞으로 계속해서 꽃피게 될 교류의 시작이 되길 바란다.

2013년 3월 스위스의 빌-비엔느에서
제이슨 바커

당신이 어떤 방에 들어간다.
그러자 생전 처음 보는 사람이 당신에게 인사한다.
당신은 자리에 앉으면서 결정적인 순간이 도래했음을 직감한다.
"파란 약을 집겠소, 아니면 빨간 약을 집겠소……?"
이런 선택을 갑자기 제시받는 순간, 세계는 이미 뭔가 변해 있다.

어느 약을 먹을 텐가?

영화를 즐겨보는 사람이라면 『매트릭스』의 이 상징적인 장면에 익숙할 것이다. 그런데 패러디를 넘어, '기계가 지배하는 세계'라는 판타지가 아니라 '위기 시대의 자본주의'라는 현실을 주제로 하는 담론의 맥락에서 이 장면은 무엇을 의미할까? 기계가 지배하는 세계라는 판타지에서 자본이 지배하는 세계라는 현실로……

당신이 이제부터 읽을 대담들은 2010년 3월부터 9월 사이에 진행됐다. 이 대담들의 결과물인 다큐멘터리 『맑스 재장전』은 2011년 4월 11일 아르테 TV에서 처음 방영됐고, 이후 세계의 수많은 나라들에서 상영됐다. 이 다큐멘터리를 만든 목적은 두 가지이다. 첫째는 2007년(다른 분석에 따르면 2008년)부터 시작된, 그리고 내가 대본을 쓰기 시작한 2009년 가을에 이미 1930년대 대공황 이후로 가장 큰 타격을 준 경제 사건으로 묘사되고 있던 전지구적 경제·금융 위기(자본주의의 위기 자체?)에 응답하는 것이다. 둘째는 '코뮤니즘이라는 이념'으로 알려진 문화적 현상을 다루는 것이다. '코뮤니즘이라는 이념'은 슬라보예 지젝이 조직해 2009년 3월 13~15일 버크벡 런던대학교에서 열린 심포지엄의 이름이기도 하다.[1] 두 번째 심포지엄은 지젝에 의해 다시 조직되어 2010년 6월 25~27일 베를린에서 열렸는데,『맑스 재장전』에 이 심포지엄의 모습 일부가 담겨 있다.[2] 코뮤니즘이라는 이념이 우리로 하여금 얼마만큼이나 당대의 경제적 사건을 이해할 수 있게 해줄까? 이것이『맑스 재장전』의 제작 과정을 관통하는 물음이었다.

다큐멘터리『맑스 재장전』에 실린 대담들을 출간하는 것은 동일한 질문에 대한 대담자들의 답변을 편집하지 않은 채 독자들에게 온전히 제공하기 위함이다. 한편으로 전지구적 자본주의와 겉으로 드러난 그 고유의 내재적 위기들, 다른 한편으로는 (이에 대한 가능한 해법이 될지, 아니면 일종의 철학적·정치적·사회적 '대안'이 될지 모르겠지만) 코뮤니즘이라는 이념, 이 양자 사이의 가능한 관계들에 대해 대담자들이 내놓은 응답 말이다. 그러나 나는 이 대담들을 출간하면서 **목표하지 않은 것** 역시 명확히 밝혀야 할 것 같다.

『맑스 재장전』은 결코 칼 맑스의 사상에 대한 충실한 설명이나 사상에 중심을 둔 일대기로서 기획되지 않았다. 나는 가능한 한 쉽게 다가갈 수 있게 대담을 하고 싶었다. 즉, 다큐멘터리도 이 책도 '핵심용어 사전'으로서 기획되지 않았다는 뜻이다. 일부 관람객들은 이 사실을 보지 못한 것 같은데, 그래서인지 그들은 내가 맑스의 이론을 잘못 설명하거나 잘못 읽고 있다고 주장했다.

나는 맑스 '전문가들'(물론 나는 내가 이런 전문가들 중 한 명이라고 주장하지 않는다)에게 혼란이나 실망을 줄 생각이 없다. 그저 다음의 아이러니에 주목하고 싶을 뿐이다. 즉,『맑스 재장전』은 맑스의 사상을 '재장전'한다는 것이 어떻게 해석될 수 있는지를 고찰하고자 한 것이었다(『맑스 재장전』이 그런 '재장전'에 기여할 수 있을지 없을지는 잠시 제쳐두자). 이 재장전을 책임지고 있는 사람들, 가령 지젝과 더불어 다큐멘터리의 중심인물인 마이클 하트, 안토니오 네그리 등이 출간하는 책들은 논쟁의 여지없이 맑스에게서 영감을 얻었으며 맑스에게 많은 것을 빚지고 있다. 그러나 그런 창조적인 작업이 늘 그렇듯, 재장전의 대상은 그 고유한 특질을 원래 상태 그대로 보전하기가 힘들다. 나아가, 재장전하는 사람들 중 맑스의 충실한 제자로 묘사될 수 있는 사람은 없다. 하트, 네그리, 지젝은 맑스의 사상과 자신들의 차이점을 굳이 숨기지 않는다(네그리의 저서 중에는 『맑스를 넘어선 맑스』라는 명백한 제목을 가진 책도 있다).[3] 이 점은 다큐멘터리에서 분명하게, 그리고 책에서 훨씬 더 분명하게 드러난다.

두 가지 구체적인 예를 주목해보자. 첫째는 지젝이 맑스의 "고전적인 착취 논리"를 논하는 대목이다. 그리고 둘째는 네그리와 하트가 각자 자신들의 '비물질노동' 개념을 소개하는 대목이다. 네그리와 하트 본인들이 인정한 바에 따르면, 이 비물질노동이라는 개념은 노동에 대한 맑스의 고유한 이해에서 벗어나 있다. 그렇더라도 문제될 것은 없다. 『맑스 재장전』에서 탐구되고 있는 것은 맑스가 사회적으로나 철학적으로 '오늘날에도 적절한지'만이 아니라 (더 중요하게는) 맑스의 사상이 얼마만큼 그 고유의 물리적 특성을 보전하면서 새로운 형태로 만들어질 수 있는지이기 때문이다.

『매트릭스』의 비유를 들어보자. 거기서 제기되고 매 장면에 스며든 물음은 이렇게 이해될 수 있다. "우리는 현실의 일관성이나 의미를 희생시키지 않으면서 현실을 어디까지 비틀 수 있나?" 예컨대 초능력 소년이 숟가락을 구부리면서 네오에게 매트릭스의 물리적 특성을 설명하는 장면을 떠올려보라.

"숟가락을 구부리려고 하지 마세요. 그건 불가능해요. 그냥 진실을 깨달으려고 해보세요."

"어떤 진실?"

"숟가락은 없어요."

어쩌면 이것은 『맑스 재장전』을 관통하는 선문답 같은 문제일 것이다. 다시 말해서 맑스주의의 동형성isomorphy에 관한 문제이다. 맑스주의의 동형성을 통해 내가 말하고 싶은 것은 맑스 사상이 사상으로서 변형될 잠재력, 즉 새로운 형태를 취할 능력, 급진적 사상이 요구되는 시기에 재장전되고 재배치될 능력을 갖고 있다는 점이다. 재해석된다는 의미에서 재장전되는 것이 아니다. 맑스를 재해석하는 것은 오늘날의 맑스 르네상스로부터 우리가 기대할 수 있는 최소의 것이라고 말할 수 있다(재해석이란 그저 오래된 개념들로부터 새로운 의미를 만들어내는 것일 뿐이다). 진정으로 재장전된 혹은 재활성화된 맑스가 오늘날 가질 수 있는 효과는, 세계에 대한 기존의 생각을 뿌리째 뒤흔드는 것이다. 1843년 아르놀트 루게에게 보낸 편지에서 맑스는 그런 철학적 실천을 이렇게 정의한다. "나는 존재하는 모든 것에 대한 가차 없는 비판을, 그 비판이 도달하게 될 결론을 두려워하지 않는 동시에 존재하는 권력들과의 충돌을 두려워하지 않는다는 점에서 가차 없는 비판을 말하고 있는 것이네."[4]

우리는 그런 가차 없는 자기비판으로부터, 우리의 개념적 상상력이라는 장치를 통해 맑스를 재장전했을 때 맑스가 그 실험에서 살아남지 못할 가능성도 충분히 있을 수 있다는 것을 추론해낼 수 있다. 그런데 그렇게 된다고 해서 문제가 될까?

맑스가 죽은 1883년과 러시아 혁명이 일어난 1917년 사이에 맑스의 사상에 무언가가 일어난 것은 명백하다. 일련의 새로운 정치적 상황이 상당히 다른 역사적 조건들에 기초해 일어났고, 세계는 변하기 시작했다. 이것은 레온 트로츠키의 '영구 혁명'(원래는 맑스가 『신성가족』[1844]에서 프롤레타리아트가 부르주아지를 권력에서 몰아내는 운동을 설명하기 위해 만들어낸 말)5)이 맑스주의 교의와 단절될 위험을 보였던 때이다.6) 다큐멘터리 『맑스 재장전』에 삽입된 애니메이션 장면(『매트릭스』에서 네오와 모피어스가 만나는 장면을 패러디한 장면)에서 맑스는 트로츠키와 대면하게 된다. 물론 『맑스 재장전』에서 그려지는 만남은 가상의 만남이다(가상이면 또 어떤가?). 맑스와 트로츠키는 실제로 만난 적이 없다(트로츠키는 1879년에 태어났다). 그런데 왜 역할이 바뀌어 트로츠키가 선생이 되고 맑스가 학생이 된 것일까? 정말로 맑스는 자본의 수수께끼를 푸는 사람, 우리 모두가 조언을 얻기 위해서는 되돌아갈 수밖에 없는 그런 사람일까?

맑스는 거의 항상, 세계 자체의 종말은 아닐지언정 적어도 자본주의의 종말이 올 것이라고 은밀하게 예언한 경제 부문의 노스트라다무스로 불린다(그런데 세계와 자본주의는 무슨 차이가 있나?). 어리석게도 사람들은 명확하게 규정된 일련의 질문들에 답을 제공해주는 것이 사상가로서의 맑스의 유산이라는 생각을 계속 반복하고 있다. 많은 이들이 맑스가 선지자이길 바랐지만 맑스는 선지자가 아니었다. 맑스는 생의 대부분을 이름 없이 살았으며, 분명히 '역사'가 자신에게 내려준 우상과도 같은 지위에 난처해했을 것이다. 1970년대에는 맑스를 '사유의 대가'로 부르는 것이 유행이었다. 그러나 이 저널리즘적 상투어는 닥터 맑스보다 닥터 스트레인지러브에게 더 많은 빚을 지고 있다. 맑스에게 자신의 이름으로 자행된 20세기 코뮤니즘의 재앙에 대한 책임을 물을 수 없다는 것은 더 말할 필요도 없다. 다른 한편 (우리가 좋아하든 좋아하지 않든) 맑스가 끼친 '영향'은 복잡한데, '코뮤니즘이라는 이념'은 이 점을 과소평가하고 있는지도 모른다. 당연하게도 맑스는 20세기를 거치며 진화한 코뮤니즘을 지지할 수 없었다. 환생한 맑스가 트로츠키를 만나 어리둥절해하는 장면은 러시아 혁명 이후 코뮤니즘의 '진정한 운동,' 즉 노동계급의 국제적 해방 투쟁에서 이탈한 정치 노선으로부터 맑스가 동떨어져 있음을 나타낸다. 하지만 다른 한편으로, 20세기 내내 코뮤니즘 체제들은 자신들의 정치적 행위 또는 강령을 정당화하려고 할 때 계속 맑스에게 호소했다. 좋든 싫든 맑스의 유령이 우리의 정치적 상상력의 매트릭스를 여전히 배회해왔던 것이다.

하트, 네그리, 지젝(앞으로 이들을 '신맑스주의자'라고 칭하겠다)에게 '사회주의'는 맑스의 나쁜 측면이다. 나는 사회주의를 더욱 민주적이고 평등한 사회 형태로 커가는 과정 또는 이행으로 이해한다.[7] 신맑스주의자들에 따르면, 이런 사회주의는 정치적으로 시효가 끝났으며 우리에게 제공해줄 것이 더 이상 없다. 사회주의에 대한 그들의 비판은 냉혹할 정도이다. 네그리는 대담에서 이렇게 말했다. "소련인들도 '사회주의에 진입해 있다'고 늘 말했습니다. 자유주의가 자본의 관리 형태이듯이, 사회주의도 자본의 관리 형태입니다."[8] 지젝은 대담에서 '사회민주주의'와 20세기의 코뮤니즘 형태를 포함한 일련의 정치 이데올로기들을 일축한다. 이와 반대로 순수한 코뮤니즘은 모든 특수한 사회구성체를 초월하는, 그리고 역사를 통틀어 권력의 지배적 형태들에 저항하는 이념이다. 알랭 바디우가 말했듯이 코뮤니즘은 역사의 '불변항'이며, 따라서 자본주의를 거치고 그 다음에 사회주의를 거쳐가는 역사적 과정의 최종 단계가 아니다.[9] 맑스가 프리드리히 엥겔스와 『공산주의당 선언』에서 말했듯이 "지금까지 모든 사회의 역사는 계급투쟁의 역사이다."[10] 즉, 이렇게 읽으면 맑스가 20세기에 악영향을 끼쳤고, 20세기에 코뮤니즘이 불러온 재앙과 독재 체제에 '책임'을 져야 한다는 주장은 틀렸다. 왜냐하면 20세기가 입증하는 것은 맑스의 전체적 통제력이 아니라, 억압의 사슬을 끊으려는 피억압자들의 생득적이며 자연발생적인 욕망이기 때문이다. 비극적인 말년에 맑스가 어느 유명한 대담에서 말했듯이 인간의 삶의 본질, 즉 삶을 규정하는 것이자 벗어나는 것은 **투쟁**이다.[11] 20세기에 전개된 투쟁에 끼친 맑스의 영향이나 '책임'은 기껏해야 역사의 변증법적 운동의 한 측면일 뿐이다. 이것은 바다가 해변의 침식에 '책임'이 있다고 말하는 것과 같다.

코뮤니즘은 정치적 존재론이다. 바로 이것이 신맑스주의자들의 주장이다. 그러나 이 존재론은 우리의 경험에만 주어지는 것은 아니다. 맑스가 역사를 계급투쟁으로 정의할 때, (자본주의 안에서 살아간다는 객관적 사실뿐만 아니라 우리의 주체적 사상과 철학 자체까지) 역사의 일부를 이루는 모든 것은 그 투쟁의 일부를 이룬다. 자본주의는 오늘날 경제·사회 체제에만 해당되는 이름이 아니다. 자본주의는 우리 세계의 한계에 해당되는 이름이다. 자본주의 자체가 하나의 총체로서 세계가 된다면, 세계의 종말을 상상하는 것이 자본주의의 종말을 상상하는 것보다 정말 더 쉬워질까? 네그리가 대담에서 말했듯이, 우리는 자본의 내부에 있으며 자본의 외부란 없다. 그런데 이것이 사실이라면 우리는 어떻게 그것에 대항해 투쟁할 수 있을까? 이

'그것'은 또 무엇일까? 우리를 구성하는 총체로서의 체제에 대항해 투쟁한다는 것은 무슨 의미일까?

바로 여기서 맑스 사상의 매트릭스는 철학적이 된다. 우리가 알고 있다고 생각하는 세계의 정체성은 그곳에서 문제가 된다. 지젝이 양자물리학에 대해 말한 것처럼 오늘날 우리는 객관적 현실, 세계, 세계의 성격 등 가장 기본적이고 단순한 문제들에 대해 우리가 지닌 관념을 다시 생각해야 한다. 물론 맑스도 잘 알고 있었듯이, 실재의 층들을 벗겨냄으로써 잔혹하고 타협의 여지가 없는 진실을 밝혀낸다는 것은 위험하다. "존재하는 모든 것에 대한 가차 없는 비판"은 사회 일반뿐만 아니라 우리의 생존 자체에 해가 될지도 모르는 것을 들춰낼 위험이 있다. 알베르토 토스카노가 대담에서 상기시키듯이 맑스 개인의 생애는 완전히, 그러나 어쩔 수 없이 무책임했던 일종의 광신적 사유에 대한 연구사례였다. 확실히 맑스가 싱긋 웃는 트로츠키와 대면하는 『맑스 재장전』의 오프닝 장면은 상이한 여러 수준을 갖는 판타지이자 정치 이데올로기로서 맑스주의가 지닌 아이러니에 대한 은유이지만, 그보다 훨씬 더 중요하고 근본적인 철학적 물음을 제기한다. 이것은 맑스가 파란 약과 빨간 약 사이에서 직면하게 되는 '선택'과는 별 관련이 없다. 오히려 그 선택이 오늘날 우리가 살고 있는 세계의 상태에 대해 무엇을 말해주는가와 관련이 있다.

먼저, 이 빨간 약/파란 약 장면이 전제하는 것은 무엇인가? 간단히 말해서 그것은 **또 다른** 세계가 존재한다는 사실이다. 주인공을 바보로 만들어 거짓된 안도감에 빠지게 만드는 환상에도 불구하고, 주인공이 속아 넘어가서 자신이 살고 있는 세계를 실재하는 것으로 받아들였다는 사실에도 불구하고 말이다. 이것이 트로츠키/모피어스의 약속이자 대안지구화의 약속이다("또 다른 세계는 가능하다"). 그런데 어떻게 가능하다는 것일까? 자본주의가 총체로서의 세계라면, 심지어 총체로서의 우주라면 '또 다른' 세계는 어떻게 존재할 수 있을까? 답은 이렇다. 트로츠키가 맑스를 만나는 방이 실재하는 방이 아니기 때문이다. 그 방은 실재계가 아니다. 이들의 만남은 물리적 우주의 구조에서 일어나는 특수한 진동을 나타낸다고 할 수 있다. 이들은 각자의 의식과 의지로 대화를 나누고 있지만 객관적으로는 그곳에 없다. 영화 『매트릭스』에서 반란군 수장(모피어스)과 그가 찾던 비범한 인물 네오가 만날 때, 네오는 여전히 기계세계의 노예였다. 아무것도 모른 채 자신만의 고립된 공간에 붙박여 해방을 기다리는 개체, '삶 권력'에 종속된 하나의 무심한 개체. 바로 이것이 다른 세계이다. 더 정확히 말하면 현상의 표층 세계 뒤에 숨어 있는 진실, 유순한 신체들에 의해 가려진 잔혹하고 타협의 여지가 없는 진실이다. 혹은 맑은 의식 속에서 투쟁을 계속해나가기만 한다면 인류가 빠져나올 것이 틀림없는 동굴(플라톤)이거나 눈먼 노동자들이 떨치고 나올 것이 틀림없는 경제적 착취 뒤에 숨어 있는 진실이다.

이것이 실천에 기반을 둔 가차 없는 비판을 통해 도달할 또 다른 세계(실재계)에 대한 **각성**으로서의 코뮤니즘이라는 이념인가? 어쨌든 주인공은 선택을 제시받는다. 빨간 약을 먹으면 진실이 드러날 것이다. 이 각성은 순간적인 포착이 아니라 길고도 고통스러운 과정일 테지만, 빨간 약을 먹으면 적어도 '영구 혁명'이 시작될 수 있다.

이 은유는 코뮤니즘이라는 이념을 이해하는 데 부적절해 보인다. 적어도 어떤 오해를 낳을 수 있다. 왜? 매트릭스의 판타지 세계와 실재 세계가 **동일**하기 때문이다. 일단 빨간 약을 먹고 매트릭스로 들어

가면(영화 속에서 '각성'이 트로츠키 식의 전투적인 세포조직에 합류함으로써 이뤄진다는 점은 의미심장하다), 주인공은 진실에 더 가까이 갈 수 없다. 주인공은 여전히 컴퓨터가 생성하는 실재에 기대어 매트릭스의 수수께끼를 푼다. 주인공은 여전히 투사들이 이 '다른' 세계의 문제를 해결하기 위해 구축한 쌍방향적 환상 또는 가상현실 게임에 기댄다. 주인공이 매트릭스 요원들과 벌이는 치열한 전투를 보라. 영화에서 이 전투는 대부분 발레 같은 기교를 부리며 펼쳐지지만, 본질적으로는 고도로 통합된 컴퓨터 코드를 끊어놓는 추상적 행위이다. 그 '요원들'은 개성이나 객관적 실재가 없는, 데이터의 2진 숫자열일 뿐이다. 코뮤니즘에 회의적이거나 비판적인 사람들은 일반적으로 이 '계시적'의 측면, 고로 '환상적' 측면에 주목한다. 존 그레이는 코뮤니즘을 바로 그런 정치적·종교적 광신의 (아마도 가장 강력할) 육화로 간주하며, 코뮤니즘의 신봉자들이 실제적인 상식을 손쉽게 건너뛰고 자기최면적인 판타지 세계로 뛰어든다고 본다. 그런데 이 '광신자들'이 실제적인 '상식적' 실재 속에 사는 사람들보다 더 미혹되어 있다거나 스스로 최면에 걸려 있다고 보는 이유는 무엇일까? 파란 약을 먹은 몽유병자들이 빨간 약을 먹은 광신자들보다 더 '실제적'이라고 생각하는 이유는 무엇일까? 어쨌든 매트릭스에 들어가도, 주인공에게는 이전 삶에서처럼 풀어야 할 미스터리가 여전히 많다.

그런데 우리는 적어도 주인공이 매트릭스에서 환상을 **자각**하게 된다고, 혹은 마침내 모든 것이 보이는 대로가 아니라는 것을 깨닫게 된다고 말할 수 있을까? 이런 생각은, 트로츠키와 맑스가 만나는 장면이 의미하는 바가 이것이라고, 상식적으로 말할 수 있을 법한 생각이다. (맑스가 결코 그 성원이 되길 원치 않았던 것으로 유명한) 맑스주의의 역사 전체에는 항상 환상 바깥에 있게 되는 이데올로기가 하나 존재하는데, 바로 맑스주의 고유의 이데올로기이다. 그러나 우리는 이 오류, 즉 맑스주의자들과 그 비판자들이 조장하는 오류에 굴복히지 않도록 조심해야 한다. 우리 각자가 가진 생각의 지하세계를 헤집고 다녀도 통로는 보이지 않는다. 맑스는 '선택된 자'가 아니며, 코뮤니즘의 역사는 과오와 패배의 막다른 길들로 가득 차 있다. 이런 의미에서 코뮤니즘이라는 이념은 그 내적 과오와 벌이는 반半의식적 전투로서 이해될 수 있다. 이런 생각에 따를 법한 위험들에 대한 성찰은 독자들의 상상에 맡겨두겠다.

코뮤니즘이라는 이념이 폭로하는 것은 오늘날에도 여전히 코뮤니즘 속에 들어 있다고들 하는 오류들과 상투어들이다. 반복하건대, 여기서 코뮤니즘은 역사적 실재가 아니라 이념이다. 그런 실재 자체가 늘 갖가지 편견과 해석의 산물이기 때문이다. 코뮤니즘은 자본주의의 타자가 아니다. 우리는 파란 약의 자본주의와 빨간 약의 코뮤니즘을 구별해낼 수 없다. 자본주의 사회가 혁명을 불러일으켰음을 확인하기 위해서는 『공산주의당 선언』의 맑스만 읽으면 된다. 예컨대 "생산의 끊임없는 변혁, 모든 사회 상태들의 부단한 동요, 항구적 불안과 격동"에 대해 말할 때, 맑스와 엥겔스는 "오랫동안 신성시되어 온 관념들 및 견해들"과 더불어 "굳고 녹슨 모든 관계들"을 평등하게 변형시킨 자본주의를 환영하고 있다. "모든 신분적인 것, 모든 정체停滯的인 것은 증발되어 버리고, 모든 신성한 것은 모독당한다. 그리고 사람들은 마침내 자신의 생활상의 지위와 상호 연관들을 냉정한 눈으로 바라보지 않을 수 없게 된다."[12] 자본주의가 이 모든 것을 할 수 있다면, 혁명가를 자임하는 사람은 도대체 왜 빨간(혹은 코뮤니즘이라는) 약을 먹어야 하는가? 맑스가 비교적 초기에 쓴 저작에서, 코뮤니즘이라는 유령이 자본주의의 '안전성'을 위협하는 외부의 힘이 아니라는 점은 명백하다. 선한 삶에 대한 악한 부정으로서의 코뮤니즘이라는 상투적인 생각(또는 선한 삶에 대한 부정으로서의 자본주의라는, 좌파 정치 이데올로기에서의 상투적인 생각)은 오늘날에도 계속되고 있다. 하지만 "우리는 현재의 상태를 지양해나가는 현실적 운동을 코뮤니즘이라고 부른다"[13]라고 썼을 때, 맑스와 엥겔스가 더 나은 세계에 대한 추상적·유토피아적 전망을 전혀 품고 있지 않았다는 것은 분명하다. 실로 맑스의 가차 없는 유물론 철학의 진정한 정신을 따르면, '더 나은' 세계를 구축하려 할 때 '세계' 자체가 문제가 된다고까지 표현할 수 있다. 달리 말하면, 자본주의와 코뮤니즘은 좋든 싫든 동일한 세계를 이루고 있는 것이다.

그렇다면 현재의 혹독한 전지구적 경제·금융 위기를 양자택일의 프레임으로 보는 것에는 어떤 의미가 있을까? 자본주의가 불러일으켰다고 여겨지는 경제적·사회적·생태적 곤경에서 벗어날 직접적인 방법을 제공해주지 못한다면, "파란 약이냐 빨간 약이냐?"라는 양자택일로 해방에 대한 환상적이고 정형화된 생각을 조장하는 목적은 무엇일까? 외관상 수사적으로 보이는 이 물음에 대한 답이 내가 보기에는 핵심이다. 전지구적 위기를 빨간 약/파란 약이라는 양자택일의 프레임 안에 놓은 것은 두 가지 약 중 하나를 먹음으로써(또는 무엇을 의미하든 둘 중 하나의 정치적 입장을 채택함으로써) 위중하고 반복적인 역사적 곤경을 해결할 수 있다고 말하기 위해서가 아니었다. 이 은유의 요점은 맑스주의 담론 자체가 계속 맞닥뜨리게 되는 막다른 골목을 드러내고자 한다는 데 있다.

오늘날 우리가 단단히 고착되어 있는 바로 이 막다른 골목이, 마치 영원회귀하는 인물인양 맑스로 하여금 상상 가능한 모든 환경 속에서, 궁극적인 승리를 향한 굳은 의지로, 맑스주의의 패배와 노동자 운동의 패배를 다시 체험하도록 만들고 있다. "파란 약이냐 빨간 약이냐?"라는 물음은 우리에게 진정한 선택지를 제공하지 못한다. 오히려 피상적이고 경박스러울지언정 이 '선택'이 드러내 보여주는 것은 그런 양자택일의 자의적 성격이다. 프리드리히 니체에게 영원회귀란 운명에 대한 사랑, 즉 삶의 승리와 패배를 존재의 거대한 사슬 속에 존재하는 동등한 부분으로서 받아들여야 할 필요성을 가르쳐주는 것이었다. 이것은 주사위 던지기와도 같다. 빨간 약과 파란 약 중 하나를 바라는 것이 아니라 **원한** 없이, 사태가 달라질 수도 있었다는 환상을 키우는 일 없이 선택의 결과를 받아들이는 것이다. 달리 말하면 **선택에서** 벗어나는 것이다. 물론 맑스를 니체적 운명론자로 읽으려 하는 것은 순진하다 못해 매우 그릇된 일이리라. 그러나 이것은 파란 약/빨간 약이라는 은유가 적어도 우리로 하여금 '급진적'이든 '자유주의적'이든 동시대 정치 담론의 환상들을 경계하도록 만들어줄 수 있다는 점에서 중요하다. 오늘날의 정치 담론은 자본주의 '아니면' 코뮤니즘, 자본주의 '아니면' 사회주의, 민주주의 '아니면' 독재, 사회주의 '아니면' 야만 같이 너무나 안이하게 이원론적인 쌍으로 환원된다. 이런 의미에서 자본주의를 벗어날 길은 정말로 없는데, 이 점을 인정해야 투사들은 맑스가 "일상생활의 종교"[14]라고 부른 것의 진정한 교활함을 파악하기 시작할 수 있다.

그런데 파란 약과 빨간 약 사이의 선택은 수사적 제스처에 불과한 것일까? 그렇다면 그런 수사적 제스처는 우리가 살아가고 있는 시대의 정치에 대해 무엇을 말해줄까? 우리에게는 당파적이 될 희망이 더 이상 없다는 것일까? 수사가 자본주의에 대한 우리의 유일한 저항이라는 것일까? 논의를 진전시키기 위해, 우리에게 제시된 이 선택이 진정한 선택이 아니라는 것을, 혹은 자유로운 선택이란 환상에 지나지 않는다는 것을 받아들이자. 이것은 **잘못된** 선택과 대립하는 **올바른** 선택을 배제하는 것일까? 올바른 선택이 잘못된 선택보다 **낫다**는 사실을 배제하는 것일까? 자본주의에서 벗어날 길이 없다고, 그래서 지금의 세계에는 대안이 없다고 말할 수 있다. 그러나 벗어날 길이 없을 뿐만 아니라 모든 선택이 그 자체로, 그 선택을 내린 사람이 누구인지와 상관없이(선택 자체가 '가능'한지 아닌지와 상관없이) 똑같은 무게를 지닌다고 말하는 것은 전혀 별개의 문제이다. 어쨌든 맑스는 보통 사람이기는 힘들며, 우리는 맑스가 파란 약과 빨간 약 사이에서 내릴 선택이 다른 사람의 동일한 선택이 낳지 못할 특수한 결과를 가져올 것이라 가정할 수 있다.

총선거가 누가 옳은지를 입증하는 경우는, 있다 하더라도 매우 드물다. 오늘날에는 보통선거를 통해 선출된 정부가 설령 추첨으로 당선됐더라도 그 정당성이 그리 다르지 않으리라고 말해도 좋을 것이다. 그런 선거들을 통해 도달한 합의는 정치적 진실을 제대로 보여주지 못한다. 총선거가 진정으로 사람들의 소망을 대변했다면, 파리 코뮌은 분명 결코 일어나지 않았을 것이다. 세계 역사를 형성하는 데 일조한 다른 많은 정치적 반란들도 틀림없이 일어나지 않았을 것이다. 민주주의를 위한 투쟁은 팝스타 지망생들의 경연대회처럼 심사위원들 앞에서 수행되는 것이 결코 아니다. 정치권력은 결코 객관적이지 않다. 물론 민주적인 정부와 국가의 지배적인 신화들은 정확히 그 반대를 보여준다. 그런 신화는 정체政體, 또는 '주권'이 사람들로부터 분리 가능한 것이라고, 왕이나 대통령이 그 최종 심판자라고 믿게 만든다. 그리고 시민들을 대의하는 자와 대의되는 자로 편리하게 나눈다. 한편에는 실권자들을 대변하는 능동적이고 활발한 로비스트들이 있고, 다른 한편에는 현실정치의 냉소적 메커니즘에 관여하기에는 너무 무지하거나 태평하거나 고상하거나 분노에 차 있기 때문에 실질적인 정치 과정에서 소외된 수동적인 사람들이 있다는 식이다.

그러나 "파란 약이냐, 빨간 약이냐?"라는 수수께끼는 우리가 이와는 완전히 다른 세계에 살고 있음을 시사한다. 『맑스 재장전』이 공개된 이후, 실재가 마침내 예술을 모방하기 시작했다는 인식이 생겨나고 있기까지 하다. 대의제 통치의 원리를 따르는 자유민주주의는 곳곳에서 붕괴하고 있다. 우리는 전지구적 경제·금융 위기의 끝없는 희비극을 거치면서 우리가 우리의 이해관계를 대의하도록 선출한 사람들과 그들에게 돈을 대주는 사람들이 우리의 이해관계로부터 점점 더 멀어져가는 것을 보고 있다. (맑스가 유일무이의 진정한 왕 또는 대통령이라고 파악한[15]) 자본의 주권 앞에서 드러내는, 우리를 대의하는 자들의 정치적 무능은 숨이 턱 막힐 정도이다. 이 위기가 지금껏 민주주의에 관한 단 하나의 사실을 밝혀냈다면, 그것은 자유민주주의와 인민의 의지가 절대적으로 괴리되어 있다는 사실이다.

이런 상황을 염려해야 할까? 자본주의 자체의 위기가 아니라 자유민주주의의 위기라 일컬어지는 위기가 이런 염려의 원인일까? 우리는 그 붕괴를, 자본주의적 착취라는 잔혹한 진실을 드러내는 빨간 약을 지나치게 복용한 것이라며 환영해야 하는 것일까? 이것은 아마도 『매트릭스』의 핵심에 있는 허무주의적·유토피아적 함의일 것이다. 우리는 모든 SF소설에서 그런 함의를 발견한다. 미래에 설명 불가능한 미지의 사기업이 세계를 지배하며, 대의민주주의는 사라지고, 시민사회는 아노미 상태에 빠졌으며, 대중 정당 대신 무법의 투쟁적인 세포조직들이 주변에서 모반을 꾸민다는 설정 말이다. 이런 이야기는 미래주의적 판타지이긴 하지만 새롭지 않다. 맑스가 1849년 런던에 도착했을 때 급진 정치는 대부분 이와 똑같은 방식으로 행해지고 있었다. 민중의 명령을 수행할 대중 정당은 없었고, 투표권은 재산이 있는 남성에게만 부여됐다. 맑스 시대의 혁명가들은 결코 어느 특정한 유권자를 대의하려고 하지 않았다. 모든 투쟁적 조직화는 (그차이는 차치하고) 사회에서 이해관계가 없는 사람들, 혹은 자크 랑시에르가 '몫 없는 자들'이라고 부른 사람들을 지지하는 데 사심 없이 몰두하는 실험적 행위들이었다. (판타지이기도 하고 실재이기도 하며패러디이기도 한) 파란 약/빨간 약 장면은 이 점에 있어서 어쩌면 우리가 생각하는 것보다 더욱 적절할 것이다. 그 장면이 보여주는 것은 선택의 유효성이 아니라 대의大義에 대한 충실성이기 때문이다. 당신이 어떤 방에 들어간다. 그러자 생전 처음 보는 사람이 인사한다. **당신은 자리에 앉으면서 결정적인 순간이 도래했음을 직감한다. 선택을 갑자기 제시받는 순간, 세계는 이미 뭔가 변해 있다**……. 그런데 당신이 이미 선택을 한 뒤면 어떻게 되는 것일까? 어쨌든 이 투사들을 따라가서 반란의 지도자를 만나는 것을 선택했다는 사실이, 이미 당신을 그들의 대의에 동참시키는 것 아닐까? 당신이 결국 먹게 될 약은, 당신이 이미 접어든 경로와는 아무런 관계가 없는 가짜약일 뿐이지 않을까?

다큐멘터리 『맑스 재장전』은 2007년에 시작된 경제 위기를 스케치한 것이다. 그런데 이 다큐멘터리가 좀체 예측하지 못했던 것은 이 위기의 정치적 전개(혁명?)였다. 어쨌든 우리는 이 위기의 여파로 신자유주의 이데올로기가 부분적으로 붕괴하고 있음을 느끼고 있는 듯하다. 자유민주주의 전통에서 정치권력의 수단은 의회민주주의인데, 여기서는 가장 큰 정당이나 정파가 사회적·경제적 지배계급을 대표해 권력을 쥔다. 대의민주주의는 적어도 모든 표는 '동등하다'고 상정되는 투표의 관점에서 과반득표라는 원리에 좌우된다. 이것은 다수의 의지를 정부의 결정권으로 전환시키는 정치적 합의의 수단이다. 18세기 중반 한때 미국의 자유주의적 혁명 전통의 언어에서 핵심 슬로건은 "대의가 없으면 과세도 없다"였다. 그러나 이 신화는 미국을 뒤이어 곧 전지구적으로 확산된 점거 운동의 여파로 마침내 일소됐다. 그것은 (2008년 조지 W. 부시가 퇴임 전에 통과시켜) 미국 정부가 민간 은행과 금융 기관을 긴급구제해주기로 한 7천억 달러 규모의 '부실자산 구제 프로그램'으로 인해 이미 심각하게 흔들렸다. 2011년 9월 뉴욕에서 시작된 집결은 대중들의 뒤늦은 반대 표명으로 볼 수 있는데, 이는 전지구적 불황기에 민간 기업이 누리는 특권에 대한 반대일 뿐만 아니라 공공의 지갑에서 민간 기업에 자금을 조달하는 것에 대한 반대이기도 했다. 점거 운동이 "우리는 99%이다"라는 단순한 슬로건을 통해 간략하게나마 드러낸 것은 자유민주주의가 평등의 원리는커녕(이것은 위기 이전부터 이미 매우 분명했다) 가장 큰 정당이 사회적·경제적 지배계급을 대표해 권력을 쥔다는 다수의 원리 위에도 정초된 것이 아니라는 사실, 즉 소수의 지배라는 원리 위에 정초되어 있다는 사실이었다. 물론 이 소수가 정확히 지구 인구의 1%인지 엄밀하게 입증될 필요는 없다. 점거 운동은 자유민주주의가 다수의 이해관계를 나타낸다는 신화를 거의 완전히 해체하는 데 성공했다. 그리고 그 이상을 해냈다. "누가 누구의 이익을 위해 지배하는가?"라는 문제를 열어젖힘으로써 정치권력 자체의 신화를 폭파시킨 것이다.

이처럼 점거 운동은 하나의 환상을 폭파시켰지만, 그 대신에 무의식적으로 또 다른 환상을 만들어내기도 했다. 은행가들에 대한 공공의 분노가, 결국 대중들을 정부의 문 앞에 쇄도하도록 만들 주권권력으로 바뀔 것이라는 환상 말이다. 그러나 이런 환상에도 불구하고 사회는 사회적 '혁명' 개념(정치적 의지의 자연발생적이고 매개되지 않은 행위, 정체를 세우는 것과 무관한 행위를 통해 대중들이 권력을 장악한다)이 변하는 역사적 국면에 접어들고 있는 듯하다. 그러나 그 개념이 변하고 있다면, 우리가 더 이상 다수의 의지에 기댈 수 없다면, 우리는 주권권력을 어떻게 실제적 권력으로 바꿀 수 있을까?

인민의 의지는 어떻게 세계의 변혁을, 더 정확히 말해 1%뿐만 아니라 모두의 이익을 위한 더 나은 세계의 창출을 꿈꿀 수 있을까?

맑스는 자본주의의 전복, 그도 아니라면 적어도 자본주의의 '민주적 관리'가 어떻게 일어날지를 설명하는 데 있어서는 다소 모호하다.[16] 중요한 것은 세계를 해석하는 것이 아니라 세계를 변화시키는 것임을 우리는 알고 있다. 하지만 어떻게? 무엇이 계기가 되어 의식의 근본적 변화, 즉 자본주의에 대한 냉소적인 경멸이 그것과는 완전히 다른 경제·정치 체제에 대한 **능동적 합의**로 변형될 수 있을까? 너무 단순하고 말만 번지르르한 가설이 되더라도 단도직입적으로 말해보면, 근대 대중 정치는 이른바 '프롤레타리아 독재'를 합의에 기반을 둔 항구적이고 실현 가능한 대중 민주주의 체제로 변형시키는 데 결코 성공해본 적이 없다. 이 사실은 근대 대중 정치가 예의 능동적

합의 같은 업적을 결코 달성하지 못할 것임을 암시한다. 간단하게 말하면 사회주의에서 코뮤니즘으로의 이행은 불가능하다. 이것은 트로츠키와 맑스가 가상으로 만나는 장면에 들어 있는 패러디가 아닌가? 이 장면에서 트로츠키는 전지구적 프롤레타리아 혁명을 이끌겠다는 꿈을 가지고 있음에도 불구하고, 그저 자신을 사회 부적응자들의 지도자로 소개하는 데 성공할 뿐이다. 트로츠키가 사회 주변부에 있다는 것이 바로 요점이라고 우리는 말할 수 있을 것이다. 네그리의 말대로 우리가 곧 [가변]자본이라는 사실을 받아들인다면, 그래서 자본주의의 한계는 곧 우리의 세계, 우리의 존재, 우리의 의식의 한계라는 사실을 받아들인다면, 자본주의로부터의 가상의 해방을 위해 싸우는 것에 어떤 의미가 있을까? 특히 제시받은 유일한 선택지가 신맑스주의자들에게는 정치적으로 시효를 다 한 사회주의라면 말이다. 여기서 코뮤니즘이라는 이념이 그 진면목을 드러내게 된다. 코뮤니즘은 더 이상 자본주의로부터의 해방이 아니라 "실재의 분리이자 실재로부터의 분리"[17]로서의 코뮤니즘을 목표로 한다.

분리로서의 코뮤니즘이 점거 운동의 정치에 영향을 끼쳤을까? 내가 아는 한 점거 운동의 정치는 그런 것이 되기를 의식적으로 표명하지 않았다. 그러나 신맑스주의자들이 '공통재'라고 부르는 것을 대중이 점유함으로써, 점거 행위는 우리가 오늘날 처해 있는 정치적 상황을 특징짓는 '대의의 기능장애'를 시사해줬다. 명백히, 99%는 트로츠키가 당시에 세계 정부를 구성하지 못했던 것처럼 세계를 장악하지 못할 것이다. 여기서 실질적인 정치적 목표는 권력을 모으는 데 있지 않다. 실질적인 정치적 목표는 권력의 축적 자체가 정치적 대의라는 부패한 기능장애 체제에 의존하는 정도를 폭로하는 데 있다. 코뮤니즘을 '실재의 분리'라 말할 때, 우리는 모든 책임과 단절되는 판타지 세계 속에 틀어박히는 것에 대해 말하고 있는 것이 아니다. 흔히들 상상하듯이, 권리를 박탈당한 젊은이들이 자기 방에 틀어박혀 컴퓨터 게임이나 하면서 판타지 속에 살아가는 것 말이다. 오히려 분리로서의 코뮤니즘은 실재를 **규정하는** 권력을 정지시키는 것이다.

이로써 우리는 '빨간 약/파란 약'이라는 수수께끼가 단순한 수사적 전략이 아님을 알 수 있다. 우리에게 제시된 이 선택은 그저 선택의 기만적 성격을 **폭로**하는 것만이 아니라 코뮤니즘(혹은 바디우가 평등주의 원리라고 부르는 것[18])이 이미 도래했음을 **긍정한다**. 코뮤니즘은 늘 '빨간' 색이게 될 약을 선택할 자유이다. 코뮤니즘은 선택의 평등이다. 바뤼흐 스피노자에게 이것은 진정한 자유란 필연성과 일치한다는 명제로 나타난다.[19] 자유로워진다는 것은 외부의 원인이나 제약에서 자유로워지는 것이자 진정한 개체가 되어 자유롭게 선택하는 것이다. 그런 코뮤니즘은 어느 누구도 지배하지 않는 사회(다양체가 다스리는 사회),[20] 그래서 누구도 당신이 내리는 선택을 결정할수 없는 혹은 당신이 '올바른' 선택을 하도록 이끌 수 없는 사회의 이름이다. 이런 조건에서라면, 코뮤니즘이 전체주의와 똑같다는 주장은 공정하지 못한 것 같다. 코뮤니즘 비판가들은 20세기에 있었던 코뮤니즘 실험이 물려준, 인권과 관련된 재앙과도 같은 유산을 지적한다는 점에서는 옳다. 그레이는 대담에서 코뮤니즘이라는 이념이 그 전제적이었던 실제 모습과 분리될 수 없다고 주장한다. 그러나 이것은 코뮤니즘에 대한 이해를, 코뮤니즘보다는 국가사회주의에 해당되는 국가폭력과 무능한 중앙집권적 계획이라는 특수한 층위로 제한하는 것이다. 코뮤니즘이라는 이념은 중앙집권적 권력이 존재하지 않음을 자신 있게 보여준다. 여기서 잠깐 주위를 둘러보자. 전지구적 위기가 그것을 입증하고 있다. 국제 정상회담이 계속되면서 정치인들은 동일한 결론에 도달한다. 책임자가 없기 때문에 어떤 일도 행해질 수 없다. 권력은 부재중이다. 우리는 결국 자본주의가 기관사 없는 폭주 기관차처럼 알아서 작동하고 있는 모습을 보게 된다.

이런 생각은 유토피아적이며 권력을 유토피아적으로 보는 것일까? 가령 정치철학자 이사야 벌린의 저작에서 볼 수 있는 냉전 시기 서구 자유주의의 자유 개념에 따르면, 그렇게 딱지를 붙일 수도 있겠다. 그러나 냉전 시기의 반공 선전, 그리고 벌린이 '적극적 자유'라고 부른 것의 위험은 여기서 우리의 관심사가 아니다. 분리로서의 코뮤니즘이라는 이념은 권력에 대한 지배적 견해들을 변형시킨다. 가령 이때의 코뮤니즘이란 자유를 **향하는** 동시에 자유로부터 **나오는** 주체적 과정이다.[21] 전지구적 불평등의 진정한 원인인, 자본주의의 잉여가치 추출이라는 객관적 사실(내 생각에 이에는 반박의 여지가 없다)은 별개의 것이다. 코뮤니즘이라는 이념에 기반을 둔 혁명은 경제적 역관계나 생산관계에서가 아니라 정치 체제에서 일어난다. 이런 생각은 벌린뿐만 아니라 (물론 완전히 다른 이유에서이긴 하지만) 맑스 역시 확고히 거부했을 법한 추상적인 유토피아적 사유이다. 맑스에게 자본주의는 역사적 현상이다. 자본주의는 사회의 일부로서 전개되며 계속 사회에 적응해간다. 맑스는 이렇게 말했다. "생산력들 속에는 끊임없는 성장의 운동이, 생산관계들 속에는 끊임없는 파괴의 운동이, 이념들 속에는 끊임없는 형성의 운동이 존재한다. 변하지 않는 것은 오직 운동의 추상뿐이다. **불사**不死**의 사**死."[22] 그 어떤 것도, 자본주의조차도 영원히 지속되지 못하는 것이다. 그렇다면 재장전된 맑스는 사태를 달리 보고 싶어 할지도 모른다. 자본주의가 자유로운 실체(스피노자의 용어로 하면 '자기원인')라는 의미에서 자기조절적이라는 생각을 받아들인다면, 아무리 많은 혁명이 일어난다 해도 자본주의를 전복하지는 못할 것이다. 자본주의 체제는 우리가 그것에 믿음을 부여하기 때문에 '작동'하는 것이다. 그 믿음을 제거하면, 자본주의는 주체를 더 이상 장악하지 못하고 무너진다.

여러분이 읽게 될 대담들은 다큐멘터리 『맑스 재장전』을 위해 진행된 것이다. 다큐멘터리를 만들 때 대담은 제작의 구성요소 중 하나일 뿐이다. 그런데 종종 대담은 가장 중요한 구성요소가 되기도 한다. 하지만 전반적으로 대담은 책과는 상당히 다른 무엇인가를 실현시키기 위한 오랜 협동적 노력의 단면을 나타내는데, 곧 이어질 대담들은 앞서 언급한 우선순위의 복잡성을 반영하고 있다. 예컨대 네그리의 대담과 랑시에르의 대담을 비교해보면 잘 알 수 있듯이, 각 대담의 길이는 꽤 다르다. 녹음한 내용을 풀고 처음 든 생각은 대담자들에게 추가 자료를 부탁해야겠다는 것이었다. 그러나 나는 곧 한 가지 분명한 이유 때문에 마음을 고쳐먹었다. 이 대담들은 특수한 국면, 즉 2007~08년에 시작된 전지구적 경제·금융 위기 국면에 대한 응답으로서 계획됐다. 2013년인 지금에 와서 추가 질문을 통해 그 국면을 다시 다루면 당시 대담의 의미와 가치가 바뀔 수 있다. 대담자들이 다큐멘터리와 무관한 새로운 맥락에 비추어 자신들이 처음에 했던 생각과 말을 돌이켜보고 그것을 변경하거나 그것에 단서를 달도록 이끌 수 있는 것이다. 예상할 수 있듯이, 추가 대담은 어떤 점에서 첫 대담 때보다 더 많은 질문과 더 정련된 답변을 가능케 한다. 독자들은 때로는 이 점에서 좌절을 느낄 수도 있겠다. 나는 1) 대담을 있는 그대로, 즉 다큐멘터리를 위해 진행된 대담으로 받아들이고, 2) 그것의 '빈틈'과 맹점을 계기로 텍스트 독해에 적극적으로 임할 것을 독자들에게 독려하고 싶다. 이 다큐멘터리에는 '전문가'가 나오지 않는다. 그 대신 수많은 쌍방향 대화가 있으며, 이런 대화 속에서 방대한 추가설명 없이 최소한의 준비로 자연스럽게 문제들이 탐구됐다. 몇몇 대담들이 '미완'인 것처럼 느껴진다면, 그것은 분명 시간적 제약이나 다큐멘터리 제작과 관련된 다른 요소들 때문일 것이다. 따라서 독자들은 이 대담들의 결론이라고 할 수 있는 것이 각자의 몫으로 남겨져 있음을 알게 될 것이다.

이 책에서 '코뮤니즘이라는 이념'을 방어하는 것은 나의 과제가 아니다. 나는 그래야 한다는 의무감도 전혀 느끼지 못한다. 대담에서 코뮤니즘이라는 이념을 옹호하는 사람들과 폄하하는 사람들이 각자의 주장을 펼치고, 독자들은 설득력 있고 논리적인 그 주장들이 자본주의, 코뮤니즘, 전지구적 경제·금융 위기 등과 얼마나 관련이 있는지를 자유롭게 판단할 수 있을 것이다. 나에게 가해질 수 있는 비판은, 내가 코뮤니즘이라는 이념과 맑스를 전적으로 동일시한다는 것이다. 신맑스주의자들에게 맑스는 코뮤니즘이라는 이념에 많은 영향력을 끼친 인물들 중 하나일 뿐이다. 맑스는 코뮤니즘이라는 이념에 가장 중요한 역사적 기여를 했다. 그러나 하트, 네그리, 지젝의 저작들(그리고 바디우의 저작들)에서 맑스는 아시시의 성 프란체스코, 생-쥐스트, 스파르타쿠스, 토머스 뮌처, 마하트마 간디처럼 서로 동떨어진 다양한 역사적 인물들과 경합해야 한다. 코뮤니즘이라는 이념은 맑스의 말을 그대로 따르는 코뮤니즘이 아니라 평등주의적 민주주의라는 원형적 코뮤니즘proto-communism이다. 이 대담 모음집을 '맑스 재장전'이라고 부름으로써, 나는 코뮤니즘에 미친 훨씬 더 방대한 영향들을 간과하고 코뮤니즘이라는 이념에 대해 다소 잘못 말하게 될 위험을 무릅쓴 것일지도 모른다. 이런 비판은 받아들이겠다. 물론 이보다 더 심한 비판이 있을 수 있다. 52분짜리 TV용 다큐멘터리를 만들다보니 결국 약간의 단순화와 절충을 가할 수밖에 없었다. 반복하건대, 그런 절충은 무엇이 더 우선인지 정하기 힘든 상황과 온갖 제약이 있었음을 반영한다. 그렇다고 여기에 담긴 텍스트와 지적으로 유익한 내용들과의 만남이 망쳐져서는 안 될 것이다.

대담 순서는 대담이 진행된 날짜순으로 되어 있다. 그리고 각각의 대담 내용과 관련되어 있는 참고문헌과 각주는 최소화해 모두 후주로 돌려서 본문이 가능한 한 매끄럽게 읽히도록 편집됐다. 독자들이 읽기에 각 대담이 너무 학술적이거나 전문적으로 비치지 않았으면 하는 것이 나의 바람이었기 때문이다. 말미에는 맑스 저작과 관련된 추천도서 목록을 넣었다. 이 추천도서들은 이 책에서 논의되는 생각들과 가장 긴밀하게 관련된 저작들이다. 물론 이에 근거해 훨씬 더 긴 추천도서 목록이 이어질 수 있을 것이다.

나와의 대담을 수락하고 나의 질문에 시간을 내어 인내와 아량으로 답해준 하트, 네그리, 지젝, 토스카노, 그레이, 랑시에르, 니나 파워, 페터 슬로터다이크에게 감사드린다.

12345678

혁명,
우리가 원하는 것을
만들어내기

마이클 하트와의 대담

Michael Hardt

미국의 정치철학자이자 문학이론가. 현재 미국의 듀크대학교 영문학과·이탈리아문학과 교수이자 스위스의 유럽대학원 정치문학 교수로 재직 중이다. '제국' 3부작인 『제국』(2000), 『다중: 제국이 지배하는 시대의 전쟁과 민주주의』(2004), 『공통체』(2009)뿐만 아니라 『선언』(2012), 『디오니소스의 노동: 국가 형태 비판』(1994) 등을 안토니오 네그리와 공동으로 집필했다. 그 외에도 『토머스 제퍼슨: 독립선언문』(2007), 『이탈리아의 급진적 사상: 잠재성의 정치』(편집/1996), 『질 들뢰즈: 철학에서의 도제수업』(1993) 등의 저서가 있다.

제이슨 바커(이하 바커) 칼 맑스에 대해 논의하기 전에 최근의 전지구적 위기를 먼저 살펴보지요. 미디어 보도에 귀 기울이는 사람들은 이 위기의 금융적 측면, 즉 주식시장, 은행, 악성 자산[1] 등에 대해 말합니다. 반면 노동자, 고용, 산업관계 등 이 위기의 경제적 측면은 덜 주목받고 있지요. 이런 상황을 어떻게 보십니까? 우리는 전지구적인 금융 위기에 처해 있나요, 아니면 경제 위기에 처해 있나요?

마이클 하트(이하 하트) 제가 보기에 2008년에 시작된 최근의 위기는 금융 위기이자 경제 위기입니다. 이 위기를 특징짓는 방식들 중 하나는 비실물 경제가 실물 경제로부터 분리됐다고 보는 것인데요. 이건 옳지 않은 것 같습니다. 마치 금융은 그저 판타지일 뿐이고, 여전히 자동차나 냉장고를 생산하는 산업 생산만이 실물 경제라고 보는 식이지요. 어떤 사람들은 이 위기를 실물 경제와 비실물 경제가 괴리된 채로 공존하는 것이라고 생각합니다. 제 생각은 다릅니다. 우리에게 일어난 일은 자본주의 경제가 바로 비물질적이며 어떤 점에서는 측정 불가능한 여러 재화들의 생산에 중심을 두는 쪽으로 발전해왔다는 것입니다. 자본주의 경제는 더 이상 자동차나 냉장고나 토스트기 같은 셀 수 있는 재화의 생산에 중심을 두고 있지 않습니다. 아이디어의 생산, 서비스를 통한 사회적 관계의 생산, 실재적이긴 하지만 종종 무형인 자산들에 중심을 두고 있지요. 오늘날 우세해진 금융 영역은 [생산 과정에 대한] 통제와 이윤 메커니즘을 유지함으로써 이런 비물질적 측면들을 장악하려는 자본의 축적 수단입니다. 이 위기가 가리키는 바는 전통적인 이윤과 통제의 메커니즘, 심지어는 경제 조절의 메커니즘 등이, 달리 말해 산업 시대 내내 발전해온 전통적 메커니즘들이 오늘날 중심적이 된 새로운 생산 형태에 부적절하다는 사실입니다. 낡은 메커니즘들과 새로운 경제 형태들 사이에 괴리가 존재하고, 이것을 위기가 하나의 징후로서 나타내고 있는 것이지요.

바커 이 괴리가 경제 체계이자 사회 체계로서의 자본주의에 닥친 일종의 재앙과도 같은 계기인가요?

하트 저는 그런 생각이 잘못됐다고 생각합니다. 자본의 위기가 자본 자체의 종식을 가져오리라고 믿거나 그렇게 예견하는 잘못을 범하는 거대한 맑스주의 사상 전통이 존재합니다. 바로 이것이 붕괴론, 즉 자본이 그 법칙의 필연성에 따라 객관적으로, 요컨대 과잉과 불균형으로 인해 자멸할 것이라는 이론입니다. 저는 우리가 지금 그런 과정을 목도하고 있다고도, 앞으로 목도하게 될 것이라고도 생각하지 않습니다. 실상 자본은 위기를 통해서 작용하기 때문에, 위기가 곧 자본의 종식을 의미하지는 않습니다. 자본은 붕괴함으로써 기능합니다. 역설적인 방식이지만 그것이 바로 자본이 작동하는 방식입니다. 2008년의 경제·금융 위기의 결과로서 심심찮게 일어나고 있는 일은 위기가 자본의 새로운 집중을 가능케 한다는 것입니다. 때로는 사유화[민영화]를 행함으로써, 때로는 소수의 손에 부 또는 권력을 집중시킴으로써 말이지요. 사실 2008년의 경제·금융 위기가 거의 아무런 개혁도 낳지 못했다는 점은 아이러니컬해 보입니다. 정말이지 똑같은 것을 더 많이 만들어냈을 뿐이지요. 확실히 규제의 부재와 점증하는 사유화는 위기의 주된 원인이었던 바로 그 신자유주의적 관행들을 대표하는 듯 보입니다. 그러나 이런 관행들은 변한 게 없고, 이후 수년간 계속 강화되어오기만 했습니다. 이 위기는 또 하나의 자본 집중 메커니즘으로 사용되어왔지요. 그래서 저는 이번 위기가 붕괴를 가리킨다고, 혹은 자본의 허약함이나 기능부전을 보여준다고 여기는 데 신중하고자 합니다. 위기가 바로 자본이 작동하는 방식이니까요.

바커 바꿔 말하면, 이것이 종식되기 거의 직전의 위기가 아니고 앞으로 다가올 동일한 혹은 잇따라 발생할 더 큰 규모의 위기들 중 하나가 될 것이라는 말인가요? 이 위기는 시작에 불과한 것이겠군요?

하트 위기를 예측하는 것은 확실히 아주 위험한 일입니다. 예전에 어떤 사람이 이렇게 말한 것을 들은 기억이 있습니다. 맑스주의자들은 지난 세 번의 위기 중 열 개를 예측했다더군요. 바꿔 말하면 맑스주의자들은 실제로 일어나는 것보다 훨씬 더 많이 예측한다는 것이지요. 우리는 위기를 예측하는 대신 위기의 규칙성이 드러난 역사를 인식할 수 있다고 생각합니다. 경제 위기는 어떤 때는 자본과 그 집중의 지렛대로 기능합니다. 또 어떤 때는 뉴올리언스 시의 사유화 메커니즘으로 기능한 2005년의 허리케인 카트리나처럼 생태적 위기이기도 하지요. 그런가 하면 이라크 전쟁은 대규모 사유화 작전으로 기능했습니다. 우리는 다종다양한 위기의 역사를 자본의 함수로 인식해야 하며, 앞으로 다가올 위기를 예측하기보다는 일정한 연속성을 파악해야 합니다. 위기에 대해 거칠게 말하는 방식일 수 있지만, 저는 저절로 자본이 휘청거리거나 붕괴하는 객관적 위기와 우리가 주체적 위기라고 부르는 것을 구별합니다. 주체적 위기란 바로 위기를 야기하는 사회 운동과 사회적 대안들의 조직화를 말합니다. 예를 들어 제가 보기에 1970년대에 인플레이션이 불러온 경제 위기는 자본이 아니라 사회적 투쟁의 축적이 만들어낸 것입니다. 노동자 운동, 페미니즘 운동, 실업자 운동, 빈민 운동, 학생 운동 같은 여타 사회적 투쟁들의 축적이 말입니다. 이런 투쟁들이 자본주의 체제 내부에 불균형을 낳았고, 자본주의 체제와 강대국들이 그 투쟁들에 대처하지 못하게 만들었습니다. 제가 보기에 바로 이것이 주체적 위기입니다. 체제를 진짜 위험에 빠뜨린 것은 바로 그런 투쟁들이지요. 그래서 두 가지를 구별하려는 것입니다. 이것은 정말이지 붕괴론이 아닙니다. 지금의 우리 사회 안에 대안적인 사회를 구축하는 이론이지요. '변화를 기약하는 위기'란 바로 이렇게 정의될 수 있을 것입니다.

바커 이번 위기에 대한 정치적 반작용에 대해서도 이야기해볼 수 있겠습니다. 버락 오바마는 엄청난 공적 자금을 민간 은행에 넘긴 정책 때문에 일부 사람들의 비판을 받았습니다. 금융 부문에 대한 더욱 강력한 규제와 국가 통제를 도입하려다가 '사회주의'라는 비난을 받기까지 했지요. 이런 국가 규제에 대해서는 어떻게 생각하십니까? 그런 정책이 어떤 식으로든 위기 타개책이 될 수 있을까요?

하트 확실히 2008년의 위기는 어떤 형태로든 은행과 금융을 규제할 필요가 있음을 부각시켰지요. 상업 은행과 투자 은행의 분리 같은 것 말입니다. 그러나 우리가 던져야 할 질문은 이것입니다. "왜 그토록 자명한 일이 불가능해졌는가?" 모두에게 자명한 뭔가가 실제로 행해지지 못하는 것은 이상한 역사적 형국이 아닐 수 없습니다. 이런 상황은 상당한 분석을 요구하며 일정한 관심을 불러일으킵니다. 그러나 저는 이 질문으로부터 한발 물러나고자 합니다. 당신이 제게 위기 타개책에 대해 묻는다면 저는 각기 다른 시간성들을, 각기 다른 지적 작용들을 구별하고 싶습니다. 누군가 저를 미국연방준비제도이사회의 회장으로 임명하면 저는 특정한 조치를 취할 것이라는 기대를 받겠지요. 하지만 그런 책임이 없고 그와 다른 시간성을 갖고 있는 제 입장에서 말한다면, 저는 한 달 안에 해야 할 일과 장기적으로 해야 할 일을 구별할 것입니다. 이와 관련해 우리의 경제적 상상력이 오로지 국가와 시장이라는 관점에서밖에, 더 정확히 말하면 공적 소유와 사적 소유라는 관점에서밖에 생각하지 못한다는 것은 제한적이며 애처롭기까지 합니다. 다시 말해서 우리는 사적 소유와 신자유주의의 해악은 국가의 규제와 통제를 통해서만 해결될 수 있고, 국가의 규제와 통제의 해악은 사유화, 신자유주의적 전략, 사적 소유를 통해서만 해결될 수 있다는 식으로 생각하는 경향이 있습니다. 저는 우리가 이런 이항대립과 양자택일의 외부에서 더 근본적인 방식으로, 다른 시간틀에 따라 생각할 필요가 있다고 생각합니다. 저는 오바마에 대한 우파들의 신경질적인 비판에 동의해줄 수도 있습니다. 그들은 케인즈주의적 국가 통제와 사회주의적 형태의 국가 통제가 어떤 의미에서 서로 연관되어 있다고 보지요. 두 가지 형태 모두 신자유주의의 사유화 전략을 거스르니까요. 그러나 저로서는 둘 중 어느 것에도 만족하지 못합니다. 대부분의 사람들이 그런 양자택일에 불만을 갖고 있다는 것도 잘 알고 있습니다. 그렇지만 좌파 진영에서 나온 대부분의 분석들은, 그러니까 지난 10년간 계속되어온 신자유주의 비판의 대부분, 심지어는 가장 지적으로 뛰어난 비판들까지도 신자유주의의 유일한 대안은 사회주의적 형태의 국가 규제 그리고/또는 케인즈주의적 국가 규제라고 은연중에 가정하고 있는 것 같습니다. 그래서 저는 이런 틀의 외부, 즉 이 두 가지 가능성의 외부에서 생각하는 것이 저의 과제라고 생각합니다.

바커 우파는 국가의 지나친 개입과 통제 탓에 위기가 발생했으니 앞으로 위기를 막으려면 자본주의에 대한 일체의 국가 규제를 없애야 한다는 식으로, 그동안의 위기관리 방식을 비판합니다.

하트 제가 보기에 그런 비판은 사적 소유와 사유화라는 통제를 동시에 없앨 수 있을 때만 합당합니다. 그렇지 않으면 그저 또 하나의 신자유주의적 타개책으로 보일 뿐이지요. 이번 위기와 그에 대한 미디어의 반응이 매우 분명하게 보여준 또 다른 사실이 있습니다. 자본과 국가가 얼마나 긴밀하게 연관되어 있는지를 보여줬지요. 로널드 레이건은 '작은 국가'를 설파하곤 했는데, 그건 마거릿 대처도 마찬가지였습니다. 하지만 위기의 순간에 은행을 구제할 수 있으려면 정말 큰 국가가 있어야 합니다. 국가와 자본, 공적 소유와 사적 소유의 필연적 협력을 인식하는 것이 정말로 필요한 듯합니다. 제게 장기적인 해결책이 국가 통제를 줄이는 것이냐고 묻는다면 제 대답은 "그렇다"입니다. 다만 사적 소유의 영향과 사적 소유의 지배를 축소하는 것 역시 필수적이라고 덧붙여야겠지요. 그런데 그것은 대안이 개발되어야 하기 때문에 하룻밤 사이에 시행될 수 있는 일이 아닙니다. 우리가 개발해야 하는 것은 국가에도, 사적 소유의 지배에도 의존하지 않는 경제적 규제의 대안들과 생산관계의 대안들입니다. 이런 대안들이 한두 달 사이에 개발될 수는 없습니다. 이것은 큰 과제이지만, 당신이 말한 대로 이 위기가 던져준 과제이기도 하지요.

바커 사회주의와 자유시장 자본주의의 특정 측면들을 조합하거나 종합한 '제3의 길' 같은 중도주의를 말씀하시는 것인가요?

하트 지금 우리가 논의하는 전반적인 내용은 사회주의에 관한 것도, 자본주의에 관한 것도 아닙니다. 지금 우리가 하려는 것은 소유의 대상이 아닌 공통적인 것, 공적 소유도 사적 소유도 아닌 공통적인 것을 운영하기 위한 메커니즘, 더 나아가 사회적 제도를 개발하고자 하는 것이라고 할 수 있지요. 이것은 1980~90년대 식 '제3의 길'과 하등 연관이 없는 것입니다. 사실 그것은 제3의 길이 아니라 사적 소유와 공적 소유 이 두 가지를 뒤섞어 놓은 것에 지나지 않았지요.

바커 우리의 논의가 코뮤니즘이라는 이념에 더 가까워지는 것 같군요. 이 주제를 다루기 전에 맑스에 대해 질문드리겠습니다. 맑스의 사유 방식이 왜 자유주의 사상에 도전을 제기한다고 생각하십니까? 맑스 자신도 청년 시절에는 자유주의적 비판가였는데 말이지요.

하트 맑스의 사상은 자본주의 사상에, 즉 자본의 경제·사회·정치 이론에 도전합니다. 하지만 제가 '사선형의 방식'diagonal way이라 부르는 방식으로 도전하고 있지요. 정말로 자본의 발전을 자원으로 삼아, 사실상 그런 발전의 일부를 더욱 앞으로 밀어붙이며 자본에 도전하고 있습니다. 맑스의 사상에서 아주 중요하면서도 매력적으로 보이는 것, 적어도 지금의 상황에서 저를 사로잡는 측면은 그의 사상이 자본주의 사회와 자본주의적 통제를 거부하는 데도, 자본주의의 대안을 자생적으로 만들어내는 데도 관심이 없다는 점입니다. 오히려 맑스의 사상은 낡은 것의 잔해에, 아니 낡은 것의 본체에 지어질 새로운 사회를 상상하는 데 관심이 있습니다. 이것은 자본주의 사회 안에서 새로운 사회의 가능성들을, 새로운 경제뿐만 아니라 새로운 형태의 사회적 관계를 포착하려는 맑스의 훌륭한 방법들 중 하나입니다. 자본주의 사회가 이미 그 가능성들을 다 만들어 놓았다는 뜻이 아닙니다. 자본주의 세계에서 지금 우리가 만들어가고 있다는 의미이지요. 이것은 유토피아 사상이 아닙니다. 맑스와 프리드리히 엥겔스는 유토피아주의에 대단히 비판적이었지요. 그들은 완전히 다른 별세계에 대한 추상적 공상을 유토피아 사상이라 규정했습니다. 그들의 사상이 유토피아적이라면 그것은 대안적 의미에서, 구체적 의미에서 그렇습니다. 즉 다른 세계가 기능함을 인식할 뿐만 아니라 그 다른 세계의 토대를 형성하는 지금 이 세계의 메커니즘 또한 인식한다는 의미에서 말입니다. 맑스의 사상이 자유주의 사상에 위협적이라면, 그것은 맑스의 사상이 자유주의 사상을 이용하면서도 그것을 전혀 다른 것으로 만들어 놓기 때문일 것입니다. 맑스는 자유주의 사상을 완전히 거부하지는 않습니다. 흥미롭게도 경제사상사를 들여다보면, 심지어 비교적 최근의 역사를 봐도 가장 훌륭한 자본주의 경제학자들은 항상 자본주의 사회가 끝날 것이라는 가설 아래 생각하고 연구해 왔습니다. 존 메이너드 케인즈, 조지프 슘페터 등이 자본주의 사회의 종언을 언급했지요. 물론 두 사람 모두 자본, 자본주의 사상, 자본주의 경제의 대단한 지지자들입니다. 그러면서도 자본주의의 위기, 자본주의의 종언 가능성, 언젠가는 자본주의가 끝날 것이라는 가정을 인정했습니다. 오늘날 정말로 주목할 만한 것은, 이런 생각을 조금이라도 갖는 사람이 자유주의 사상의 지지자들과 자본주의 경제학자들 중에 거의 없다는 점입니다. 그것은 완전히 금기인 것 같습니다. 더 정확히 말하면, 그들은 자본주의 사회가 영원불변의 성질을 갖고 있다고 굳게 믿고 있는 듯합니다. 마치 자본주의가 인간 본성에 상응한다는 식으로, 그래서 그것 없이는 우리가 존재할 수 없다는 식으로 말이지요. 경제학자들 사이의 이런 차이는 적어도 자본주의의 이론화 작업이 지금과는 달랐고 또 분명 다를 수 있음을, 그리고 자본의 한계를 상상하고 연구하는 이론화가 가능함을 깨닫게 해줍니다.

바커 맑스 사상의 핵심은 유물론입니다. 맑스는 물질적 생산수단을 통제하는 사람이 정신적 생산수단을 통제한다고 말했지요. 당신이 보기에 맑스의 사상에서 유물론적 차원은 얼마나 중요한가요?

하트 맑스주의 전통 안에는 흔히 경제를 뜻하는 물적 토대가 우리의 지적·문화적 삶 같은 다른 영역을 어느 정도로 결정하는가에 대한 기나긴 논쟁의 역사가 존재합니다. 그런데 제가 보기에 그런 관계나 그에 대한 논의는 종종 별로 득 될 것이 없습니다. 어떤 점에서는 작금의 경제적·사회적 조건이 그런 질문을 한쪽으로 치워 놓았다고 할 수 있습니다. 우리 시대의 경제에서는 비물질적이고 지적인 대상 역시 똑같이 중심적이 되고 있으니까요. 경제를 자동차 같은 것의 생산뿐만 아니라 아이디어나 코드 같은 것의 생산으로도 여기게 되면,

물질적인 것과 비물질적인 것의 관계가 뒤죽박죽인 것처럼 느껴지지요. 저는 이렇게 말하겠습니다. 바로 이것이 맑스의 관념론적 기반이 아니라 유물론적 기반을 사유하는 하나의 방식이라고요. 역사와 역사의 진보를 생각할 때 당신은 임마누엘 칸트가 『학부들의 논쟁』[2]에서 제기한 오래된 질문, 즉 "인간의 진보란 존재하는가"를 떠올릴 수 있을 것입니다. 이 질문에 대한 관념론적인 해답이 있습니다. 인간은 어떤 객관적인 운동을 통해, 역사의 어떤 진전을 통해 자유라는 목적을 향해 전진하고 있다는 해답이지요. 그리고 맑스 또한 지지하고 있는 유물론적 주장, 즉 사람들이 투쟁하기 때문에 인간의 역사에 진보가 존재한다는 주장이 있습니다. 자유를 위한 투쟁의 축적이 곧 일정한 역사적 진보를 결정짓는 것이지요. 이것은 역사를 목적론적인 방식으로 읽는 경우에 해당됩니다. 그러나 이것은 어떤 목적을 위해 사람들이 벌인, 사회의 여러 부분에서 축적된 투쟁을 기반으로 하는 유물론적 목적론입니다. 이 경우에 목적은 더욱 민주적인 사회가 되는 것이지요. 자유와 평등 말입니다. 제가 보기에는 유물론적 설명과 관념론적 설명을 둘러싼 논쟁으로 뭔가 얻는 게 있다면, 바로 이런 깨달음이 하나의 사례가 될 것 같군요.

바커 이 점에 대해 더 이야기해보지요. 당신은 사물의 물질적인 특성과 비물질적인 특성이 오늘날 '뒤죽박죽'이 되어가는 방식에 대해 이야기하고 있습니다. 맑스의 저작에서 중요한 인식 중 하나는 물질이 바로 우리를 구성하는 것이며, 물질은 우리의 사회적 실재를 구성하고 있다는 점에서 근본적이라는 인식입니다. 더 나아가 맑스는 우리의 의식적 삶에 관해 말하기를, 사람들은 환상 속에서 살아갈 것이라고 했습니다. 다시 말해서 우리의 사회적 의식은 우리가 살고 있는 물질적 실재와 조응하지 않는다는 것입니다. 그러니까 맑스에게는, 사물의 물질적 차원을 구성하는 것과 사물이 물질적인 것으로 나타날 수도 있지만 실제로는 그렇지 않은 비물질적 차원을 구성하는 것 사이에 근본적인 구별이 존재하는 것이지요.

하트 대대로 맑스를 교회처럼, 그의 저작을 성서처럼 여겨야 한다는 압력이 누적되어왔지요. 그러나 저는 맑스가 볼 수 없었던 방식으로 동시대의 세계를 다시 사유하고, 그럼으로써 맑스의 사상을 더욱더 밀어붙이려고 노력하는 것이 맑스에 가장 충실한 태도라고 생각합니다. 이 말이 맑스를 배반하는 것처럼 들릴 수도 있겠는데, 저는 맑스가 사상가로서 지닌 혁명적 영향력에 충실할 수 있는 유일한 방법은 그를 배반하는 것이라고 생각합니다. 그래서 저는 맑스주의의 교의들이나 공통된 가정들 가운데 일부를 한쪽으로 치우고 그것들을 새롭게 사유하는 것이 건강하다는 말로 질문에 답하겠습니다.

바커 맑스의 유물론이 지닌 또 다른 핵심 특징은 계급 분석입니다. 계급 개념은 지난 수년간 학계 안팎에서 크게 비판받아왔습니다. 오늘날 많은 사람들은 우리가 '계급 없는 사회'에 살고 있다는 생각을 받아들이고 있지요. 물론 현재의 위기가 갖고 있는 특정 측면들이 이와 다르게 다가올 수도 있겠지만 말입니다. 당신은 계급이 현대 사회를 이해하는 방법으로서 얼마만큼 중요하다고 생각하십니까?

하트 이 점과 관련해서도 맑스의 계급 분석에 집착하면서 맑스가 사용한 것과 같은 계급 개념의 용법으로 현대 사회를 읽으려는 실수가 흔한 것 같습니다. 제가 보기에 계급에 대한 맑스의 사유에서 가장 중요한 측면은 계급 구성에 대한 연구를 각각의 역사적 국면에서 수행해야 한다는 생각입니다. 우리는 이렇게 물어야 합니다. "오늘날 사람들은 일터에서 어떤 일을 하는가?", "어떻게 일하는가?", "어떤 조건 속에서 일하는가?", "분업은 어떤 모습으로 이뤄지고 있는가?" 맑스는 당대에 자신의 한계로 인해 노동의 수많은 주요 분업과 위계를 인식하지 못했습니다. 유럽 내의 젠더 분업과 인종 분업, 그리고 세계 다른 지역들과의 분업 등을 말이지요. 우리는 맑스가 1850년에 수행한 계급 분석을 다른 관점에서 생각할 수 있어야 하는데, 오늘날은 더욱 그래야 합니다. 제가 생각하기에 우리에게 필요한 것은 계급 구성에 대한 분석입니다. "오늘날 사람들은 일터에서 어떤 일을 하는가?", "어떻게 일하는가?" 같은 물음으로 시작하는 것이 바로 이런 분석입니다. 낡은 용어로 생각하는 좌파에게서는 산업 노동계급이 더 이상 활기차 보이지 않는다거나 생디칼리즘 전통이 더 이상 강력해보이지 않는다는 사실로 인한 일종의 우울이나 향수가 왕왕 엿보입니다. 당신이 낡은 생각에 고착되어 있다면 그 전통은 응당 사라져가는 것처럼 보이겠지요. 그렇지만 당신이 해야 할 일은 그런 것이 아니라 "사람들은 지금 무엇을 하고 있는가?", "그들은 어떤 힘을 갖고 있는가?", "그들은 어떻게 조직될 수 있는가?"를 묻는 것입니다. 제게는 이것이 적절한 과제로 보입니다. 계급 구성에 대한 연구를 수행하는 것, 사람들이 무엇을 하고 있으며 무엇을 할 수 있는지에 주목하는 것은 맑스의 방법을 사용해 맑스주의의 어떤 화석화된 상(像)을 넘어서는 또 다른 방식입니다. "사람들이 갖고 있는 힘은 무엇인가?", "사람들이 일터에서 발휘하는 역량은 어떤 것인가?" 저는 이것이 맨 먼저 던져져야 할 물음이라고 생각합니다.

바커 앞서 사적 소유에 대해 말씀하셨는데, 그 주제로 돌아가보겠습니다. 17~18세기 서구 자유주의 철학 전통에서 사적 소유는 개인의 자유를 확보하는 데 있어 핵심 조건이었습니다. 그런 사적 소유가 맑스의 저작에서는 인간의 자유에 채워진 차꼬처럼 나타나고 있어 흥미롭습니다. 당신이 왜 맑스가 자유주의 전통을 떠났다고 생각하는지 설명해주시겠습니까? 어쨌든 자유주의는 맑스 자신이 그토록 많은 아이디어들을 발전시킬 수 있도록 해준 전통이잖습니까?

하트 맑스의 사상에서 핵심적인 전략 중 하나는 자유주의 전통이 스스로 뱉은 말을 지키게 만드는 것입니다. 예를 들어 존 로크 등 사적 소유와 그 자유를 찬양하는 17~18세기 사상가들을 생각해봅시다. 로크가 생각하는 자유의 기초는, 어떤 물건을 생산하는 사람이 그 물건에 대한 소유권을 얻는다는 사실입니다. 로크는 이런 식으로 말하지요. "나는 이 집을 만들었다. 고로 이 집은 나의 것이다." "나는 이 땅을 경작한다. 고로 이 땅은 나의 것이다." 맑스는 산업자본이 그것과는 매우 다른 방식으로 작동하고 있다고 응답합니다. 즉 물건을 만들어내는 사람들이 실제로는 그 물건에 대한 소유권을 갖지 못하는 것이지요. 그러니 사실상 자본주의를 지지하는 사람들보다 맑스가 이런 자유의 원리를 더 신봉한다고 말할 수 있습니다. 맑스는 실제로 이렇게 말하고 있는 셈입니다. "물건을 생산하는 사람들이 그 소유권을 갖는다는 사실을 진지하게 받아들여보자. 그러면 공장과 같은 상황에서는 어떻게 되는가?" 그러니까 맑스는 사적 소유 비판을 사적 소유의 원리에 기초해 전개해나가고 있는 것입니다. 이런 분석은 오늘날에도 여전히 유용하지요. 심지어 맑스 자신이 수행했던 방식을 그대로 가져와도 유용합니다. 자유에 대한 요구, 심지어 노동의 정의와 소유의 정의에 대한 요구조차도 여전히 사적 소유의 원리에 기초하고 있습니다. 맑스의 이런 분석 덕분에, 우리는 우리가 생산하는 것이 우리의 것이 되지 못하는 메커니즘을 계속 인식할 수 있는 것이지요. 그러나 오늘날의 소유관계에는 맑스가 포착해낸 것보다 훨씬 더 많은, 그리고 또 다른 종류의 위기들이 존재합니다. 이런 분석이 오늘날 해야 할 것은, 지난 1백년간 지배적이었던 사적 소유관계와 소유관계 일반이 오늘날 우세한 형태의 사회적 관계와 생산형태를 포착하는 데 더 이상 적절하지 않은 측면들을 살펴보는 일입니다. 예컨대 음악 파일이나 컴퓨터 소프트웨어의 [불법] 소유를 법적으로 규제하는 데는 엄청난 노력이 듭니다. 단속이 쉽지 않다는 점에서 엄청난 노력이 드는 것이지요. 당신의 자동차나 집은 그런 법적 규제를 통해 잘 단속될 수 있지만, 음악은 쉽게 복제될 수 있어서 자동차나 집을 단속하는 방식으로는 포획될 수 없습니다. 그런데 그보다 더 중요한 것이 있습니다. 이것은 맑스와 매우 밀접한 아이디어인데, 이런 형태를 띤 사적 소유의 생산성은……

바커 바꿔 말하면 사적 소유가 자본주의와 양립할 수 없다는 말씀이군요?

하트 바로 그 양립 불가능함이 점점 더 전개되고 있다는 것입니다. 자본주의와 그 혁신이, 그리고 서비스 산업에서 발견되듯이 아이디어·코드·정보·지식·정동의 영역에서의 생산성이 사적 소유관계에 의해 방해받고 구속되고 있는 것이지요. 이것은 오픈소스를 주장하는 사람들이 오랫동안 이야기해온 것입니다. "정보는 자유롭기 원한다"라고 주장하면서 그들이 말하고자 하는 바는, 인터넷에서 일어난 위대한 혁신들이 코드나 정보에 대한 자유로운 접근이 존재할 때 발생한다는 것입니다. 저 역시 이것이 사회의 다른 부분에서 점점 더 맞는 말이 되고 있다고 생각합니다. 사실 이것은 맑스의 저작에서 기초적인 주장인데, 특히 『공산주의당 선언』에서 그 종합적인 형태를 볼 수 있습니다. 봉건적 관계의 종언과 자본주의로의 이행을 분석하는 대목에서 맑스와 엥겔스가 말하고 있는 것은 봉건 사회의 소유관계가 생산성을 가능케 하는 데 더 이상 적절하지 않다는 점입니다. 실제로 봉건 사회의 소유관계는 생산성에 차꼬이자 걸림돌이며 장애물이 되어가고 있었지요. 그래서 사람들이 생산할 수 있는 모든 것을 생산해낼 수 있도록 박차를 가하고자, 봉건적 생산관계에서 자본주의적 생산관계로의 이행이 일어났던 것입니다. 오늘날 사람들이 갖고 있는 역량에 주목함으로써, 그리고 무엇이 사람들을 더욱 생산적이고 더욱 혁신적이게 만드는가를 물음으로써, 우리는 사적 소유라는 지배적인 관계가 더 이상 성장을 추동할 수 없으며 사실상 성장을 방해하고 있음을 인식할 수 있습니다. 바로 이 점이 제게는 오늘날의 적절한 맑스주의적 주장으로 보입니다.

바커 이 이야기가 경제 개발의 대안적 모델에 대한 질문으로 이어지도록 하는데, 바로 이것이 안토니오 네그리와 당신이 '공통적인 것'이라고 칭하는 바이지요. 흔히들 말하는 공동 소유가 아니라요. 이것은 코뮤니즘에 대한 맑스의 생각과 상당히 밀접해보입니다. 맑스의 초기 저작들, 특히 『1844년 경제학·철학 수고』에서 사적 소유의 폐지에 대해 이야기하고 있으니까요.

하트 별개의, 그러나 서로 관련된 두 영역에서 공통적인 것을 사유하

는 것이 유용합니다. 비교적 명확하고 전통적인 영역인 첫 번째 영역
에서 공통적인 것은 지구와 그 생태계에 존재하는 모든 것을 뜻합니
다. 땅, 물, 공기, 숲 같은 것들이요. 영국에서 '커먼'common이라는 용
어는 짧게 잡아도 17세기까지 거슬러 올라가는 장구한 전통을 갖고
있습니다. 바로 이것이 복수형 어미 's'가 붙은 '커먼즈'the commons, 즉
'공유지'로 지칭되는 바입니다. 이 맥락에서 커먼즈는 공동으로 가축
을 방목할 수 있는 들판, 즉 우리가 자유롭게 접근할 수 있었던 것들
을 의미하지요. 더 최근에 생겨난 공통적인 것의 두 번째 영역이 있
습니다. 이 영역은 아이디어·정보·코드·정동·이미지를 가리킵니다.
이것들은 인간이 지닌 창조성의 산물이면서도 공통적일 수 있는 것
들이고, 또 어떤 의미에서는 공통적일 때 가장 생산적입니다. 이에 대
해 당신은 아이디어는 사유 재산이 될 수도 있지만 국가에 의해 통제
될 수도 있다고, 즉 공적 소유가 될 수도 있다고 말할 수 있을 것입니
다. 이와는 다른 가능성을 제시해보지요. 모든 사람들에게 명백한 것
으로 느껴질지는 잘 모르겠지만, 아이디어는 우리 모두가 그것에 자
유롭게 접근할 수 있을 때, 다시 말해서 그것이 배타적이지 않을 때
가장 생산적입니다. 언어도 공통적인 것의 또 다른 예가 될 수 있습
니다. 언어가 사적인 것으로 존재한다거나 어떤 식의 국가 규제에 의
해 통제된다면, 우리는 소통할 수 없습니다. 언어는 그 기능과 혁신
의 가능성을 잃어버릴 것입니다. 공통적인 것의 이 두 영역 모두 오
늘날의 정치적 투쟁과 분석에서 점점 핵심적이 되어가고 있습니다.
하늘·땅·대기 같은 생태적인 공통적인 것을 사적 소유를 통해 운영
하는 것은 우리를 재앙 직전으로 몰고 갔으며, 국가를 통해 운영하는
것 역시 그렇습니다. 그런데 이와 유사하게 경제적인 측면에서도 생

산성이 사적 소유의 지배에 의해, 심지어는 이윤을 통한 축적 메커니즘에 의해 방해받고 있습니다. 공통적인 것의 이 두 영역 모두에서, 공통적인 것은 사유 재산도 공유 재산도 아닙니다. 시장도 국가도 아니며, 우리가 공통적으로 접근할 수 있는 것이자 우리가 공통적으로 생산할 수 있는 공간입니다. 이렇게 말하면 제가 우리의 삶에서 이 나쁜 통제를 제거해내는 것만으로, 국가와 사적 소유를 폐지하는 것만으로 우리는 우리의 진정한 본성으로 회귀해 목가적으로 상부상조하게 될 것이라 생각한다고 느껴질 수도 있겠는데요, 저는 그렇게 생각하지 않습니다. 공통적인 것의 운영에서 자생적인 것은 아무것도 없습니다. 우리가 발전시켜야 하는 것은 우리가 종종 공통적인 것의 제도라고 부르는 것, 즉 협력의 습관입니다. 공통적인 것을 운영하는 회로들이지요. 어떤 사람들에게는 이런 주장을 생태적 관점에서 생각하는 것이 더 쉬울 것입니다. 예를 들어 사유화가, 국가가 기후변화를 통제하는 데 실패했기 때문에 바로 우리가 우리 삶을 변화시키거나 새로운 삶-형태를 창안하기 위해 다른 메커니즘들을 발전시켜야 하는 것입니다. 공통재를 잘 돌볼 뿐만 아니라 그것과 공존하고 그것을 대안적 방식으로 운영할 수 있는 메커니즘들을요. 또한 이와 유사한 방식으로 생산적이고 인공적인 공통재, 요컨대 특정 영역의 아이디어들 속에 있는 공통적인 것, 언어·사회적 관계·정동의 영역에 있는 공통적인 것의 자주관리라는 측면에서 공통적인 것을 생각해보는 것도 유용할 것입니다. 우리가 여기서 이야기하고 있는 것은 궁극적으로 삶-형태입니다. 우리가 '삶정치적'이라는 용어를 사용하는 것은 바로 이 때문이지요. 삶-형태, 정치적 삶-형태를 조직하는 것이 아이디어·정동·코드 등을 조직하는 데 핵심적입니다.

바커 '공유한다,' '공통적으로 한다'는 것 같은 생각에 사람들이 품을 수 있는 반발심 중 하나는, 당신이 말하는 바가 본질적으로 코뮤니즘의 한 형태라는 점에 있습니다. 이것은 자주 인간의 조건과는 상당히 거리가 먼 것으로 여겨집니다. 오늘날 우리는 빈번히 냉소적으로 이런 생각을 계속 떠올립니다. 인간 존재는 본성상 탐욕스럽다, 자기 이익을 최우선에 둔다, 코뮤니즘의 노선을 따라 사회를 창안하려는 모든 시도는 애초부터 실패하게 되어 있고 인간 문명이 시작되고부터 계속 그래왔다 등등. 하지만 맑스를 읽어보면, 흥미롭게도 그는 코뮤니즘이 외부로부터 인간 존재에 부과되어야 하는 형태의 사회라고 말하고 있지 않습니다. 맑스는 "이 운동[코뮤니즘]의 조건들은 현재 존재하고 있는 전제로부터 생겨난다"[3]라고 말하지요.

하트 저는 코뮤니즘 사회를 자본주의 사회와 완전히 별개의 것으로 생각하는 쪽보다 코뮤니즘 사회의 토대가 이미 자본주의 사회 안에 구축되어 있다고 생각하는 쪽을 택하겠습니다. 코뮤니즘 사회의 토대가 완벽한 형태로 자본주의 사회 안에 완성되어 있다는 말이 아니라 새로운 사회가 낡은 사회의 조건들 안에서 창조되고 있다는 의미에서 말입니다. 흥미롭게도 맑스는 자신의 저작에서 코뮤니즘에 대해 이야기하는 경우가 매우 드뭅니다. 아주 젊었을 때는 코뮤니즘에 대해 이야기하는데, 이후 좀 더 성숙해지면서 훨씬 더 조심스러워지는 것 같습니다. 유토피아적인 청사진과 거리를 두기 위해서는 대안적인 사회의 기초를 미래에 투사하기보다 그 기초가 이미 존재한다는 사실을 인식하는 것이 중요합니다. 코뮤니즘이라는 용어는 사용하기가 매우 어려울 정도로 오염됐습니다. 우리의 정치 어휘에 속한 다른 수많은 용어들, 그러니까 민주주의나 자유처럼 말입니다. 레이건이 자유에 대해 말한 내용을 들어보면, 제가 자유라는 말로 의미하고자 하는 것과 정반대되는 내용입니다. 이런 식이니 자유에 대해 이야기하는 것을 그만둬버리는 경향이 나타나는 것입니다. 민주주의에 대해 이야기해봅시다. 이라크에서 민주주의는 무엇을 의미합니까? 수많은 폭탄이지요. 북아메리카나 유럽에서 민주주의는 몇 안 되는 후보자들 중에서 하나를 고르는 비정기적 선거를 의미합니다. 이것은 매우 이상한 민주주의 개념입니다. 이러니 민주주의라는 용어를 사용하지 않는 경향도 존재합니다. 저는 이런 용어들을 둘러싼 투쟁이 중요하다고 생각합니다. 그 용어들에는 희망과 고난의 역사가 어려 있으니까요. 흔히 코뮤니즘은 무엇을 의미합니까? 경제와 사회에 대한 절대적인 국가 통제를 의미하지요. 이것은 제가 코뮤니즘으로 의미하는 바의 정확히 반대입니다. 맑스가 코뮤니즘에 대해 말한 모든 것과도 반대이고요. 때때로 저는 개념 자체에서 시작하는 것보다 그 개념의 구성요소들을 개발하는 것이 유용하다는 생각이 듭니다. 바로 이것이 네그리와 제가 우리의 책에서 수행한 일입니다. 우리는 간혹 코뮤니즘에 대해 말하긴 하지만, 코뮤니즘이라는 용어를 사용하지 않으면서 코뮤니즘의 토대에 대해 이야기해보려는 경우가 더 많습니다. '소유 비판,' '절대적 민주주의,' '국가 비판' 같은 말들로 말이지요. 그리고 이 블록들을 한데 조립함으로써 우리는 코뮤니즘이라는 용어의 부패를 피해가는 어떤 것에 도달할 수 있습니다. 그런데 공통적인 것에서 출발하면, 제 관점에서는 이것이 논리적으로 당연한 것이지만, 당신 말대로 코뮤니즘에 대해 다른 견해를 갖게 됩니다. 공통적인 것을 코뮤니즘의 핵심으로 생각한다면 소유에 대한 비판은 소유관계의 대안, 민주적인 자주관리 등을 포괄하게 됩니다.

코뮤니즘 안에 있는 공통적인 것에 주목한다면, 당신은 우리가 소비에트 이데올로기나 미국의 반공 이데올로기로부터 물려받은 것과는 매우 다른 관점을 갖게 될 것입니다. 소비에트 이데올로기나 미국의 반공 이데올로기 모두 똑같이 왜곡되어 있지요.

바커 이런 논의는 코뮤니즘이 어떻게 어떤 조건 아래서 실현될 수 있는가, 개인으로서의 우리가 코뮤니즘을 실현하는 데 어떤 역할을 할 수 있는가라는 문제를 제기하는 것 같습니다. 『매트릭스』에 유토피아에 대한 은유로 읽힐 수 있는 장면이 있습니다. 주인공이 파란 약을 먹을지 빨간 약을 먹을지 선택의 기로에 놓이는 장면인데요, 주인공은 파란 약을 먹으면 비교적 평온하고 평화롭게 현세의 남은 생을 다 살게 되지만 무지한 상태로 살게 됩니다. 반면 빨간 약을 먹으면 진실을 발견하게 됩니다. 선택에는 일정한 위험이 따르는데 이는 주인공이 무엇이 진실인지에 대해, 빨간 약을 먹을 경우 자신을 기다리고 있는 미래가 어떤 모습일지에 대해 어떤 사전 정보도 갖고 있지 않기 때문입니다. 주인공이 이미 살고 있는 만족스럽지는 않지만 편안한 삶보다 진실이 더 나을 수도 있습니다. 물론 주인공은 진실이 더 낫다는 것을 모르겠지만요. 저는 이것이 자본주의에서 현재 우리가 처해 있는 곤경에 대한 유용한 은유가 되지 않을까 생각합니다.

하트 조금 다른 이야기를 해볼게요. 저는 허위의식이나 이데올로기적 신비화가 우선적인 문제라고 생각하지 않습니다. 우리가 진실을 보여줄 수 있다면 사람들은 다르게 행동할 것이라고, 자신이 지배당하고 있는 것을 자신의 해방인 양 착각하며 지배당하려고 애쓰는 걸 결국 그만둘 것이라고, 결국 이 사회에 협조하길 멈출 것이라고 하는 생각은 실제로 맑스주의나 다른 전통들 속에 너무나 오랫동안 존재해왔지요. 저는 이렇게 말하겠습니다. '진실을 드러내는 비판'이라는 생각은 좌파 담론의 주된 양태였습니다. 미국인들이 이라크에서 진짜로 하고 있는 짓을 드러내는 비판이나, 우리가 표면 아래 숨겨진 어떤 의미를 인식하도록 돕는 할리우드 영화 속의 비판이 그렇지요. 그런데 그런 비판이 낳은 것은 일종의 우울입니다. 사람들이 진실을 알고 있다 해도 그것이 실제로 사태를 바꾸지는 못하기 때문이지요. 저는 우리가 비판이나 탈신비화나 허위의식에 대한 공격보다는 대안들을 조직해야 한다고 생각합니다. 그렇기 때문에 저는 매트릭스에서 시온으로 갈 것입니다. 저는 대안적인 공동체의 구축이라는 그 엄청난 집단적 욕망의 경험을 향해 갈 것입니다. 그것이 바로 우리가 원하는 것입니다. 저는 허위의식을 뒤집는 것이나 진리가 우리를 자유케 하리라는 믿음이 아니라, 욕망의 훈련이 필요하다고 생각합니다. 뭔가 다른 것을 원하는 것 말입니다. 당신이 든 예와 딱 맞아떨어질지는 모르겠는데, 가령 사람들은 소비사회에 미혹되어 있고 상품의 매력에 도취되어 있다고 할 수 있겠지요. 그러나 제가 보기에 그것은 문제가 아닙니다. 소비주의가 갖는 문제는 그 조건에서는 욕망이 제대로 크지 못한다는 점이지요. 제 주변에는 울적하거나 심심하면 쇼핑을 간다는 친구들이 많이 있어요. 그것은 불쌍한 것이지 그릇된 것이 아닙니다. 그냥 불쌍한 거예요. 우리는 삶 속에서 더 크고 더 많은 욕망을 가져야 합니다. 우리는 소비주의를 넘어서야 합니다. 그러니 당신의 아이팟을 사랑하세요. 저도 제 아이팟을 사랑합니다. 다만 다른 더 많은 것들을 사랑하세요. 저는 지금 소비주의 비판이라는 전통의 무력함에, 허위의식을 문제 삼으며 징징대는 태도에 항의하고 있는 것입니다. 저는 허위의식이 문제라고 생각하지 않습니다. 제한된 욕망이 문제이지요. 그래서 저는 시온으로 갈 것입니다. 혁명의 효소는 무엇이 옳으냐, 무엇이 진리이냐에 있지 않습니다. 그것은 우리가 원하는 것, 우리가 원하는 사회를 만들어내는 데 있습니다.

바커 슬라보예 지젝은 제3의 약을 달라고 하던데요.

하트 그런데 지젝은 그 약에 완전히 몰두해 있어요! 지젝은 탈신비화에 모든 걸 쏟아 붓고 있지요. 우리의 의식을 왜곡시키는 소비에 대한 해독제로서 맑스의 『자본』을 읽는 데만 몰두하고 있습니다. 뭐, 그렇다면 저도 지젝과 함께 가겠습니다. 지젝이 제3의 약을 원한다면 저도 그렇게 하지요. (웃음)

2010년 3월 22일
베를린(독일)

12345678

사건/이념이 아닌
물질적 구축으로서의
코뮤니즘

안토니오 네그리와의 대담

Antonio Negri

이탈리아의 정치철학자. 자율주의(아우토노미아) 운동의 창시자이자 활동가로
서 한때 프랑스의 파리8대학교와 국제철학학교에서 학생들을 가르쳤으며, 잡
지 『다중』의 창립자 중 한 명이기도 하다. '제국' 3부작인 『제국』(2000), 『다중:
제국이 지배하는 시대의 전쟁과 민주주의』(2004), 『공통체』(2009) 등을 마이
클 하트와 공동 집필한 것 이외에도 『공통적인 것을 발명하기』(2012), 『굿바이
미스터 사회주의』(2006), 『구성권력』(1992), 『야만적 별종』(1981), 『맑스를 넘
어선 맑스』(1979), 『정치적 데카르트』(1970) 등의 저서가 있다.

제이슨 바커(이하 바커) 최근 전 지구를 휩쓸고 있는 경제·금융 위기의 특수한 원인이 무엇이라고 생각하는지요? 그것이 체제 문제, 즉 자본주의 자체의 문제라고 보시나요?

안토니오 네그리(이하 네그리) 늘 그렇듯이 위기는 노동자들의 운동에 의해서, 노동계급에 의해서 규정됩니다. 이것은 명백하게도 자본주의 체제의 구조적 결함입니다. 제가 어제 읽은 기사에 보니, 미국 연방준비제도이사회의 최종 책임자인 앨런 그린스펀이 미국 의회에서 위기가 자신의 잘못이라고 말했다고 합니다. 그린스펀의 잘못은 금리를 높이지 않았다는 의미에서 잘못인데,[1] 사실 이 잘못은 조지 W. 부시 때문에 초래된 것입니다. 부시가 건설업체들과 대출업체들의 금리를 높이고 싶어 하지 않았으니까요. 따라서 책임은 미국에서의 계급관계와 연결되어 있습니다. 부시는 미국의 노동계급과 일하는 계급들 전부가 조용히 있는 경우에만 신자유주의적 정치와 전쟁의 정치를 펼칠 수 있었습니다. 이들을 조용히 있게 하려면 집을 살 수 있고 일정한 소비 수준을 유지할 수 있게 해주는 것이 필요했습니다. 그렇다면 위기란 무엇일까요? 신자유주의 체제가 사람들에게 그 노동의 값어치만큼을 주지 못한다는 사실입니다. 따라서 어떤 식으로든 압력이 계속 유지되어야 합니다. 예전에는 제국주의, 식민주의 등을 통해서 그렇게 했습니다. 그런데 오늘날 우리는 탈식민 시대를 살고 있습니다. 분명히 이 시대에도 외부에 대한 착취가 엄청나게 존재하지만, 그것이 다른 것들보다 더 체계적·근본적 요소가 되고 있지는 않습니다. 따라서 문제는 점점 더 자본주의 체제의 내부로 되돌아가게 됩니다. 자본주의 체제는 늘 관계로서 존재합니다. 자본주의 체제란 항상 자본이, 즉 자본가들이 그들에게 종속된 주체들에게 값을 지불하는 형태의 체제입니다. 그런데 아시다시피, '주체'란 항상 전도될 수 있는 단어입니다. 한편으로 주체는 억압받는 자로서, 착취당하는 자로서, 소외된 자로서 존재합니다. 하지만 다른 한편으로는 운동의 능력으로서, 변형과 변신의 능력으로서 존재하지요.[2]

바커 이 위기가 신자유주의적 민주주의에 위협이 된다고 보시나요?
네그리 이 위기는 사회주의와 자유민주주의 모두에게 실질적 위협이 됩니다. 다시 말해서 위기는 모든 지배 형태에 위협이 됩니다. 위기란 항상 사회를 구성하는 주체들 사이의 세력관계를 건드리는 어떤 것입니다. 그렇다면 자유민주주의를 절대적인 것으로 볼 필요는 없다는 점에 주의를 기울일 필요가 있습니다. 자유민주주의는 자본주의가 조직되는 한 형태입니다. 정치경제학 비판의 관점에서 말하면, 노동자들이 전체주의 체제에서보다는 보수를 더 많이 받고 일정한 자유를 향유하는 그런 형태이지요. 자유주의 체제는 언제나 상대적인 것입니다. 절대적인 것이 아닙니다. 그리고 명백하게도 이 체제는 전체주의 체제보다는 낫습니다.

바커 현재의 이 특수한 위기가 신자유주의적 민주주의에 위협이 되리라는 데 동의하시는 것인가요?

네그리 그렇습니다. 위기가 개혁주의를 봉쇄하고, 따라서 주체들에게 자유의 공간을 더 넓혀줄 가능성을 봉쇄하기 때문에 매우 위험한 결과를 낳으리라고 생각합니다. 첫째, 위기는 미래의 개혁주의적 변화를 보지 못하게 합니다. 더 나아가 위기는 자본주의적 신체의 봉쇄를 야기합니다. 본원적 축적에 대해 말하면서 칼 맑스는 그런 축적이 방해받았던 때를 언급한 적이 있습니다.3) 무엇보다도 중앙 유럽의 국가들, 즉 독일, 폴란드, 오스트리아–헝가리 제국 등에서 그런 일이 벌어졌지요. 맑스가 재봉건화에 관해 언급한 것이 이런 곳들입니다.4) 체제가 어떤 문턱에 도달했으나 더 나아갈 능력이 없어 뒤로 후퇴하는 것이지요. 자본주의를 탄생시킨 거대한 혁명 이후에 다시 봉건화된다는 말입니다. 또한 토지노동자들이 노역으로, 즉 노예제의 공간으로 되돌아가는 순간이 있습니다. 제 생각에 우리는 이와 유사한 상황에 진입 중입니다. 요컨대 오늘날 우리는 우리가 늘 전지구적인 상황에 있음을 생각할 필요가 있는데, 거대한 변화를 거치고 난 뒤 우리 앞에 노동력의 재노예화가 여러 형태로 일어나고 있는 것입니다. 그러니 신자유주의적 민주주의의 큰 위기인 것입니다. 예를 들어 위기가 전지구적이기 때문에 이에 대응할 능력을 가진 국가주권은 실상 존재하지 않습니다. 그런데 이 모든 것은 전복적 행위와 자유의 진정한 행위의 지평 또한 바꿉니다. 이제 사람들은 단순히 국가가 문제가 아니라 아마도 은행들과 거대한 다국적 기업들에 자리잡고 있는 겨울궁전이 문제라는 것을, 바로 그것이 반란과 정복의 거대한 대상이라는 것을 알고 있습니다. 그렇기 때문에 그 지평이 바뀐 것이기도 합니다. 앙겔라 메르켈이나 니콜라 사르코지가 아니라 IMF, 세계은행, 골드만삭스 같은 기업들의 거물들이 문제이며, 정부의 도움을 받아 권력을 유지하는 모든 기구들의 문제인 것입니다.

바커 적어도 아직은 이런 착취 메커니즘이 많은 이들에게 제대로 인식되고 있지 않은 듯합니다. 이런 의미에서 이런 관계를 가리는 이데올로기가 작동하고 있다고 말할 수 있을까요?

네그리 자유민주주의는 이 모든 것을 명확히 할 능력이 없습니다. 자본주의의 모든 형태처럼, 모든 형태의 국가처럼 자유민주주의도 강한 권력을 절대적으로 숨겨야 합니다. 자유민주주의가 투명하리라는 환상을 가져서는 안 됩니다. 실제로 투명할 수 있는 정부란 없어요. 이것이 니콜로 마키아벨리의 위대한 발견이자, 바뤼흐 스피노자의 위대한 발견이고, 맑스의 위대한 발견입니다.

바커 마키아벨리, 스피노자, 맑스를 언급하셨는데요. 이들은 당신이 공부하고 글을 썼던 세 명의 위대한 유물론자들입니다. 당신은 유물론을 어떻게 정의하십니까?

네그리 유물론은 휴머니즘입니다. 곧 외부도, 초월적인 것도, 초험적인 것도 없다는 말입니다. 즉 신이 없음을 의미하지요. 인간이 구성 능력을 가졌다는 점 외에는 그 어떤 개념도, 이념도 없습니다. 구성은 곧 생산입니다. 생산은 단지 경제적 생산, 즉 경제적 가치의 생산을 의미하는 것이 아니라 인간에 의한 인간의 생산을 의미합니다. 이것이 유물론입니다. 그런데 이 생산은 엄청난 부를 산출합니다. 우리 주위의 세계 전체가, 제 앞에 있는 카메라부터 시작해 모든 것이 인간이 생산한 것입니다. 인간은 50년 전에는 30살에 사망했는데 요즘에는 100살 넘게 살기도 합니다. 의약품은 가공할 만한 것이 됐고, 언어는 더 풍부해졌으며, 우리는 세상을 보는 능력과 함께 스스로를 파괴할 능력도 가지게 됐습니다. 이는 위험한 측면입니다. 코뮤니즘은 지배에 대항해 선택하고 구성하고 생산하는 것입니다. 훈육, 통제, 일체의 다양한 명령을 부과하는 지배에 대항해서 말입니다. 명령이란 이념이 아니기에, 늘 극단적으로 결정되는 어떤 것입니다. 어디에나 명령을 내리는 주인들이 존재합니다. 이들을 국가라고 부르지요.

바커 맑스의 선구적인 종교 비판에도 불구하고, 결국 사회에는 종교가 필요 없어지리라는 맑스의 믿음에도 불구하고, 여전히 인간은 정신적 존재이든 사회적 존재이든 각종 주인과 신에게 대단한 경외감을 가지고 있는 듯합니다. 우리가 가진 모든 것, 인간으로서 우리가 지닌 모든 측면이 지배관계로 이뤄져 있음을 깨닫는 것, 사회 자체가 지배 세력과 피지배 세력으로 나뉜다는 것을 깨닫는 것이 두려운 일이기 때문일 테지요. 이 외에 다른 것은 없으며 우리를 보호하거나 구원할 존재도 없습니다. 체제의 '외부'란 없고, 우리만이 있습니다. 이런 의미에서 우리는 우리가 바로 체제라고 말할 수도 있겠지요.

네그리 그것이 바로 자유로운 사람들이, 시인들이 생각해온 바입니다. 다른 예를 들면, 아시다시피 오늘날 이쪽에도 뉴에이지5)라는 교파가 있습니다. 저로서는 뉴에이지라는 이 교파가 문을 닫는 것을 원하지 않습니다. 교권敎權에 지나치게 반대할 생각은 없습니다만, 저는 사제들을 좋아하지 않습니다. 가톨릭 사제들이든 맑스주의적 사제들이든 말입니다. 근본적인 문제는 자유이며 자유가 바로 우리의 존재입니다. 모여 있고 공통적인 것 속에 있는 우리입니다. 진정한 자유는 공통적인 것, 인간이 구축하는 공통적인 것입니다.

바커 뉴에이지라는 교파를 언급하시니 흥미롭습니다. 오늘날 큰 서점들에서라면 종종 철학 코너가 뉴에이지나 종교 서적들과 합쳐져 있으니까요. 이 아이러니는 틀림없이 맑스의 눈을 벗어나지 못했을 것입니다. 철학, 그리고 진리에 헌신하고 거짓 믿음을 폭로한다는 철학의 고전적 소명이 개인의 행복이라는 일상적인 문제에 의해 밀려난 것처럼 보입니다. "내가 돈을 충분히 버는 건가?," "내 아이들이 좋은 학교에 다니는 건가?," "내 몸무게가 너무 많이 나가는 건가?"

네그리 그렇습니다. 하지만 유물론 일반이 또 다른 문제인 것은 사실이지요. 예를 들면 모든 노동자들, 모든 노동 사이의 관계에 관련된 문제이기도 한 것입니다. 저는 30~40년 전에 '사회적 노동자'에 관해서 말한 적이 있습니다.[6] 즉, 공장에서만이 아니라 모든 사회적 서비스의 영역에서 일하는 사람들 말이지요. 이들은 점점 더 기존의 노동자들과 똑같아집니다. 다른 사람들만큼이나 착취당하는 것이지요. 따라서 이들 모두 보수 혹은 소득을 받아야 합니다. 이 보수가 결과적으로 자식들을 학교에 보낼 수 있게 하는 소득이 되고, 아마도 행복과 행복해지는 것에 대해 생각하게 만들어줄 것입니다. 몇 명의 가족을 이룰지도 돈을 얼마나 갖고 있는지와 매우 밀접한 연관이 있습니다. 그런데 이 모든 것은 근본적으로 물질적입니다.

바커 행복은 삶과 죽음의 문제일 수도 있습니다.

네그리 그렇지요.

바커 이제 코뮤니즘이라는 이념에 대해 말해보지요. 당신은 앞서 인간에 의한 인간의 생산에 대해 언급했습니다. 그런 인간관이 '양도 불가능한 권리의 소유자로서의 인간'이라는 정치적 · 진보적 인간관과 양립할 수 있는지 궁금하군요. 경제적 관계와 생산력이 지배하는 세계가 코뮤니즘 같은 보편적 이념과 어떻게 양립할 수 있을까요?

네그리 이 점에 대해서는 서로 잘 이해해야겠지요? 무엇보다 개념을 나눌, 분리할 필요가 있습니다. 예를 들어 '코뮤니즘'을 말할 때 사람들이 보통 의미하는 것은 사회주의입니다. '러시아 코뮤니즘'이라 불렸던 것도 결코 코뮤니즘이 아니었습니다. 사회주의였지요. 소련인들도 "사회주의에 진입해 있다"고 늘 말했습니다. 자유주의가 자본의 관리 형태이듯이, 사회주의도 자본의 관리 형태입니다. 냉전 시기에는 이 점을 쉽게 볼 수 없었습니다. 오늘날에는 매우 명백하게 이 점을 볼 수 있습니다. 중국에서 볼 수 있지요. 코뮤니즘이 아닌 사회주의, 자본을 관리하는 또 다른 형태로서의 권위적 자본주의 형태를 말입니다. 그러나 사회주의도 일련의 복지, 즉 사회의 일반적 발전 상태와 연결되어 있습니다. 자유주의가 그럴 수 있었던 것처럼 말입니다. 아시다시피 자유주의는 상이한 시기를 거쳐왔습니다. 자본의 본원적 축적 시기에는 잔인한 자유주의였습니다. 사회민주주의의 경우에는 규제된 자유주의였고, 케인즈적 자유주의는 밀턴 프리드먼의 야만적 자유주의와는 근본적으로 다른 것이었지요. 오늘날에는 위기를 맞아서 정치경제의 관리에 국가가 개입하는 형태로, '사회주의적'

형태로 되돌아가는 경향이 있습니다. 따라서 정말로 유의해야 합니다. 코뮤니즘에 대해 말할 때 자유주의와 다른 것을 말하는 것은 명백하지만, 또한 사회주의와도 다른 것을 말한다는 점을 말입니다. 코뮤니즘이란 공통적인 것의 운영을 뜻합니다. 사실 가치들 중에는 공통적 가치들에 해당하는 것들이 있지요. 물, 공기만이 아니라 무엇보다도 사람들이 생산하는 것들이 그렇습니다. 언어, 화폐, 존재하는 모든 것들이요. 인간이 존재하는 환경인 문명의 형태들 일반이 다 여기에 해당됩니다. 그렇다면 문제는 이렇게 됩니다. 문명은 집중을 통해, 공동체 형태들의 확장을 통해 발전합니다. 가령 노동은 이런 의미에서 그 성격이 가장 많이 변해왔습니다. 그 개인적인 성격이 점점 덜해지고 협동적 성격이 점점 더해져왔지요. 여기서 제가 염두에 두는 것은, 이를테면 상호 구축된 개념들을 중심으로 하는 물질적 노동입니다. 따라서 이렇게 보면 문명의 형태는 점점 더 공통적인 것이 되어가고 있습니다. 이런 관점에서 우리는 다른 질문을 던질 수 있지요. "이 공통적인 것 위에서, 이 새로운 공통적 기반 위에서 코뮤니즘적 정치 형태는 가능한가?"

바커 코뮤니즘에 모델이 있나요?

네그리 글쎄요, 모델 같은 것을 말할 수 있는지 모르겠네요. 맑스에게는 모델이 없었습니다. 맑스가 발명한 것이 아닌, 발견한 유일한 모델은 '코뮌'이었습니다. 그런데 이것은 완전히 역사적으로 결정되는 모델입니다. 코뮌은 힘의 산물로서, 맑스가 역사적이라기보다는 이론적인 성격의 글에서조차 상대화시켜 제시한 것입니다. 따라서 코뮤니즘의 모델은 없다고 생각합니다. 다만 코뮤니즘의 조건을 연구하고 정의하려는 지속적인 노력이 있을 뿐입니다. 코뮤니즘은 현실의 변형과 현실을 만들고 구축하려는 의지 혹은 결정 사이의 관계 속에서 구성되는 무엇입니다. 여기서 결정은 하트와 제가 '다중적'이라고 부른 바의 결정입니다. 바로 그렇습니다. 사회적 총체는 구성된 총체라는 의미에서, 따라서 공통 의지의 모든 형태는 지속적인 연관, 혼합, 변형을 거치게 마련이라는 의미에서 그렇습니다. 바로 이것이 오늘날 진정한 정치적 문제입니다.

바커 코뮤니즘이라는 이념에서 흥미로운 것은, 그것이 특히 슬라보예 지젝과 알랭 바디우의 저작에서 철학적 이념으로 제시된다는 점입니다.[7] 철학에 대한 맑스의 기여는 무엇이라고 생각하시나요?

네그리 처음에 맑스는 헤겔 좌파를 거쳐 철학에 도달한 젊은 철학자였습니다. 그러나 제 생각에 맑스에게는 훨씬 더 심오한 무엇인가가 있었습니다. 아마도 맑스의 정신에 존재한 어떤 근본적이고 본래적인 정서가 유물론이 아닌가 싶습니다. 제 생각에 맑스는 실제로 근대의 리얼리즘적이고 유물론적인 사유의 거대한 흐름과 연결되어 있습니다. 다시 말해서 맑스는 G. W. F. 헤겔보다는 마키아벨리, 스피노자 같은 철학자들에 맥이 닿아 있습니다. 그러므로 맑스는 무엇보다도 계몽주의적 인간입니다. 관념론이요? 그래요, 맑스는 관념론과 만나지요. 그러나 맑스가 관념론과 만나는 것은 사람들이 종교와 만나는 것, 특정한 시기에 헤게모니를 쥐고 있는 문화적·사회적 지식을 만나는 것과 같습니다. 하지만 맑스에게는 더 심오한 무엇인가가 있었고 그것은 가난의 구조화에 대한 분노, 가난과 굴욕에 대한 심오한 파악, 인간의 굴욕에 대한 거부에 연원을 둡니다. 이 모든 것이 맑스를 철학자로 만든 것입니다. 이렇게 볼 때, 맑스의 철학은 모든 혁명적 철학자들의 경우와 같습니다. 그 핵심은 인식론, 존재론, 윤리(학) 사이의 연속적 관계입니다. 그리고 실제로 정치란 인식하고, 존재하고, 행동하는 방식의 총합 혹은 집합 바로 그것입니다.

바커 당신은 맑스뿐만 아니라 스피노자와 르네 데카르트 등의 철학자들에 대해서도 책을 썼습니다.[8] 당신의 스피노자 독해는 맑스 독해에서 영향을 받은 것이 분명합니다. 어쩌면 그 반대도 맞을지 모르겠습니다. 그런데 맑스를 데카르트와 비교할 수 있을까요?
네그리 두 사람은 정반대라고 할 수 있지요. 부르주아적 계보에서 근대 철학의 창시자에 해당하는 데카르트에게는 중세의 의식 개념과 르네상스 시기의 대안 사이에서 확립된 연속성이 합리적 이데올로기의 토대가, 개인들이 부를 구축하는 체계에 방해가 되는 구조들을 개혁하는 과정의 토대가 됐습니다. 맑스의 경우는 정반대입니다. 맑스에게는 설명의 대상인 모순적 현실에의 몰입이 관건입니다.

바커 반면에 맑스와 데카르트 사이의 공통 지반을, 철학 안에서 혹은 각각의 철학적 기획에 담긴 지적 우상파괴주의의 측면에서 식별해낼 수 있을지도 모릅니다. 이것이 루이 알튀세르가 '인식론적 단절'이라고 불렀던 것이지요. 맑스와 데카르트 모두 우리가 현실과 맺는 관계를 지식의 대상이라는 관점에서 바꾸고 있습니다. 둘 모두 우리로 하여금 "지식의 대상이란 무엇인가?"를 묻게 만드는 것이지요.
네그리 글쎄요. 저로서는 "맑스는 철학자가 아니다"라고 말할 수 있는 데 매우 만족할 것입니다. 제가 이렇게 말하는 것은 철학자란 어떤 식으로든 확정된다고, 자신의 결말에 도달하게 된다고, 인간 지식의 보편적 법정은 철학의 일반적 발전 속에서 변질된다고 믿기 때문입니다. 이렇게 볼 때 일단 마르틴 하이데거를 거치고 나면……. 하이데거는 히로시마나 아우슈비츠처럼 위험하지요. 따라서 이렇게 볼 때 철학의 관점은 충분한 외부를 허용하지 않습니다. 제가 보기에 맑스는 무엇보다도 이론적 시도와 실천에 연결되어 있었습니다. 제가 늘 강조하듯이 저는 맑스주의자가 되기 전에 코뮤니스트가 됐습니다. 제가 맑스주의자가 된 것은 『자본』을 읽으면서였지요. 노동자들이 착취에 대해, 정치 조직을 구축하면서 겪는 고충에 대해 제게 직접 말해준 것과, 정치경제학 비판의 관점으로서 『자본』이 말하는 것 사이에 실질적 상응관계가 있다는 것을 깨달았기 때문입니다. 철학이 아닌 이런 관점, 노동자들과의 관계 속에 존재하는 유물론적 비판의 관점이 중요합니다. 안토니오 그람시는 유물론이 역사적이라고 말한 바 있습니다. 그람시는 유물론을 '실천의 철학'이라 불렀는데, 여기서는 철학보다 실천이 더 중요하게 됩니다. 바로 그렇습니다.

바커 당신의 말에 따르면 맑스의 유물론은 실천의 철학이군요?

네그리 네. 실천의 철학, 속속들이 존재론적인 철학입니다. 요컨대 존재 속의 발동기, 역사적 존재의 조건들 그 자체 속에 들어 있는 발동기입니다. 마키아벨리에게서도 그랬지요. 마키아벨리의 생각은 무엇입니까? 어떤 힘들이 현실을 변형할 수 있다는 생각이지요. 이 힘들은 현실 내부의 장치에서 출발해 그 자체로 분석됩니다. 따라서 이렇게 볼 때 맑스는 스피노자하고도 똑같습니다. 스피노자에게서 상이한 힘들은 욕망을, 현실의 연속적 구축을 가로지르는데, 바로 이 상이

한 힘들이 한데 모아야 할 요소들입니다. 이것은 예나 지금이나 일련의 코뮤니스트들이 말하는 것과는 정반대입니다. 이데올로그들에 관해 말하는 『공산주의당 선언』의 3장은 바로 오늘날로 치면 "코뮤니즘은 이념 혹은 사건이다"라고 말하는 이들을 다룬 장입니다.[9] 코뮤니즘은 사건도 아니고 이념도 아닙니다. 코뮤니즘은 사회적 계급이, 착취하는 다른 사회적 계급에 대항해 이뤄 내는 물질적 구축입니다. 이는 현실 속으로, 존재 속으로, 소유에 대항하는 존재 속으로 진입하는 것입니다. 바로 그렇습니다. 물질적·존재론적 구축입니다.

바커 스피노자를 언급하시니, 맑스와 스피노자가 공유하는 '윤리적' 차원이 있는지 궁금하군요.

네그리 글쎄요. 스피노자의 경우에 윤리는 정의하기 매우 힘듭니다. 윤리는 실상 존재론의 열쇠 자체이기 때문입니다. 윤리의 고전적 정의는 무엇인가요? 형이상학적 원리를 기반으로 행동에 대해, 의지에 대해, 인간 행동의 궁극성에 대해 성찰하는 것입니다. 스피노자의 경우는 매우 다릅니다. 욕망이 존재 자체를 가로지르니까요. 이를테면, 존재가 욕망에 의해 작동하는 것입니다. 따라서 바로 이런 작동의 내부에서 윤리를 규정할 필요가 있는 것이지요. 스피노자에게 윤리는 도덕이 아닙니다. 윤리는 바로 인간 세계를 구축하는 열쇠입니다. 따라서 이렇게 보면 스피노자, 혹은 맑스는 윤리 내부에서 행동하는 것이지요. 그런데 스피노자에게 윤리는 맑스나 그 이전의 마키아벨리에게서처럼 도덕과 매우 다르다는 점을, 일반적으로 형이상학이나 관념론 등과 연결된 모든 것과 매우 다르다는 점을 유의해야 합니다. 늘 문제가 되는 것은 개념입니다. 정의의 문제는 개념의 문제입니다. 맑스의 경우에서 알 수 있듯이, 새로운 개념을 대할 때는 그것을 정의하기가 분명 어렵습니다. 우리는 특정한 관성 속에서, 즉 이성의 관성 속에서 정의하기 때문이지요. 그런데 눈앞에 있는 개념은 고정된 것이 아닙니다. 개념은 일종의 연속적 성찰의 공간 같은 것입니다. 질 들뢰즈는 개념이란 높이 날아올라 현실을 보는 것이라고 말했어요.[10] 개념은 이런 유동성을, 가공할 이동성을 가졌습니다. 어렵지 않지요? 맑스는 장치 내부에서 발명하는 사람입니다. 그렇게 해서 장치 자체를 혁명적인 것으로 만들지요. 무슨 말이냐면, 현실은 독해의 대상이 아니라 변화의 대상이라는 것입니다. 현실은 주어진 실체가 아닙니다. 자본은 실체가 아니라 관계입니다. 자본은 늘 우리가 그 속에 있는 어떤 것입니다. 우리는 자본의 내부에 있습니다. 자본의 외부란 없습니다. 우리는 자본 안에 있으며, 자본에 맞서 싸워야 합니다. 자본가들이 우리에 맞서 싸우는 것과 똑같은 방식으로요. 우리는 가변자본으로 규정됩니다. 우리는 자본의 복사물인 셈입니다. 우리의 언어, 우리의 사고방식도 모두 자본과의 관계 속에서 구축됩니다. 이 관계는 개혁의 관계일 수도, 적대의 관계일 수도 있습니다. 여하튼 우리는 그 관계 내부에 있습니다. 천상의 나라도 없고 다양한 모험도 없습니다. 사건도 없고 기적도 없습니다. 사람들은 자본의 내부에 있으며, 내부에 있을 수밖에 없습니다. 이것이 현실입니다. 힘든 현실이지요. 현실을 바꾸는 것은 훨씬 더 힘듭니다. 어쩌됐든 인간은 자본 내부에 있습니다! 외부에 있을 가능성이 없어요. 지금은 철학이 무엇인지 모르겠습니다. 제가 아는 것은 제가 투쟁, 즉 적대의 상황 속에 있으며 이기거나 지거나 둘 중 하나라는 점뿐입니다. 위험이 엄청납니다. 그러나 회피할 수 없는 위험입니다. 자본의 과학

같은 것은 없습니다. 가능성, 우발성, 잠재성만이 있을 뿐입니다. 왜냐하면 이 투쟁에서는, 질 때조차도 활력이 더 증가하고 중요해질 수 있기 때문이지요. 이것이 맑스입니다. 맑스는 늘 '되어감'의 상태에 있습니다. 그래서 맑스를 규정하기가 힘듭니다. 실제로 그렇습니다. 『자본』의 집필이 당대에 일어난 사건들과의 관계 속에서 이뤄졌다는 점이 좋은 예입니다. 1848년의 사건이 있었고, 그 뒤에는 무엇보다도 파리 코뮌이 있었으며, 코뮌 이전에도 1850년대 말의 변형 혹은 거대한 위기가 있었습니다. 맑스가 『자본』 집필에 착수한 것은 위기를 연구하면서였습니다. 맑스는 항상 관계 속에 있습니다.

바커 물론 『자본』은 미완의 저서이지요.

네그리 모르긴 해도, 맑스가 『자본』을 끝내지 못한 이유는 그럴 시간이 없었기 때문일 것입니다. 그러나 제 생각에 사실 『자본』을 쓴다는 것은 계속되는 작업입니다. 바로 우리가 자본 내부에서 일어난 변화를 고려하며 『자본』을 계속 써야 합니다. 오늘날 맑스주의적 물음 속에서 발견되는 주된 문제는 무엇입니까? 그래요, '맑스주의적 물음.' 저는 그렇게 부릅니다. 책으로 읽을 수 있는 그 맑스만이 진짜 맑스라고 주장하는 사람들이 있어요. 그런데 그때의 맑스와 활동한 주체들은 지금의 주체들과는 다릅니다. 오늘날 주체성은 변했지요. 앞서 말했듯이 사건, 기적, 초험주의의 선을 좇을 필요는 없습니다. 그것이 맑스적이든 코뮤니즘적이든 말입니다. 그래서는 안 됩니다. 우리는 현실 내부에 있어야 합니다. 즉 오늘날의 노동력이 어떤지를 이해해야 합니다. 이 노동력은 맑스가 함께 했던 노동력, 맑스가 연구했던 노동력과 다릅니다. 완전히 다르지요.

바커 분명히 경제·금융 위기로 인해 노동자들만이 아니라 보통 사람들 대다수가 자본과 적대관계를 맺게 됐습니다. 그렇지만 이들이 출구를 어떻게 찾을지는 결코 분명하지 않습니다. 당신이 정의하고 있는 것처럼, 세계를 변화시키는 투쟁이며 의지인 코뮤니즘은 위기를 통해 긍정적으로 구축된다고 생각될 수 있는 그런 것인가요? 코뮤니즘은 위기의 긍정적 산물일 수 있나요?

네그리 저는 코뮤니즘 운동이나 사회주의 운동을 결정지은 위기를 본 적이 없습니다. 긍정적으로든 강한 방식으로든 말이지요. 위기는 비참·가난·절망을 몰고 옵니다. 위기는 극히 냉혹하지요. 일반적으로 혁명적 운동은 위기의 결과로서, 위기 이후에, 복구되고 갱신된 지배 체제가 강력한 인민들과 맞닥뜨릴 때 생깁니다. 그런데 이 모든 것은 극히 일반적이며 공허합니다. 제 생각에 오늘날 큰 문제는 위기가 아니라 더 이상 좌파가 존재하지 않는다는 사실입니다. 오늘날 우리는 좌파가 우파보다 더 우파적인 상황에 있습니다. 따라서 운동이 긍정적으로 활성화될 가능성이 없습니다. 좌파는 위기 앞에서 완전히 무장해제됐습니다. 좌파는 신자유주의자들보다 더 신자유주의적이 됐지요. 따라서 큰 문제는 새로운 집단화의 극들을 규정해내는 것, 바로 그것입니다. 바로 이것이 시대의 과제이고, 맑스의 귀환이 의미하는 바입니다. 사람들은 실상 준거의 극들을, 전복 혹은 사회변형의 기능을 재구성할 수 있는 투쟁의 극들을 찾고 있는 것입니다.

바커 당신은 맑스와 관련해 변혁과 변화에 대해 말했습니다. 그런데 여기서 결정론이 어떤 역할을 하는지 궁금하군요. 맑스는 후기 저작에서 사회의 혁명적 변혁을 준비하기 위해서 '필연성의 철칙'에 대해 언급한 바 있습니다. 맑스에게서는 종종 역사가 결정론적인 논리를 좇는 것으로 제시됩니다.

네그리 확실히 그 점은 맑스의 낡은 점들 중 하나입니다. 맑스에게는 어떤 역사적 실증주의, 필연성의 목적론이 있습니다. 한편으로 이것은 유물론 전통에서 온 것이지만, 관념론 철학에서 온 것이기도 합니다. 유태주의의 한 갈래에서 온 것이기도 하고요. 오늘날 이 모든 것은 완전히 철지난 것입니다. 필연성의 철칙이란 상상할 수 없습니다. 우리가 상상할 수 있는 것은 이와 전혀 다른 어떤 것, 즉 존재론적 관점에서 봤을 때 점점 더 중요해지고 커지고 일관적이 되는 공통적 공간의 구성입니다. 여기서 출발해 주체성을 일정하게 축적하며 새로운 관점을 구축해야 합니다. 그렇기에 위험이 따릅니다. 늘 위험이 따른다는 것은 명백합니다. 그런데 아시다시피 경제학자들은 보통 불확실성을 위험과 구분하고 분리합니다. 경제학자들이 생각하기에 불확실성은 통제되고 제어될 수 있지만, 위험은 그렇지 않지요. 제 생각에 근본적 변화라는 이론적 관점에는 불확실성과 위험이 모두 고려됩니다. 불확실성이란 이 공통적인 것의 축적을 주체성의 축적으로 가늠하고 한데 모으는 능력 바로 그것입니다. 위험이란 자연적 과정은 없다는 사실과 연관됩니다. 역사적 과정만이, 역사적인 동시에 적대적인 과정만이 존재합니다. 적대는 늘 격렬할 수 있으며, 늘 위험할 수 있습니다. 전쟁이라고 불리는 것이 바로 이런 것입니다.

바커 오늘날 많은 경제학자들은 우리가 위험을 감당할 수 있을 뿐만 아니라 위험에 대비해 무엇인가 계획을 짤 수 있다고 우리를 납득시킴으로써 먹고 사는 것 같습니다.

네그리 아니오. 불확실성 속에서 계획을 짜는 것이지 위험에 대비해 계획을 짜는 것이 아닙니다. 위험은 재난입니다. 가령 작금의 위기는 과정 내부에 있는 위험을 인식한 위기입니다. 이 위험은 자본주의적 조직화에 재난이 됐습니다. 공동체로부터 돈을 빼앗아 은행들에, 즉 해를 당한 당사자들이자 위기를 초래한 당사자들에게 넘어줄 가능성이 없다면 자본주의는 실로 곤란에 처했을 것입니다. 이 가능성은 실제로 실현됐지요. 모든 위기에는 고전적인 작동 방식이 있습니다. 자본가들을 구해내려고, 자본주의적 착취 메커니즘을 구해내려고 부를, 사회적 부를 모아 자본가들의 손에 쥐어주는 것입니다.

바커 그래서 정부가 개입하지 않았다면…….
네그리 좌파 정부의 개입이지요.

바커 바로 그렇습니다. (네그리 웃음) "사회주의자들의 정부가 개입하지 않았다면"이지요.
네그리 사회주의 정부이지요. 버락 오바마의 사회주의. 고든 브라운의 사회주의.

바커 이런 개입이 없었다면 자본주의 체제는 곤란해졌을까요?
네그리 그렇습니다. 이런 개입이 없었다면 자본주의 기계는 불가능했을 것입니다. 나아가 이것이 근본적으로 화폐로 작동되는 기계라는 점을 잘 보세요. 오늘날 산업자본가를 봅시다. 고전적인 산업자본가는 이제 없습니다. 헨리 포드, 독일의 대자본가인 크룹 가문,[11] 혹은 이탈리아의 조반니 아그넬리[12] 같은 인물들은 끝났습니다. 이제 더 이상 없어요. 지금 존재하는 사람들은 모두 은행에서 금융의 흐름을 주무르는 사람들입니다. 오늘날 맑스와 그 이전의 혁혁한 경제학자들이 정의했던 의미에서의 이윤이란 더 이상 존재하지 않습니다. 오늘날엔 지대[임대료]만이 존재하지요. 토지 임대료, 부동산 임대료. 즉 화폐만이, 화폐의 축적만이 존재합니다. 금융자본이 착취가 조직되는 중심이 됐습니다. 일이 이렇게 진행되게 마련인 것은 명백합니다. 왜냐고요? 오늘날 축적은, 즉 착취는 지적 자본과 관련해, 지적 노동력과 관련해 이뤄지기 때문입니다. 지적 노동력은 가치법칙에 따라 측정될 수 없습니다. 가치법칙은 착취를 측정하는 법칙인데, 오늘날에는 측정의 가능성이 존재하지 않습니다. 예를 들어 오늘 당신과 함께하는 제 노동을 재려면 어떻게 할까요? 측정이 가능하다면, 장담컨대 많은 돈이 필요할 것입니다. 그런데 아니지요. 저는 노동을 무상으로 제공합니다. 그것이 사회적 메커니즘의 일부이기 때문이지요. 이것이 오늘날 착취의 현실입니다. 따라서 착취를 측정할 가능성은 없습니다. 존재하는 유일한 가능성은 화폐의 양을 측정에 사용하는 것입니다. 그리하여 화폐를 통해 이 착취된 부를 자본가들 사이에서 옮기고 사회화하고 공통적인 것으로 만드는 것입니다. 여기에 문제의 발단이 있습니다. 아시다시피 이것은 완전히 다른 문제이지요. 이제 더 이상 공장 안의 평의회가 겨울궁전이 아닙니다. 은행들 안의 평의회가 겨울궁전이지요. 자본가들로부터 화폐를 뺏을 필요가 있습니다. 화폐는 이차적인 것이 아니라 생산과 삶에 방향을 부여하는 데, 삶-형태를 지배하는 데 근본적인 것입니다. 오늘날 착취는 삶정치적이라고 말할 수 있습니다. 이제 착취는 공장하고만 연관된 것이 아니라 삶과도 연관되며 정치적 방식으로 조직됩니다. 이 말은 곧 착취가 화폐를 통해 조직된다고 말하는 것과 같습니다. 사람들 사이의 관계를 측정하는 것은 화폐입니다. 오늘날 코뮤니즘을 평가할 수 있는 것은 이런 조건 위에서입니다.

바커 어떤 점에서는 노동자가 위기의 시기에 자본주의의 주된 주체의 위치에서 벗어났다는 말인가요?

네그리 그렇지 않습니다. 노동자들은 엄연히 존재합니다. 그러나 노동자들만이 존재하는 것은 아닙니다. 연구자도 있고, 간호사도 있고, 미디어에서 일하는 사람들도 있으며, 서비스업에서 일하는 사람들도 있습니다. 오늘날 우리가 저지를 수 있는 최악의 잘못은 가치, 즉 노동력의 착취가 공장노동의 착취일 뿐만 아니라 사회에서 이뤄지는 노동의 착취이기도 하다는 점을 잊어버리는 것입니다. 또한 오늘날에는 두뇌의 생산물·발명·연구·영화가 창출하는 가치가 전통적인 공장에서 창출되는 가치보다 많으며, 가치생산에서 비물질적 형태의 생산이 점점 더 헤게모니적 형태가 되고 있다는 점을 잊어버리는 것 역시 최악의 잘못입니다. 오늘날 맑스의 귀환은 이런 조건에서의 귀환입니다. "우리는 공장에서 혁명을 시작하고자 한다." 이런 생각에는 작별을 고합시다! 그런 일은 일어날 리 없습니다. 우리는 공장만이 아니라 다른 모든 형태의 노동에서 출발해야 합니다. 다른 노동들이 가장 많이 착취되기 때문입니다.

바커 당신은 하트와 공저한 책들에서 '비물질노동'의 착취를 서술합니다. 이런 착취가 얼마나 확대될 수 있을까요? 컴퓨터를 다루는 것 같은 지적 노동자들이 육체노동자들만큼 착취당한다는 것을 받아들인다면, 노동의 정의를 수정해야 하지 않을까요? 노동과 여가의 구분까지 수정해야 하지 않을까요? 가령 소비자가 인터넷을 사용할 때 착취되는, 소비자의 '노동시간' 같은 것이 있을 수 있을까요?

네그리 소비자는 소비자입니다. 자본가이든 최후의 노동자이든 세상 사람들 전부가 소비자이지요. 소비자는 사회적 관계를 조직하기 때문에 중요합니다. 소비자가 생산자 자체가 되는 바로 그 순간 어떤 구성이 이뤄진다고 말하는 사람들이 있습니다. 왜냐하면 모든 정보 체계에서 사람들은 생산적으로 개입하기를 요구받기 때문이라는 것입니다. 이 체계는 사람들의 가담과 소비자가 생산적이 되는 능력을 통하지 않고서는 기능하지 않고, 따라서 우리는 그 경로를 따라야 한다는 것이지요. 그러나 양자를 상반되는 것으로 볼 필요는 없습니다. 정보 체계에서는 소비자가 언제라도 생산자가 됩니다. 이런 일은 사회적 의료 체계에서도 볼 수 있습니다. 여기서도 소비자인 환자는 의사만큼이나 건강의 생산자가 되지요.

바커 오늘날의 경제에서 우리는 상품의 가치가 더 이상 그 생산에 지출된 노동시간에 의해 결정되지 않는 시점에 이른 것인가요?

네그리 가치가 공장에서 결정되고는 있지만 측정되지 못한다는 것이 문제가 아닙니다. 가령 연속적으로 혁신을 하는 공장은 어떨요? 그 혁신에 얼마만큼 노동의 가치가 들어갔고, 또 얼마만큼 연구의 가치가 들어갔는지 어떻게 알 수 있을까요? 즉, 오늘날 문제는 가격이 형성되어 가는 과정을 거치는 문제이며, 가치에서 분배로 나아가는 문제입니다. 그런데 분배는 근본적으로 금융적 요소입니다. 따라서 금융의 수준에서, 그리고 지대의 수준에서 일이 진행됩니다. 오늘날에는 지대, 즉 금융 지대, 부동산 지대 등에 대항하는 투쟁이 코뮤니즘적 정치 투쟁의 핵심입니다. 화폐를 가질 수도 있고 갖지 않을 수도 있는 무엇이라고 생각하면 안 됩니다. 그런 생각은 어리석은 이데올로기입니다. 화폐 없는 사회를 어떻게 생각할 수 있습니까? 문제는 화폐를 지배하는 것입니다. 화폐를 정의正義에 맡기는 것입니다.

바커 달리 말하면 소비, 그리고 시장에서 일어나는 일들이 코뮤니즘을 위한 투쟁의 일부가 됐다는 것이군요. 단지 가치의 생산을 위한 투쟁이 아니라 재화의 분배를 둘러싼 투쟁 말입니다.

네그리 코뮤니즘은 구축되어야 하는 것입니다. 시장 안에 구축하는 것은 아닙니다. 시장에서는 재화를 구하고 재전유할 수 있어야 합니다. 그런데 문제는 슈퍼마켓에서 재화를 재전유하는 것이 아닙니다. 중요한 것은 화폐를 재전유하는 것입니다. 화폐를 민주화하는 것! 은행을 민주화하는 것! 앞서 말한 것처럼 은행을 통제할 힘을 쥐는 것! 겨울궁전, 즉 권력의 중심은 은행, 세계은행입니다. 이것이 중요한 문제입니다. 이 이외에 다른 조그만 길들은 존재하지 않습니다. 화폐라는 형태의 공통적인 것이 존재하며, 오바마 정부가 미친 듯이 은행을 방어한 것은 바로 이 때문입니다. 이것이 권력이기 때문입니다.

바커 은행에 제공한 구제금융이 '사회주의'의 행위로 비판을 받는 것은 흥미롭습니다.[13] 자유방임적 자본주의가 위기를 불러일으킨 것이 틀림없는 데 말이지요. 하지만 미국 등지의 보수적 담론은 이번 위기가 과도한 금융규제 탓에 일어났다고, 경제가 더 자유방임적이었다면 모든 것이 괜찮았을 것이라고 주장하려 합니다.

네그리 그렇게 됐네요. 좌파가 더 이상 존재하지 않는다는 사실이 한탄스러울 뿐이지요. 그런데 좌파가 사회주의적이라면, 오늘날 좌파는 자본주의를 발전시킨 공을 세운 것이 됩니다. (웃음) 좌파는 자본의 일부이기 때문에 자본을 구한 것입니다. 아시다시피 변절자라거나 나쁜 사람들이라는 말이 아닙니다. 좌파는 예전과 다름이 없습니다. 굳이 말하면 좌파는 과거의 사회주의가 가진 매력을 잃은 것입니다. 그런데 좌파가 매력을 잃은 것은 노동자들이 변했기 때문이에요. 이제 노동자들은 더 이상 전통적인 노동계급이 아니기 때문이지요. 오늘날 노동자들은 여기 제 아파트에서 당신과 함께 작업하는 그런 사람들입니다. 지적 노동자들, 정신적 노동자들인 것이지요.

바커 『공산주의당 선언』의 유명한 대목에서 맑스와 프리드리히 엥겔스는 이렇게 썼습니다. "다른 시기에는 말도 안 되는 것 같은 전염병이 사회에 닥친다. 과잉생산이라는 전염병이다. 사회는 갑자기 일시적인 야만의 상태로 되돌아가게 된다. 사람들은 기근이, 절멸의 전쟁이 생존수단을 모두 파괴했다고 말한다. 산업과 상업이 파괴된 것처럼 보인다. 왜? 사회에 너무 많은 문명이, 너무 많은 생존수단이, 너무 많은 산업이, 너무 많은 상업이 있기 때문이다."14) 당신은 '과잉생산'이 현재의 위기를 설득력 있게 설명해준다고 생각하십니까? 미국의 서브프라임모기지 위기는 결국 "너무 많은 상업"의 사례라고 말할 수 있을 텐데요. 소비지향적 라이프스타일이 노동계급에게 부과되어 극히 위험한 결과를 낳았다는 의미에서 말입니다.

네그리 사실 저는 이 과잉생산이라는 관념을 받아들인 적이 없습니다. 맑스에게 위기는 과소생산의 위기이거나 과잉생산의 위기이거나 유통의 위기일 수 있습니다. 그러나 가장 중요한 것은 계급투쟁에 의해 규정되는 위기입니다. 실제 위기는 계급투쟁에 의해 규정되는 위기라는 것이지요. 전통적인 의미의 계급투쟁이 아니라 앞서 말한 의미의 계급투쟁 말입니다. 미국에서 국가는 계급투쟁을 진정시키기 위해서, 회피하기 위해서 화폐를 만들어냈습니다. 미국만이 아니라 서양 전체에서 어느 정도로는 그렇습니다. 바로 이것이 서양에서, 오늘날 자본주의의 중심지에서 일어난 일입니다. 이것을 화폐의 과잉생산이라고 부를 수도 있겠지요. 그런데 저는 과잉생산에 대해 논의하는 것은 늘 위험하다고 생각합니다. 도대체 '과잉생산'이란 무엇을 의미합니까? 구매력이 없는 사람들이 있다는 의미입니다. 세계 인구의 대다수는 여전히 구매력이 없습니다. 그렇다면 무엇의 과잉생산인가요? 제한된 경제에서, 봉쇄된 경제에서 재화가 과잉생산되는 것이지요. 세계의 다른 부분은 사정이 다릅니다. 라틴아메리카 전체, 아프리카, 아시아의 절반에게는 재화가 필요합니다. 그렇다면 다시, 과잉생산이란 무엇입니까? 이것은 극히 제한된, 극히 봉쇄된 개념입니다. 일군의 맑스주의 경제학자들, 특히 과거 사회주의 국가들의 경제학자들이 과잉생산을 중심으로 하는 이 테제를 지지한 바 있습니다만, 저는 이 테제를 확신해본 적이 없습니다. 사실 과잉생산이란 늘 규정하기기가 어렵기 때문입니다. 언제라도 과잉생산이 존재하리라는 것은 분명합니다. 그러나 실제적인 위기, 1929년의 공황처럼 거대한 위기는 구매되지 않는 재화의 과잉생산에 의해 규정되지 않고 욕구(수요)에 의해, 즉 욕구는 있지만 구매할 돈은 없는 사람들에 의해 규정됩니다. 문제는 과잉생산도 과소생산도 아닙니다. 부나 재화의 균형, 순환이 제대로 이뤄지지 않는 것이 문제입니다.

바커 재화에 대한 이 만족될 수 없는 욕구나 요구를 전제한다면, 자본주의를 본디 광적이고 병리적이고 사악한 것으로 특징지어도 괜찮을까요? 바디우는 자본주의가 폴 포트, 이오시프 스탈린, 마오쩌둥을 합친 것보다 더 많은 생명을 빼앗았다고 말한 바 있습니다.

네그리 예전부터 스탈린과 폴 포트를 지지해왔던 바디우에게는 그런 결산^{comptabilité}이 중요하겠지요. 그러나 스탈린도 폴 포트도 지지한 적이 결코 없는 저로서는……. 저는 아돌프 히틀러를 지지한 적도 없습니다. 그렇게 하는 것은 터무니없는 짓이지요. 이런 결산은 대체 무엇일까요? 제가 확실하게 아는 것 하나는 식민주의와 제국주의가 자본주의에 내재적이라는 점입니다. 식민주의가 없었다면 유럽에서 자본주의는 구축될 수 없었을 것입니다. 금金이 없었다면, 즉 남아메리카 원주민들에 대한 파괴와 그곳에서 잇따라 일어난 대량학살이 없었다면 유럽중심주의도 불가능했지요! 그리고 제가 아는 바로는 자유민주주의에서도 극히 명백한 방식으로 노예제가 계속됐으며, 존 로크 같은 사람들은 노예제가 근본적인 역할을 하는 정치 체제에 대해 썼습니다.[15] 결산하는 것, 이것은 정말 이상하고 매우 끔찍한 것 아닌가요? 그런데 자본주의가 이 모든 모순의 와중에서 파괴하고 건설하며 발명하고 변형하는 것이 사실입니다. 예를 들어 프랑스 혁명은 아이티 혁명을 결코 받아들이지 않았습니다. 왜냐하면 아이티 혁명은 노예제를 제거한 첫 번째 혁명이었거든요. 프랑스에 여전히 남아 있던 것, 끔찍한 것은 바로 이 노예제입니다! 프랑스 혁명, 즉 평등, 박애, 유대? 좋습니다. 노예제? 이건 아닙니다. 이 노예제가 여전히 존재했던 것이지요. 아이티는 프랑스의 치부입니다. 흑인들이 이제 노예제는 없어"라고 말했다니, 이는 끔찍한 아이러니입니다. 노예제는 자본주의의 일부입니다. 폴 포트가 나폴레옹보다 사람을 더 많이 죽였는지 어땠는지는 모르겠습니다. (웃음)

바커 서는 자본주의가 정치적으로 추동되는 체제라는 생각에 일리가 있는지 궁금했을 뿐입니다. 결국 자본주의도 인간이 지배하는 체제이지 않습니까?

네그리 네, 동의합니다. 스탈린이 러시아 황제보다 적게 죽였다고 말할 수도 있지요. 아무튼 저는 모르겠습니다. 며칠 전부터 러시아의 위대한 시인 알렉산드르 블로크가 쓴 매우 아름다운 책을 읽고 있었는데, 오늘밤에 막 끝냈어요. 블로크는 1918년에 지식인과 혁명을 다룬 책을 한 권 썼습니다. 빈자의 편에 섰을 때조차도 러시아 지식인들이 파괴와 죽음을 포함하는 혁명 과정을 이해하는 데 얼마나 어려워하는지를 보여주는 아름다운 책이지요.16) 블로크는 그것이 끔찍하긴 하지만 함께 겪어야만 하는 과정이라고 주장했습니다. 상황을 받아들여야 한다는 것은 끔찍한 일이지요. 실로 블로크는 위대한 휴머니스트였습니다. 그렇지 않나요?

바커 상황을 받아들여야 한다는 의무는 맑스의 말을 받아들이기 다소 어렵게 만들지 않을까요?

네그리 당신은 무엇을 원하나요? 지금은 맑스의 옛 선언을 읽을 때가 아니라 또 하나의 선언을 쓸 때 아닌가요? 가령 오늘날 이탈리아에서 사람들은 기괴해진 자본주의에 직면해 있습니다. 저속하고 병적인 자본주의 말입니다. 정말이지 거기의 정치 체제는 바뀔 필요가 있어요. 물론 자유와 평등은 중요하지만 그것이 공통적인 것과, 모든 사람에게 공통적인 것과 결합되지 못한다면 자유와 평등은 더 이상 가치가 없다고 말하기 시작해야 합니다. 그런 자유와 평등은 거짓입니다. 이탈리아에 있을 때 라디오나 텔레비전을 틀었더니 매일 실비오 베를루스코니가 나와 자유를 변호하더군요.[17] 장담컨대, 그 꼴을 보면 당신도 아연실색할 것입니다. 저속하고 끔찍하며 부끄러운 일입니다. 부시도 크게 다르지 않지요. 그런데 아시다시피 자본주의란 노동이 계속 협동적이 되는 체제입니다. 제가 강조했듯이 오늘날에는 공통적인 것이 없으면 사람들이 살아갈 수가 없습니다. 우리는 네트워크에 접속할 때마다, 웹에 접속할 때마다 공동체 속에서 삽니다. 이제 그것에 적합한 정치 형태를 찾을 필요가 있습니다. 맑스는 이 일에 많은 도움을 줄 수 있습니다. 그러나 충분하지는 않습니다. 우리는 더 나아가야만 합니다. 노동자들, 여성들, 투쟁해온 모든 이들이 새로운 조건들을 낳았으며, 이 조건들이 실질적 코뮤니즘의 조건들이 됩니다. 결정, 그렇습니다. 결정은 어려운 일입니다. 결정하기 위해서는 함께 모일 필요가 있습니다. 그런 것이 없다면 나의 결정이란 대체 무엇일까요? 가미가제 식의 결정? 그런 것은 별 쓸모가 없습니다. 정말로 쓸모가 없어요. 결정이란 투쟁의 결정입니다. 그러나 그것은 앞서 말했던 조건에서의 투쟁이지요. 다시 말해서 사람은 현실 속에 들어가 있을 때에만 현실을 이해할 수 있습니다. 그 안에서 주체와 객체의 관계가 사물을 연속적으로 변화시킬 내적 관계가 되는 '장치'를 믿을 때에만 현실을 이해할 수 있다는 것입니다. '장치'에서는 이렇습니다. 미셸 푸코, 그리고 들뢰즈가 창안해낸 이 단어는 단순히 하나의 단어인 것만이 아니라 윤리적 차원에서, 그리고 앎의 차원에서 우리가 나아갈 바를 가리켜줍니다.[18] 왜냐하면 앞서 말했듯이 우리는 삶과 존재라는 실질적 조건들, 그리고 결정과 윤리를 한데 모아야 할 필요가 있기 때문입니다.

2010년 4월 8일

파리(프랑스)

12345678

코뮤니즘,
역사의 기차를 멈추는
비상 브레이크

슬라보예 지젝과의 대담

Slavoj Žižek

슬로베니아의 철학자이자 문화비평가. 현재 영국의 버크벡 런던대학교 인문
학연구소 국제교류담당, 슬로베니아의 류블랴나대학교 사회학연구소 선임
연구원, 한국의 경희대학교 글로벌커뮤니케이션 학부 에미넌트 스칼라로 재
직 중이다. 주요 저서로『무(無)보다 적은: 헤겔과 변증법적 유물론의 그림자』
(2012),『종말의 시대를 살아가기』(2010),『시차적 관점』(2006),『실재의 사막
에 오신 것을 환영합니다』(2002),『까다로운 주체』(1999),『부정적인 것과 함
께 머물기』(1993),『이데올로기라는 숭고한 대상』(1989) 등이 있다.

제이슨 바커(이하 바커) 지난 2009년 3월 13일부터 15일까지 이틀간 버크벡 런던대학교 인문학 연구소에서 〈코뮤니즘이라는 이념에 대하여〉라는 국제 심포지엄을 조직하셨습니다. 안토니오 네그리, 알베르토 토스카노, 마이클 하트, 자크 랑시에르, 알랭 바디우, 테리 이글턴, 장-뤽 낭시, 지아니 바티모 등이 참여한 그 심포지엄을 소개하는 텍스트에서 당신은 이렇게 말했습니다. "이 심포지엄은 최근의 경제적·정치적·군사적 문제들을 어떻게 분석할 것인가, 새로운 정치적 운동을 어떻게 분석할 것인가 같은 정치의 실제적인 문제를 다루지 않을 것이다. 오늘날에는 더욱 발본적인 문제제기가 필요하다. 이 심포지엄은 하나의 엄밀하고 강력한 테제, 즉 '코뮤니즘은 플라톤 시대부터 줄곧 철학자에게 어울리는 단 하나의 정치적 이념이다'라는 테제 아래 코뮤니즘을 철학적 개념으로서 다룰 철학자들의 모임이다."[1] 칼 맑스는 누구 못지않게 코뮤니즘이라는 이념에 기여한 사람입니다. 맑스를 철학자로서 어떻게 생각하십니까?

슬라보예 지젝(이하 지젝) 당신이 말하는 '철학자'란 무엇을 뜻합니까? 맑스는 철학자가 아닙니다. 맑스는 일종의 사회비평가였지요. 맑스가 직접적인 철학적 진술처럼 들리는 문장을 쓴 것은 특히 초기 저작들에서인데, 솔직히 저는 이것이 맑스의 가장 나쁜 부분이라고 생각합니다. 루이 알튀세르는 맑스의 철학이 그의 작업에 잠재적인 형태로 깔려 있다고 말했습니다.[2] 그래서 맑스의 철학은 재구성되거나 재발견되어야 한다는 것이었지요. 달리 말해, 맑스가 했던 작업은 정치적 차원을 갖고 있었지만 그것을 맑스 자신조차도 완전히 알아차리는 못했던 것입니다. 제가 젊었을 적에는 맑스의 작업을 속류화한 나쁜 사람이라고 프리드리히 엥겔스를 비난하는 것이 유행이었습니다. 하지만 저는 맑스 역시 속류화에 책임이 있다고 생각합니다. 이런 제 입장이 놀라울지도 모르겠습니다. 청년 맑스보다 성숙한 맑스를 선호하는 것은 매우 흔한 일입니다. 그런데 저는 맑스가 철학적으로 정말 흥미로워지는 것은 1850~55년 이후라고 생각합니다. 그 이전에는 이데올로기란 환상일 뿐이며 실제의 사태는 실제적 생산 과정 속에서 일어난다고 주장하는 맑스, 즉 루트비히 포이에르바하 식으로 실제의 삶과 삶의 실제적 과정을 믿었던 초기의 맑스가 있지요. 포이에르바하 식의 그런 생각은 완전히 시효를 다했고 우리는 이것을 폐기할 수 있습니다. 그런데 1848년 혁명이 실패하고 나서 맑스는 모든 훌륭한 좌파들이 패배의 시기에 하는 일을 했습니다. 1914~15년에 블라디미르 일리치 레닌이 한 것과 같은 일이지요. 맑스는 스위스로 가지 않고 물러나서 G. W. F. 헤겔을 읽었습니다. 헤겔의 『논리학』을 다시 읽고 나서 정치경제학 비판으로 회귀했을 때, 맑스는 『정치경제학 비판 요강』과 『자본』에서 진정한 철학적 돌파를, 요컨대 현상이 갖는 지위와 관련된 철학적 돌파를 성취합니다. 상품물신주의를 예로 들 수 있겠습니다. 상품물신주의는 오늘날 그 어느 때보다도 현실적인 것이지요. 상품물신주의는 사람들 간의 관계를 가리는 사물들 간의 관계, 소외 등을 부각시키는 인간에 대한 휴머니즘적 해석과 아무런 관련이 없습니다. 전혀 없어요. 맑스에게 상품물신주의는 놀라운 것입니다. 오늘날 상품물신주의는 어디에 있나요? 맑스를 면밀히 독해해보면, 맑스의 테제는 물신주의가 허위의식이라는 의미에서의 이데올로기라는 것이 아닙니다. 예를 들어 우리는 잘 모르면서 어떤 일을 합니다. 물신주의는 환상이지만 그 자체 실재의 일부인 환상입니다. 사물은 있는 바대로 존재한다는 놀라운 이중의 전도가 일어나는 것입니다. 우리는 사태가 정말로 어떤가를 의식하고 있을 수도 있지만, 실제로는 우리가 의식하지 못하고 있는 환상을 좇습니다. 바로 이것이 환상이라는 의미를 지닐지언정 현상이 객관적이라고 보는 놀라운 발상입니다. 우리는 현상의 희생자인데, 사유에 있어서가 아니라 행동에 있어서 그렇습니다. 바로 이 때문에 저는 이런 주제를 다루는 농담과 일화를 좋아합니다. 사람들이 제게 오늘날 이데올로기가 어디에 있느냐고 물을 때마다 저는 그런 농담과 일화를 들려주지요. 가장 자주 반복하는 것이 덴마크 물리학자 닐스 보어의 이야기입니다. 어느 날 보어의 친구가 보어의 집에 찾아와 왜 집 현관 위에 편자를 매달아두었는지 물어봅니다. 친구는 "자네 미신을 믿나?"라고 묻습니다. 그러자 보어는 "아니, 믿지 않네. 하지만 이런 주물呪物을 믿지 않아도 행운을 가져다준다고 하더군." 오늘날 환상은 바로 이런 식으로 작동합니다. 우리가 살고 있는 이른바 포스트이데올로기적·냉소적 시대에는 이런 방식으로 맑스에게로 돌아가야 합니다.

바커 자본주의의 노동 착취에 대한 맑스의 기본적인 이해는 어떻습니까? 넓게 말하면, 그런 통찰이 현재 지구 전체를 휩쓸고 있는 경제·금융 위기의 원인을 더 잘 이해할 수 있도록 해주나요?

지젝 프롤레타리아트의 사회 내 위치나 착취 등에 대한 기본적인 생각은 다시 사유되어야 합니다. 잉여가치 법칙을 따르는 엄밀한 맑스주의적 착취 개념을 생각해봅시다. 여기에는 노동이 가치의 원천이라는 생각이 깔려 있습니다. 자본주의 생산에서 노동은 시간으로 측정되지요. 지식이 부의 생산의 핵심 요소로 등장하면서 이런 고전적인 착취 논리가 더 이상 들어맞지 않게 된다는 점은 명백합니다. 모호한 형태로나마 맑스도 이미 그런 생각을 했어요. 저는 예전에 이점에 대해 논의한 바 있습니다. 통속적인 예로 빌 게이츠를 봅시다. 게이츠는 어떻게 부자가 됐나요? 초과이윤을 전유해서 부자가 된 것이 아니라 지대를 통해 부자가 됐습니다. 지대로의 회귀가 일어난 것입니다. 게이츠는 맑스가 우리의 '일반지성' 또는 상징적 질료의 일부라고 부르는 것을 소유하고 있는데, 게이츠의 경우에는 소통 수단이 바로 그것입니다. 우리는 서로 소통하기 위해 게이츠에게 지대를 지불해야 합니다. 이것은 착취와는 다른 논리이지요. 우리가 천연자원이나 석유 등과 관련해 겪고 있는 문제도 이와 똑같습니다. 이 사태는 오늘날 프롤레타리아트란 무엇인가라는 정의 자체를 바꿔놓습니다. 프롤레타리아트의 위치는 더 이상 전형적인 노동계급에 들어맞지 않습니다. 약간 냉소적으로 말하면 오늘날 실업자 등에 의한 대부분의 시위들은 아이러니컬하게도 이런 요구를 통해 추동되고 있습니다. "적어도 정상적으로 착취당할 수 있도록 우리에게 일자리를 달라!" 사회학자인 제 친구가 파업과 관련해 흥미로운 지적을 한 적이 있습니다. 서구에서는 어떤지 모르겠지만, 슬로베니아 같은 작은 나라에는 현재 두 가지 유형의 파업이 있습니다. 슬로베니아의 사례는 아무것도 아닐 수 있지만, 또 한편으로는 더욱 폭넓은 동향을 반영하는 것일 수도 있지요. 히니는 최고의 대우를 받는 임금노동자들이 더 많은 돈을 받기 위해 파업을 하는 경우입니다. 이 사람들은 대개 국가의 녹을 먹고 특권을 누리는데, 그들이 일을 멈추면 우리는 모두 공황 상태에 빠집니다. 예컨대 슬로베니아 의사들은 파업을 즐겨 합니다. 그들은 이미 높은 임금을 받고 있지만 알고 그러는 거지요. 오, 정말이지 당신은 이런 나라에서 살고 싶지 않을…….

바커 파업이 임금을 받는 계급의 특권이 되고 있다는 말씀이군요?
지젝 바로 그것입니다! 이런 유형의 파업은 그래요. 그리고 반대편에는 기업이 도산해서 노동자들이 더 많은 임금을 받기 위한 것이 아니라 고작 일자리를 지키기 위해 파업을 하는 경우가 있지요.

바커 맑스의 말년에는 미국과 유럽에서 노동자들의 대의代議에 큰 진전이 있었습니다. 그러나 알랭 바디우, 에릭 홉스봄 등은 오늘날 수많은 나라들에서, 그러니까 '신흥' 국가와 '탈산업' 국가 모두에서 노동자들의 대의가 어떻게 1840년대의 상황과 더 많은 공통점을 갖는 것처럼 보이는지에 주목하곤 합니다. 1840년대에는 노동자들의 투쟁이 노동조합을 조직하지 못했고, 노동자들이 자기 자신들을 지지해줄 어떤 정당도 갖지 못했지요.
지젝 좌파가 전지구적 대안을 갖고 있지 못하다니 매우 슬픈 일 아닙니까? 그래서 저는 그리스에서 벌어지는 것 같은 상황을 매우 회의적으로 봅니다. 어떤 사람들은 잠재적으로 혁명적인 상황이라고까지 여기지만 말이지요. 그들 모두가 낡은 복지국가의 특권들을 빼앗기고 있다며 시위를 벌이고 있다니 슬프지 않나요? 그들은 어떤 긍정적인 대안적 기획 없이 그저 이 특권들을 보전하고 싶어 합니다. 아테네에는 "인민이여 깨어나라," "인민이여 장악하라"라는 구호가 적혀 있는 큰 포스터가 있는데, 저는 그런 것을 볼 때마다 항상 냉소적인 현실주의자가 됩니다. 그런 구호의 의미는 무엇일까요? 그 일을 어떻게 할지에 대한 기획은 어디에 있나요? 그러면 좌파들은 이런저런 이야기를 하기 시작합니다. 선진국에서 좌파들이 어떻게 진정한 혁명을 사랑하는지 아시나요? 그것이 충분히 멀리 떨어져 있다는 조건에서, 따라서 심장은 뜨겁지만 태도를 바꿀 필요는 없는 조건에서 진정한 혁명을 사랑하지 않나요? 이런 진정한 혁명은 한때 쿠바에서, 그 다음에는 베트남과 중국에서 나타난 바 있습니다. 1930년대에는 소련이 그랬고, 현재는 베네수엘라와 우고 차베스가 조금 그러고 있지요. 하지만 멀리 있는 것을 동경하는 이런 덫에 빠져서는 안 됩니다. 그러면 교착 상태에 빠집니다. 저는 라틴아메리카의 포퓰리즘에 깊은 의심을 품고 있습니다. 저는 처음부터 그 속에 파시즘적 경향이 있었다고 생각합니다. 하지만 차베스가 공동 소유, 공동 관리, 자주 관리의 새로운 형태를 실험하는 등 여러 가지 흥미로운 일들을 하고 있다는 것 또한 알고 있습니다. 앞으로 지켜봐야지요.

바커 당신이 역설하는 것들 중 하나는 좌파가 유고슬라비아적 사회주의 모델, 즉 자주관리 모델에 대한 향수를 가져서는 안 된다는 것입니다. 당신은 이 사회 체제 내에서 성장했지요. 당신이 사회주의를 철저히 거부하면서 코뮤니즘을, 혹은 코뮤니즘의 특정한 '이념'을 지지하는 것을 사람들이 이상하게 여길 것도 같습니다.

지젝 우리가 아는 20세기의 코뮤니즘은 실패한 것으로 간주되어야 합니다. 꼭 전체주의적 측면에서만 그런 것은 아닙니다. 이무튼 이 생각에는 모두 동의할 것입니다. 하지만 지금부터 제가 하는 말은 동의를 얻기가 점점 힘들 것입니다. 저는 사회민주주의적 복지국가도 실패했다고 봅니다. 노동자들을 행복하게 만들어 줄 사회주의 진영이 더 이상 존재하지 않는다는 사실, 오늘날에는 더 이상 코뮤니즘이 존재하지 않기 때문에 복지국가를 폐기해야 한다는 주장을 어떤 악랄한 대자본가가 악용해왔다는 것이 문제가 아닙니다. 저는 1968년부터 자본주의가 더 근본적으로 변해왔다고 생각합니다. 자본주의의 작동 방식에 무엇인가 심대한 일이 일어난 것이지요. 어쨌든 사회민주주의뿐만이 아닙니다. 제 테제 중 가장 고약한 것은 급진민주주의 좌파가 소중하게 생각하는 것조차 실패한 것으로 봐야 한다는 것입니다. 자발적인 자기조직화, 직접민주주의, 평의회 등을 통해 화석화된 국가 구조에 맞선다는 생각 같은 것 말입니다. 여기서 제가 제시하는 상은 어떤 사람들에게는 충격적일 수도 있겠습니다. 하지만 저는 우리가 정말로 모든 것을 다시 사유해야 한다고, 나아가 그 나쁜 의미에서의 형이상학적 차원을 비판적으로 넘어서기 위해 맑스의 저작을 더 꼼꼼히 들여다봐야 한다고 생각합니다. 우리가 자본주의를 넘어설 때 사회는 투명해질 것이라는, 소외된 구조 없이 명료하게 조직된다는 의미에서 투명해질 것이라는 맑스의 생각이 바로 그 형이상학적 차원입니다. 이런 기본적인 모델은 폐기되어야 한다고 생각합니다. 소외라는 주제 전체가 다시 사유되어야 합니다.

바커 당신은 국가 구조나 새로운 정부 형태라는 측면에서가 아니라 하나의 이념으로서 코뮤니즘에 대해 이야기하고 있습니다. 이런 이념으로서의 코뮤니즘에 근접하는 사회적 모델이 있나요? 여기서 어떤 유형의 코뮤니즘 사회가 이야기될 수 있을까요?

지젝 아이러니컬한 이야기로 들리겠지만, 제게 코뮤니즘 사회란 모든 사람이 각자의 어리석음 속에서 살아가도 되는 그런 사회입니다. 누구에게서 이 아이디어를 얻었는지 아세요? 프레드릭 제임슨이 코뮤니즘을 완전히 정상적인 사회로 생각하는 것이 아니라 피테르 브뤼헐의 그림 「네덜란드 속담」[3]에서 볼 수 있는 정신이 이상한 사회로 생각한들 어떠냐고 말한 데서 아이디어를 얻었습니다. 이 그림에는 정신이 이상한 사람들이 있지요. 자신이 닭이라 생각해 닭처럼 꼬꼬댁 거리며 걸어 다니는 남자도 있고, 자신이 나폴레옹 같은 사람이라고 생각하는 남자도 있습니다. 이 모든 정신이 이상한 사람들이 점잖게 공존하는 것, 멋지지 않나요?

바커 『공산주의당 선언』을 보면, 코뮤니즘 사회가 자본주의 없이 완전히 실현될 수 있는지는 확실하지 않습니다. 맑스와 엥겔스는 종종 자신들의 저작에서 코뮤니즘을, 자본주의의 역동성을 유지하면서 결코 그것을 완전히 없애버릴 수는 없는 사회 형태로 제시하고 있는 듯합니다. 당신은 자본주의의 종점이 보입니까?

지젝 종점은 지식입니다. 저는 맑스가 일반지성과 관련해 잘못 판단했다고 생각합니다. 맑스는 지식이 부의 주요 원천이 되면 자본주의가 끝난다고 생각했습니다. 지식이 부의 주요 원천이 되는 순간, 맑스 자신에게는 노동시간의 착취를 의미했던 '착취'가 사회에서 더 이상 어떤 의미도 갖지 못하게 될 것이라고 봤으니까요. 확실히 맑스는 자신이 일반지성이라고 부른 것, 즉 집단화된 실질적 지식이 어떻게 사유화될 수 있는지를 보지 못했습니다. 네그리는 이 점을 비교적 잘 봤지요. 저는 장기적으로 지식의 사유화가 제대로 자동하지 않을 것이라고 생각합니다. 지식 또는 지적 재산의 역설이 존재하기 때문에 사태는 매우 합리적이 되어가고 있습니다. 평범한 물적 재산의 경우, 우리는 서로 경쟁합니다. 여기 맛있는 스테이크가 있다고 했을 때, 제가 그것을 먹으면 당신은 먹지 못합니다. 무슨 말인지 아시겠지요? 사용하면 물적 재산은 소진되는 것입니다. 그런데 지식의 경우는 그 반대입니다. 제가 무엇인가를 알고 있어서 그것을 당신에게 알려주더라도, 그 기능이 떨어진다는 의미에서 소진되지는 않습니다. 오히려 풍성해지지요. 지식은 실제로 반자본주의적 상품입니다. 다 알다시피 바로 이 때문에 오늘날의 큰 문제, 즉 역설은 기업이 생산하는 데보다 생산물의 자유로운 무상無償 유통을 막는 데 돈을 더 많이 쓰고 있다는 사실입니다. 그래서 저는 이것이 확연하게 자본주의의 종언을 가져올 근원 중 하나라고 봅니다. 자본주의를 위협하는 것은 외부적인 것만이 아닙니다. 이 대목에서 저는 비관주의자입니다. 저는 큰 생태적 위기가 있으면 자본주의가 끝날 것이라고 생각하지 않아요. 환경과 관련된 현재의 동향들이 폭발할 정도에 이른다고 상상해 보세요. 몰디브는 10~20년 안에 바다에 잠기리라는 것을 이미 알고 있습니다. 그래서 이미 땅을 좀 물색하고 있지요. 몇몇 사람들이 예측하는 일이 정말로 일어난다면, 즉 시베리아 같은 러시아의 광대한 지역들이 더 따뜻해지고 경작지로서 훨씬 더 생산적으로 사용될 수 있는 반면에 지중해 인근 지역들이 사막화된다면, 유일하게 진지한 해법은 대규모 인구 이동입니다. 그런데 이 일을 누가 합니까? 누가, 어떻게 조직할까요? 맙소사, 우리는 이런 상황으로 내몰리게 될 것입니다. 어쩌면 우리는 큰 생태적 파국에 대한 유일한 대응이 될 새로운 유목주의를 발전시켜야 할지도 모릅니다. 우리는 모두 유태인처럼, 유목민처럼 되어 수백만 명이 여기저기로 이동해야 할 것입니다. 하지만 요점은 이런 이동이 중세 초 유럽에서 마지막으로 있었을 때 혼란스럽게 이뤄졌고 인구의 절반이 죽는 것으로 끝이 났다는 사실입니다. 이 문제는 우리를 어떤 코뮤니즘을 향해 밀어붙입니다. 그것은 소련 정치국 같은 중앙기구가 결정한다는 의미에서의 코뮤니즘이 아니라 우리가 공통재를 다룬다는 의미에서의 코뮤니즘입니다. 가령 자연으로서의 우리 지구는 공통재입니다. 우리는 어떻게든 공통재를 함께 운영해야 합니다. 지식에 관해서도, 유전공학에 관해서도 똑같은 일이 일어날 것입니다. 저를 공황 상태에 빠뜨릴 정도는 아니지만, 심각한 일들이 벌어지고 있습니다. 사람들의 심리 상태까지 통제하고 조종하려는 시도가 이미 조금씩 시작됐고, 10~20년 안에 어느 정도 가능해질 것입니다. 중국인들이 직접 이렇게 말하고 있습니다. 다음 주에 저를 초청한 중국과학원에서 문서 하나를 받았는데, 그들은 유전공학을 통해 국민들의 신체적·심리적 안녕을 통제하는 것이 장기적인 목표라고 숨김없이 말합니다. 그런데 누가 이것을 결정할까요? 이것은 엄청난 결정입니다. 국가도, 자본도 결정하지 못해요. 이것이 새롭게 추방당하는 모든 사람의 문제임은 말할 것도 없습니다. 이 점에 대해 제가 기본적으로 참고하는 것은 물론 마이크 데이비스의 『슬럼, 지구를 뒤덮다』[4]인데, 여기서 말하는 새로운 배제된 계급은 더 이상 이전의 프롤레타리아트 계급이 아닙니다.

바커 그렇다면 인류의 생존으로서의 코뮤니즘을 말하는 것인가요?

지젝 그럼요! 아주 단순하게 말해 저는 세 가지 선택지가 있다고 생각합니다. 첫째는 여러 SF소설에서 예견된 것입니다. 『자도즈』[5]라는 영화를 보셨나요? 그 영화에서 엘리트들은 야생 부족들에게 포위되어 고립된 돔 속에서 생존해가지요. 이것은 엘리트를 중심으로 한, 오래 지속될 수 없는 매우 협소한 생존 형태입니다. 둘째는 총체적 혼돈 또는 야만입니다. 그리고 마지막 선택지가 바로 코뮤니즘입니다. 유감스럽게도 저는 다른 가능성이 보이지 않습니다. 게이츠, 유전공학, 생태계 같은 문제는 공통재의 문제이자 우리가 공유하고 있는 지적 질료의 문제입니다. 그래서 매우 조심스러운데, 언젠가 노동계급이 다시 각성하리라는 꿈을 아직도 꾸고 있는 향수에 젖은 트로츠키주의자들처럼 맑스로 '회귀'해서는 안 되는 것은 바로 이 때문이라고 생각합니다. 상황은 훨씬 더 혼란스럽고 복잡합니다. 또한 우리는 전통적인 맑스주의자들에게 힘을 부여해준 것, 그러니까 "역사는 우리 편이다"라는 순진무구한 생각, 더 정확히 말하면 "어쨌든 우리는 역사의 기차에 올라타 있다"는 생각에 더 이상 의존할 수 없습니다. 여기서 저는 이것을 뒤집은 발터 벤야민의 유명한 말을 인용하겠습니다. 중요한 것은 비상 브레이크를 당겨 역사의 기차를 세우는 것입니다.[6] 아니면 전형적인 동유럽의 풍자인데, 구 유고슬라비아에는 이런 말도 있었습니다. "터널 끝에 빛이 보이지만 그것은 반대쪽에서 달려오고 있는 또 다른 기차이다."

바커 영화 『매트릭스』의 유명한 장면, 즉 주인공이 파란 약과 빨간 약 중 하나를 선택해야 하는 장면에 대해 당신의 생각을 듣고 싶습니다.

당신은 『실재의 사막에 오신 것을 환영합니다』[7])에서 이 영화를 다뤘지요. 어쩌면 이 장면이 앞서 말한 엄청난 결정을 나타내는 데 유용한 은유라고 말할 수도 있겠네요. 영화에서 주인공은 본인뿐만 아니라 인류 전체에 중대한 결과를 가져올 결정에 직면합니다.

지젝 제 이전 입장과 다를 수도 있겠지만, 제3의 약이 있어야 합니다. 계속 꿈속에서 살거나 용감하게 인류가 처한 현실과 대면한다는, 이 단순한 이원성의 문제가 바로 이것입니다. 이미 『매트릭스』 1편의 결말 부분에 나오는데 기억하시나요? 자신들이 매트릭스 안에 있다는 사실을 알면서도 그 바깥으로 나가 있을 수 없고 항상 매트릭스로 돌아가야 한다는 점, 바로 이것이 미스터리입니다. 실로 미스터리이지요. 『매트릭스』 1편의 결말 부분에서 네오가 사람들에게 무엇을 약속합니까? 매트릭스에서 나올 수 있을 것이라고 약속하는 것이 아니라 이 공간의 윤곽을 비틀 수 있을 것이라고 약속합니다. 매우 흥미로운 지점입니다. 우리의 은유는 "환상을 떨쳐내고 현실로 가는 것"이 되어서는 안 됩니다. 여기서 저는 맑스가 상품물신주의라고 부른 것의 교훈을 취합니다. 또한 라캉주의자로서 저는 이렇게 주장하겠습니다. 우리가 실재로서 경험하고 있는 것은 실재로서 작용하기 위해서라도 환상을 필요로 한다고 말입니다.

바커 그렇다면 제3의 약은 극실재라고 할 수 있군요?

지젝 네. 바로 그것입니다. 저는 실재란 존재하지 않고 오직 거울들만이 존재한다고 생각하는 포스트모더니스트가 아닙니다. 실재계가 존재합니다. 그렇지만 제게 '실재적인 것'이란 환상의 모든 겹을 찢어버리면 결국 얻게 되는 그런 것이 아닙니다. '실재적인 것'이란 그저 이 모든 환상을 만들어내는 어떤 트라우마, 어떤 불가능성일 뿐입니다. 여기서 당신이 처음에 던진 질문으로 돌아가보지요. 제게는 이것이야말로 맑스의 진정한 철학적 유산, 우리가 생각해봐야 할 것이라는 의미에서의 유산입니다. 객관적 현실, 세계, 세계의 성격 등 가장 기본적이고 단순한 문제들에 대해 우리가 갖고 있는 관념을 어떻게 다시 사유해야 할까요? 진정한 혁명이나 진정한 사회적 자유 같은 것이 가능해지도록 말입니다. 저는 요즘 들어 부쩍 이렇게 생각하고는 합니다. 일군의 독일 관념론 철학자들에게서 시작된 발상, 그리고 여기저기서, 무엇보다도 실재 자체를 불완전한 것으로 간주하는 양자물리학에서 발견되는 발상을 복원해야 한다고 말이지요. 이것은 실재가 완전히 창조되지 않은 것 같다는 발상입니다. 니컬러스 펀이 쓴 철학 입문서에서 읽은 내용이 있는데 혹시 이 책을 알고 계신가요?[28] 자주 언급해서 죄송합니다만, 제가 좋아하는 내용이라서요. 그 책에서 펀은 양자물리학과 그 존재론적 귀결을 훌륭하게 소개하고 있습니다. 펀의 말에 따르면 비디오 게임에서 실재는 완전히 구성되지 않습니다. 게임이 끝나갈 때 두세 그루의 흐릿한 나무들이 보입니다. 하지만 우리는 그 나무들에 접근할 수 없고, 나무에 접근하는 것은 게임의 일부가 아니기 때문에 가까이에서는 어떻게 생겼는지 알 수 없습니다. 컴퓨터 프로그래머가 나무를 설계하는 데 시간을 허비하지 않는 것은 바로 이 때문입니다. 그래서 이 나무들은 어떤 점에서는 '객관적으로 흐릿'합니다. 실제의 어떤 나무를 편향되게 잘못 지각한 결과로 흐릿하게 보이는 것이 아닙니다. 즉, 펀의 발상은 이런 것입니다. 신이 불확실성의 원리와 동일한 방식으로 세계를 창조했다면 어떻겠는가? 이 발상이 바로 양자 진동이라는 것인데, 이 진동은 우리의 지각을 통해서만 확실하고 단일한 실재로 바뀝니다. 핀이 생각하기에 신은 현실을 완전히 다 창조해놓지 않았습니다. 그 다음이 재미있는데요, 그 이유는 우리가 원자 너머로 들어가기에는 너무 어리석다고 신이 생각했기 때문이라는 것입니다. 그래서 신은 원자 수준으로만 현실을 창조했고 현실을 흐릿한 상태로 두었습니다. 그런데 물론 우리가 꽤 영리해서 그 경계를 발견한 셈이지요. 그러니 당연하게도 요점은 이런 것입니다. 신이라는 존재를 빼고 이런 생각을 한다는 것, 실재 자체를 열려 있는 것으로 보는 엄청난 생각을 한다는 것. 무엇인가가 실체로서 '존재한다'는 말이 아닙니다. 우리가 너무 가까이 다가가서 어떤 지점에 이르면, 실재는 애니메이션으로 처리된 비디오 쇼트에서처럼 흩어집니다. 사람이 있는데 가까이 다가가서 보면 원자들[픽셀들]만 보이는 것이지요. 원자란 무엇입니까? 99.99% 진공입니다. 우리가 더 가까이 다가가면 다가갈수록 존재하는 것은 더 적어집니다. 이런 매우 근본적인 수준에서 무엇인가가 확실히 변하고 있는 것입니다. 그래서 저는 이 수준에서는 매우 낙관적입니다. 제 생각에 오늘날 좌파는 모든 것을, 심지어 존재론을 다시 사유하는 것까지도 해야 합니다. 그렇지 않나요?

바커 끝으로 다시 맑스로 돌아가보도록 하지요. 여전히 맑스의 작업에 가해지는 비판은 맑스가 광신적이었다는 것입니다. 그저 맑스가 틀렸다는 것만이 아닙니다. 맑스가 미친 사람이었다는 비판이지요. 물론 미셸 푸코 이후로 우리는 누군가가 '미쳤다'고 했을 때 그것은 그들이 완전히 별종임을 의미한다는 것을 알고 있습니다. 그러니까 이 말은 맑스의 작업이 그저 틀렸다는 뜻일 뿐만 아니라 거기에는 일

말의 진실도 없음을 뜻하기도 합니다. 맑스가 광신적인 사람이라는 생각을 어떻게 보십니까?

지젝 한편으로는 그렇습니다. 하지만 다른 한편으로 맑스는 엥겔스보다 훨씬 더 회의적이었습니다. 거의 좋은 의미에서 밀이지요. 그들이 선사 시대에 역사유물론을 적용하려고 했다는 것을, 그리고 엥겔스가 완전히 잘못된 저 불운한 책『가족, 사유 재산, 국가의 기원』9)을 썼다는 것을 알고 계시지요? 50여 년 전에 사람들은 맑스가 쓴 인류학 수고를 발견했는데, 거기서 맑스는 훨씬 더 열려 있고 불확정적입니다.10) 그 수고는 맑스의 광신이 아니라 맑스가 기본적인 존재론의 수준에서, 그리고 실재를 보는 자신의 관점에 있어 19세기 박물학자로 남아 있었음을 보여줍니다. 맑스에게 실재는 '저 바깥에' 존재하는 하나의 형식입니다. 바로 이것이 제 테제입니다. 맑스의 정치경제학 비판의 기저에 흐르는 훨씬 더 심오한 철학적 통찰은『정치경제학 비판 요강』등에 존재하지만 말이지요. 맑스는 우리에게 사유 형식의 사회적 매개라는 생각을 가르쳐줬습니다. 이것은 곧 특정한 사회구성체가 지배계급을 찬양하는 가치들을 우리에게 강요한다는 원초적인 의미에서의 이데올로기만을 만들어내는 것은 아니라는 생각입니다. 훨씬 더 발본적인 무엇인가가 있습니다. 예컨대 맑스주의자들이 자연을 역사적 범주라고 말하는 것은, 인간이 자연을 '창조한다'는 어리석은 주관주의적 의미에서가 아닙니다. 근대 생물학의 역사를 독해할 때 그 우세한 정설들이 어떻게 거대한 사회 변동을 통해 형성되는지를 알게 된다는 의미에서이지요. 먼저 칼 린네가 절대군주정 치하에서 살았고, 그 다음으로 계몽주의의 초기 단계에 체계적인 분류 체계가 확립됐습니다. 그 뒤로 19세기 동안 자본주의가 폭발적으로 발전하는 와중에서 진화론이 정립됩니다. 20세기 초에는 독점자본주의로의 이동이 일어나고 체계 이론이 등장하지요. 오늘날 우리는 새로운 형태의 자본주의와 더불어 다방면으로 적용 가능한 저 모든 미시적 자기조직론을 보게 됩니다. 이 모든 것이 의미하는 바는 객관적 지식이 존재하지 않는다는 것이 아닙니다. 그것이 아니라 제가 좀 전에 말한 양자물리학에서 보게 되는 것과 동일한 문제가 존재한다는 것을 의미합니다. 그것은 더 이상 우리가 오직 우리의 사유만 접할 수 있을 뿐인 것인지, 아니면 우리의 지각 외부에 도달해 사물이 그 자체로 존재하는 방식을 알게 될 수 있는 것인지 등을 논하는 낡은 유사 유물론적 문제가 아닙니다.

바커 제3의 약이라는 대안을 말하는 것 같군요. 당신의 말을 듣자니 제3의 약은 그것을 먹어도 사태를 명료하게 만들어주지 못할 것 같습니다. 이것이 당신이 하려는 말이라고 생각되는데요.

지젝 네. 요점은 제3의 약이 우리에게 외부의 실재를 있는 그대로 드러내지 못할 것이라는 점입니다. 제3의 약은 우리가 환상이라고 여기는 것이 이미 얼마나 실재의 일부인지를, 실재가 작용하는 데 얼마나 필수적인지를 알게 해줄 것입니다. 후기 맑스는 환상이 그저 환상이 아니라는 점을 분명하게 이해했습니다. 환상이 제거되면 실재 자체가 상실됩니다. 누가 이 점을 파악했는지 아세요? 바로 제러미 벤담입니다. 파놉티콘은 잊으세요. 오류에 대한 벤담의 이론에는 무엇인가 특별한 구석이 있습니다. 벤담은 우리가 이야기할 때 항상 오류를 늘어놓는다는 생각을 전개했지요. 그렇지만 벤담은 고전적인 철학자가 애쓰듯이 오류를 없애지는 못한다는 사실을 곧 깨달았습니다. 오류를 없애려고 하면 실재는 사라집니다. 어쩌면 이 깨달음이 진정한 제3의 약이 될 수도 있을 것입니다. 정치의 영역에서도, 문제는 해법을 찾는 것이 아닙니다. 바로 이 지점에서 오늘날 철학이 우리를 도와줄 수 있습니다. 철학은 물음에 명확하게 답을 주지 않습니다. 예컨대 누군가 제게 생태계에 관해 해야 할 일을 물어보면 "젠장, 알게 뭐야!"라고 말하겠지요. 하지만 철학은 지극히 중요한 무엇인가를 할 수 있습니다. 철학은 문제에 도달할 수 있는 바로 그 방법이 문제를 해결해주는 것이 아니라 신비화시킨다는 것을 우리에게 보여줄 수 있습니다. 이것이 맑스가 헤겔로부터, 사유와 존재의 변증법으로부터 배운 것입니다. 우리가 문제를 감지하는 방식은 매개를 통하며, 그 문제의 일부를 이룬다는 것이지요.

바커 맑스라면 제3의 약을 먹었을 것이라고 말할 수도 있겠군요? 어떻게 생각하십니까?

지젝 저는 다만 다음과 같은 의미에서만 제3의 약을 원합니다. 사람들은 지배이데올로기가 이데올로기에 불과한 것이 절대 아니라는 사실을 쉽게 잊어버립니다. 지배이데올로기는 이데올로기인 동시에 그 반대물이기도 합니다. 신비화는 견해의 한쪽 면에 불과한 것이 절대 아닙니다. 오늘날 이데올로기 투쟁의 장 전체가 정식화되는 방식이 이미 신비화입니다. 그러니까 바로 이런 의미에서 저는 제3의 약을 원하는 것입니다. 물론 제3의 약을 먹으면 이것이 진정한 두 번째 약임을 깨닫게 될 것입니다. 첫 번째 대안이 전혀 대안이 아니라는 점에서 말이지요. 자본주의에 적용해보면 이렇습니다. 첫 번째 약은 자유주의이고, 두 번째 약은 근본주의입니다.

바커 그렇다면 파란 약과 빨간 약 중에 하나를 고르는 문제가 아니라 두 개의 빨간 약 중에 하나를 고르는 문제라고, 그 두 개의 빨간 약 중에 하나가 정답이라고 말해도 될까요?

지젝 정치적인 이유로, 저는 차라리 이렇게 표현하고 싶습니다. 우리는 두 개의 파란 약 중에 하나를 골라야 하며, 그 중에서 진정한 파란 약을 골라야 한다고 말입니다.

2010년 5월 5일
자그레브(크로아티아)

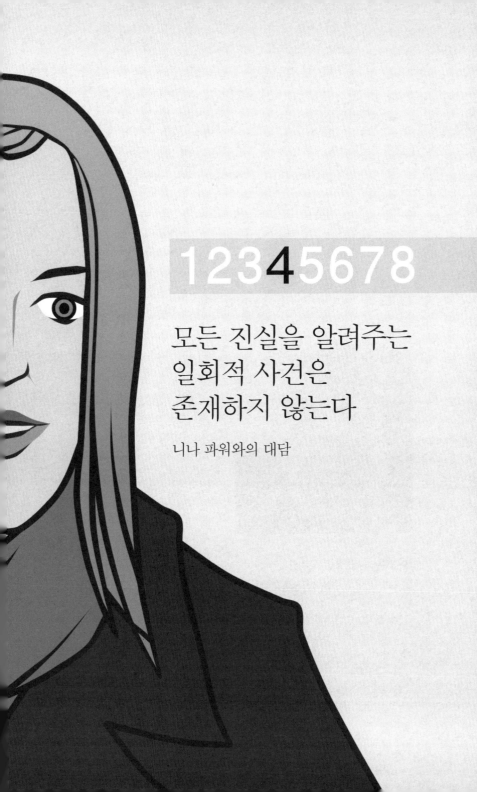

1234**5**678

모든 진실을 알려주는
일회적 사건은
존재하지 않는다

니나 파워와의 대담

Nina Power

영국의 철학자. 현재 영국의 로햄튼대학교와 런던왕립예술대학교에서 학생들을 가르치고 있다. 2010~11년 런던에서 발생한 학생 시위의 유산을 이어받은 단체 '저항권 방어'(Defend the Right to Protest)의 설립자 중 한 명이며『역사유물론』과『철학자들의 잡지』의 편집자,『필름 쿼터리』와『가디언』의 정기 기고자로도 활동 중이다. 알베르토 토스카노와 함께 알랭 바디우의『베케트에 대하여』(2003)와『정치 논문집』(근간)을 편집하고 영어로 옮겼으며. 주요 저서로는 4개 국어로 번역된『일차원적 여성』(2009) 등이 있다.

제이슨 바커(이하 바커) 칼 맑스의 가장 유명한 말 중 하나는 「포이에르바하에 관한 테제」에 나오는 "철학자들은 세계를 단지 다양하게 해석해왔을 뿐이다. 그러나 중요한 것은 세계를 변화시키는 것이다"[1]입니다. 두 가지 질문으로 시작해보지요. 첫째로 이 말이 오늘날에도 유효한가요? 둘째로 이 말이 맑스에 대해, 그리고 맑스와 철학의 관계에 대해 우리에게 무엇을 알려준다고 생각하십니까?

니나 파워(이하 파워) 맑스가 수행한 비판 중 일부는 현대 철학과 맑스 당대의 이데올로기에 대한 비판입니다. "철학자들은 세계를 단지 다양하게 해석해왔을 뿐이다. 그러나 중요한 것은 세계를 변화시키는 것이다." 철학자들이 세계를 변화시키는 사람이 될지는 확실하지 않은데, 아마 아닐 것입니다. 솔직히 다른 사람들이라면 몰라도 철학자들은 그렇지 않지요. 루트비히 포이에르바하와 그의 종교 비판 이후, 맑스도 포이에르바하처럼 독일 관념론에 대해, 그것이 신이나 총체적 사유 체계 같은 가상의 대상을 투영하는 것에 대해 매우 회의적이었습니다. 정작 맑스에게 문제가 됐던 것은, 지금 우리가 다루려는 문제와는 약간 다르게, 이런 것이었다고 생각합니다. "비판 다음에 무엇이 오는가?," "철학의 비판이 멈추고 실천이 출현하면 무슨 일이 벌어지는가?" 철학자들, 특히 진정으로 정치에 관심을 지닌 철학자라면 매우 쓸모 있을 텐데, 그것은 오늘날 반동적이고 규범적인 철학이 많이 존재하기 때문입니다. 예컨대 어떻게 사유해야 하는지, 사유란 무엇인지, 어떻게 행동해야 하는지에 대해 말하는 철학자들이 있습니다. 주류 철학이 그렇지요. 반면 또 다른 사상적 조류가 있습니다. 이 조류는 사유를 맥락화하려고 애쓰며, 사태를 이해할 수 있게 해주는 유용하거나 실천적인 무엇, 가령 구체적 실존을 지배하는 추상의 형태 같은 무엇인가가 철학자들이나 사상가들에게 있는지 다룹니다. 최근 피터 오스본 같은 몇몇 철학자들은 맑스의 프로젝트가 얼마나 학제적인지에 대해 이야기하고 있지요. 예, 맞습니다. 맑스에게는 종교적·철학적 관념론에 대한 비판이 있지요. 하지만 더 나아가 맑스는 정치경제학을 비판했고, 코뮤니즘이라는 오래된 말을 부활시켰으며, 역사를 연구했고, 프랑스어·독일어·영어에서 단어나 개념을 가져와 종종 재미있고 창의적인 방식으로 사용하기도 했습니다. 이 모든 것이 맑스가 철학을 넘어 얼마나 더 멀리 나아갔는지, 그렇지만 그렇게 하기 위해 우선 철학을 어떻게 거쳐 갔는지를 보여줍니다.

바커 그러니까 맑스의 정치경제학 비판이 다소 '주류 철학'에 의해 가려졌다는 말인가요? 아마도 철학을 처음 접하게 되는 사람들 대부분은 철학이 자신의 생각하는 방식을 바꿔줄 수는 있겠지만 세계를 바꾸지는 못하리라고 생각할 것입니다.

파워 글쎄요. 잘 모르겠네요. 분명 상당수 다른 과목들도 그럴 텐데, 철학을 가르치다 보면 저마다 괴로움을 갖고 있는 학생들이 많이 옵니다. 그들은 우울하거나 근심에 차 있고 무엇인가가 잘못 됐다고 막연히 느끼고 있지요. 종종 철학은 학생들이 왜 자신이 불행한지에 대해, 왜 '나'라는 개인의 잘못이 아니라 세계와 관련된 그 무엇인가의 잘못인지에 대해 더욱 논리정연하고 체계적으로 사유하도록 도울 수 있습니다. 저는 철학자들과 교육자들이 이런 문제에 도움이 될 수 있다고 생각합니다. 저는 철학자들과 교육자들이 학생들에게 어떤 견해를 강요하는 것이 아니라, 학생들로 하여금 자신이 겪고 있는 비참에 대해 더 많이 사유하고, 사유와 실천을 통해 정치적으로 비참을 돌파하도록 독려하는 데 도움이 되길 바랍니다. 견해를 강요하는 것은 오이디푸스적인 교육 구조 때문에 언제나 역효과를 낳기 마련이며, 그전에 일단 어느 누구도 무엇을 사유해야 하는지에 대해 듣고 싶어 하지 않기 때문에 실패하기 마련입니다. 집단행동의 과정 속에서 사유와 실천이 공존하는 가운데 출현하는 연대에 비할 것은 어디에도 없습니다. 제 남동생은 종종 제게, 철학은 사람들을 불행하게 만들 뿐인데 왜 철학을 하냐고 묻곤 하는데, 저는 그것이야말로 철학의 힘이라고 생각합니다. 비참과 우울에는 여러 가지 종류가 있지요. 사람들이 분노를 속으로 삭여서 우울해지고 비참해질 때에는 아무런 도움도 되지 않고 오히려 현 상황을 강화시키기만 합니다. 바로 이것이 정부가 좋아하는 종류의 비참입니다. 가령 실업 상태인 것을 개인의 잘못으로 느끼게 만들 수 있다는 뜻이니까요. 사실은 구조적인 실업인데 말이지요. 그런데 우리 자신이 문제가 아니라는 것을 깨달음으로써 종종 생겨나는 또 다른 비참이 있습니다. 세계에 대한 정당화된 분노를, 그리고 그 분노에 대한 사유와 성찰을 수반하는 비참이지요. 제가 보기에 이것은 철학이 체계적인 비판과 분석에 어떻게 도움을 줄 수 있는가에 관한 하나의 사례가 될 수 있습니다. 또한 불의와 일반화된 비참에 대한 실천적 대응을 낳을 수도 있지요. 세계의 정치적 상황 속에서 드러나는 매우 특수한 차이들이 무엇이건 간에 자본가들, 독재자들, 사회의 암적 존재들이 만들어 놓은 세계상이 죄다 붕괴하기 시작하고 있습니다. 물론 이런 여러 상황들 속에서 우리가 가야 할 길은 멀지만, 저는 '자본주의'라는 단어를 언급하는 것이 문제를 밝히는 수단으로서 작용할 가능성이 불과 몇 년 전만 해도 지금보다 훨씬 적었다는 것을 잊지 말아야 한다고 생각합니다.

바커 당신은 그런 생각이 철학에 대한 맑스의 기여 혹은 맑스 사상의 유산일 수 있다고 생각하시나요? 다시 말해서 지구화된 세계에는 삶을 구성하는 매우 특수한 차이들이 존재하지만 그럼에도 불구하고 철학이 개개인을 해방시킬 수 있다는 생각 말입니다.

파워 넓은 의미의 맑스주의 철학이라고 해야겠지요. 저는 아무래도 그 핵심 특징이 집단적이면서 개별적인 해방과 관련되어 있는 여러 사상적 조류에 흥미가 있는 것 같습니다. 흥미롭게도 제 학생들의 상당수는 직관적으로 아나키스트입니다. 그들은 권위에 대한 비판을 신봉하고 사람들이 자신에게 하는 말에 의심을 품지요. 시위 현장에 가면 종종 제 학생들을 보게 되는데, 그들은 좌파 조직의 일원이 되기보다는 아나키즘의 방식으로, 즉 익명으로 느슨하게 연결되어 있습니다. 교조적 맑스주의의 입장에서 보면, 그들이 경제 체계 전체나 가치 형태에 대한 비판에 전혀 참여하고 있지 않다고 말하겠지요. 하지만 그들은 살면서 이 문제를 끊임없이 겪고 있습니다. 다른 많은 사람들처럼 그들도 자신을 분노케 한 권위의 형태들에 포위된 채 많은 빚을 진 노동자라는 점에서 말입니다. 저는 정치적 활동과 학습을 자극하는 의욕에 대해 자크 랑시에르가 한 말을 매우 좋아하는데, 그 둘 모두 하늘에서 떨어지는 것은 아니지요. 제가 생각하기에 가르치는 사람으로서 학생들에게 전수해야 할 가장 중요한 것은, 흥분이든 열정이든 뭐라고 부르건 간에 어떤 특수한 정동입니다. 제가 개인적으로 정동의 전수를 잘 해내고 있다는 말은 아니고요. 다만 저는 잇따른 정부들의 교육관을 지배해왔던, 일일이 숟가락으로 떠먹여주는 교육이나 시험준비형 교육보다 정동의 전수가 하나의 틀로서 더욱 중요하다고 생각합니다. 맑스의 이야기로 되돌아가서, 저는 맑스가 관념과 구체적 실존의 분리라고 여겨지는 것을 붕괴시킬 수 있게 해준다고 생각합니다. 맑스 이후로 어느 누구도 그보다 더 잘하지 못했지요. 맑스는 밝히고 불태웁니다. 맑스와 프리드리히 엥겔스는 언젠가 '불의 강' 속으로 발을 내딛는 것에 대해 말했는데, 포이에르바하를 언급한 것이지요.[2] 그런데 맑스의 경우에는, 불이 어떻게 타오르는지, 그리고 불을 어떻게 끌 수 있는지를 파악하는 방법들로 무장한 채 불 한가운데에서 희망차게 시작합니다.

바커 당신은 맑스가 관념과 구체적 실존 사이의 분리를 어떻게 '붕괴'시켰는지에 대해 말해주셨습니다. 그렇다면 당신은 이런 붕괴가, 그러니까 이런 붕괴를 가능케 한 맑스의 사유 방식이 세계를 어떻게 변화시킬지 그 방법을 찾고 있는 사람들에게, 그리고 세계의 현재 상태에 분노하는 사람들에게 유용하다고 생각하시나요?

파워 네, 그렇다고 생각합니다. 왜냐하면 맑스의 사유 방식이 이 세계에 대해, 세계가 계속 분리된 채로 있는 방식에 대해, 무엇보다도 자기가 하는 일을 즐기지 못하며 '더욱더 창조적이고 재미있는 일을 해야 하는데'라고 생각하면서도 시간당 5파운드에 자신의 노동력을 팔 수밖에 없는 사람들의 비참에 대해 생각해보도록 하는 일련의 명료한 원칙과 방법을 제공하는 면이 있기 때문입니다. 옛날이나 지금이나 마찬가지이지요. 노동의 종류가 바뀌었을 수도 있고 지리적으로 이전과는 다르게 분포되어 있을 수도 있지만, 맑스주의에는 바로 이런 변화들을 고려하는 분석의 유연성이 있습니다. 제 생각에 착취라는 근본적인 아이디어는 사라지지 않은 것 같습니다. 화폐에 대한 이야기를, 또는 그런 추상이 실제 세계에서 어떻게 작용하는가에 대한 이야기를 학생들에게 꺼내보면 곧바로 알 수 있지요. 화폐와 정상적인 관계를 맺고 있거나 화폐에 대해 정상적인 태도를 갖고 있는 사람은 없습니다. 왜냐하면 화폐에 대해 모든 사람이 취할 수 있는 정상적인 태도 같은 것은 존재하지 않기 때문입니다. 그래서 우리는 맑스의 통찰들을 사용할 수 있는 것입니다. 물론 그 통찰들은 매우 까다롭고 어려워 보일 수 있어요. 세 권으로 된 『자본』을 보고 있노라면 이 지구상에 과연 어느 누가 그 책을 전부 읽을 수 있을까 궁금해지지요. 하지만 19세기에 그럴 수 있었듯이 오늘날에도 맑스의 통찰들을 분석의 도구로서 사용할 수 있습니다.

바커 맑스가 노동에 관해 말한 최초의 철학자는 아닙니다. 하지만 맑스는 노동을 계급의 문제로, 더 중요하게는 자본주의의 역사적 발전과 연관된 정치적 문제로 다룬 최초의 철학자였습니다. 부분적으로,

맑스의 노동 이론은 대량생산에 기초한 근대 사회에서 우리의 노동이 띠는 상호 의존성을 드러내 보여주기 때문에 중요합니다. 맑스는 노동이 사적인 행위가 아니라 사회 계급과 사회적 위계들을 횡단하는 고도의 통합된 행위라고, 그래서 나의 노동과 타인의 노동이 서로 긴밀하게 연결된다고 생각했지요.

파워 이야기가 경제 문제로 다시 돌아가는군요. 맑스는 우리에게 경제적 착취를 이해하는 데 사용할 수 있는 도구들을 제공합니다. 형식의 측면에서 말하면 경제적 착취는 자신의 노동력을 팔 수밖에 없는 모든 사람, 즉 세상의 거의 모든 사람에게 똑같이 적용되지요. 노동을 하지 않고도 먹고 살 수 있는 사람은 극소수에 불과합니다. 그래서 착취의 기본 형태, 즉 노동에 대한 맑스의 분석은 세계 각지에서 노동의 양태가 변했더라도 진실입니다. 우리는 오늘날 적어도 서구에서는 노동을 더 이상 공장노동 같은 것으로 여기지 않습니다. 맑스는 생산 부문에서 사물의 생산이 지적 노동, 데이터 입력을 수반하는 것 같은 정보노동, 커뮤니케이션 또는 언어노동으로 변하리라고 이미 예측했습니다. 저는 그런 형태의 노동을, 육체노동이라는 직접적 형태와는 다른 것으로 간주해야 한다고 생각하지 않습니다. 육체를 쓰는 직업도 항상 정신적 요소를 수반해왔고, 정신을 쓰는 직업도 항상 육체적 요소를 수반해왔어요. 저는 이 상이한 두 가지 노동을 구분해야 한다고 생각하지 않습니다. 다만, 가령 콜센터노동에서 다른 종류의 의식이 출현하는 방식에 대해, 혹은 이런 종류의 모든 노동 속에서 컴퓨터와 인터넷이 어떤 형상으로 나타나는지에 대해 새롭게 생각할 필요는 있습니다. 공장이나 밭이나 집 등 도처에서 수행되고 있는 노동보다, 이른바 정신노동을 우선시하지 않는 것이 중요합니다. 그 대신 우리는 이런 사유와 행위의 양태들이 어떻게 모두 함께 유용하게 사유될 수 있는지를 알아내야 합니다. 페미니즘 연구와 비물질노동에 대한 최근 논의를 다시 결합시키자는 실비아 페데리치의 주장은 여기서, 특히 정동노동·감정노동·돌봄노동·재생산노동이 발생시킨 가치가 자주 은폐되고 있다는 문제에 있어서 매우 중요합니다.[3] 우리는 집 안팎에서 무엇이 노동으로 간주되는지, 무엇이 노동이 발생시킨 가치로 간주되는지의 문제를 다시 다루지 않으면 노동에 대해 이야기할 수 없습니다.

바커 노동이 직업상의 고용이라는 문제에만 국한된 게 아니라 여전히 주된 사회적 문제라는 말이지요?

파워 노동이 가장 중요한 사회 문제인 것은 분명합니다. 안토니오 네그리와 마이클 하트 등 많은 이론가들은 노동자와 비노동자를 모두 포함하는 이제까지와는 다른 인류 개념을 제시해왔습니다. 다중 개념은 맑스의 노동계급 개념과 다른데, 네그리와 하트에게 다중은 실업자들을 포함하기 때문이지요. 제 생각에 이것은 인류의 어떤 총체적인 상에 대해 말하려는 흥미로운 시도입니다. 휴머니즘을 전면에 내세우지는 않더라도 노동자와 비노동자, 즉 체제에 포함된 사람들과 배제된 사람들 모두를 아우르려는 그들의 시도에는 일종의 전지구적인 인간학이 들어 있습니다. 저는 가능한 사회적 변화를 사유할 때 그 핵심에는 노동이 자리해야 한다고 생각합니다. 맑스는 자신이 '룸펜프롤레타리아트'라고 칭한 사람들, 즉 그 이유가 무엇이건 간에 노동할 수 없거나 노동할 의지가 없는 사람들에 대해 아마도 매우 공정하지 못한 태도를 취할 것입니다. 예컨대 그들은 알코올 중독이거나 병들어 있을 수도 있고, 그래서 노동 환경에서 제 기능을 할 수 없는 사람들이지요. 가능한 정치적 봉기를 분석할 때 이런 사람들을 포함시키는 것이 왜 중요한지 저는 알고 있습니다. 이들은 정말이지 긴축정책의 가혹한 칼날을 온몸으로 맞고 있어요. 사회 혁명과 장기적인 사회적 변화, 특히 여성들의 권리에 대해 사유할 때, 노동은 정치적 행동의 핵심 요소들 중 하나입니다. 그래서 종종 노동은 결국 정치의 핵심 문제가 되지요. 어떤 종류의 노동인지, 그것이 사람들의 의식에 끼치는 영향은 무엇인지, 그것이 어떻게 사람들을 가르는지, 어떻게 위계와 적대를 만들어내는지 등등. 저는 노동이 철학과 정치와 사회에 여전히 결정적이고도 중심적인 문제라고 생각합니다.

바커 당신은 『일차원적 여성』에서 현대 사회의 여성들이 노동의 정치적·해방적 잠재력을 얼마나 박탈당하고 있는지를 '노동의 여성화'라는 말로 설명했습니다.[4] 오늘날 여성 문제에 관한 논쟁을 접할 때면, 여성 문제는 정치적 권리나 사회적 권리라는 말 대신 거의 항상 '서비스'라는 말로 표현됩니다. 여기서 노동은 표면상 사적인 문제, 라이프스타일의 문제로 간주되고 있지요.

파워 사람들이 노동을 개인적인 문제로 여기면 관리자들이나 고용주들에게 아주 유리해집니다. 모든 사람이 개인적으로 결정한 것처럼 보이는 일에 사회적인 차원이 있다는 생각을 없애버리니까요. 바로 이것이 제가 노동을 여성과 관련지어 살펴보는 것이 특히 흥미롭다고 생각하는 이유입니다. 왜냐하면 한편으로는, 당연하게도 여성들이 경제적으로 해방된다는 것, 여성들이 자율적이 될 수 있다는 것이 얼마나 대단한 일인지 깨달을 수 있기 때문입니다. 여성들이 자기

집세를 낸다든가 할 수 있는 것이지요. 적어도 서구에서는요. 동시에 다른 한편으로는 여성들이 노동인구로 대거 편입되면서 드러나는 것들이 있습니다. 첫째로 사회에서 여성이 본래 맡아야 하는 역할이란 없다는 것입니다. 맑스와 엥겔스는 이 점을 정확히 지적합니다. 여성이 노동인구에 포함되면, 낡은 가족관계나 "여성은 근본적으로 어머니"라는 보수적인 모델이 해체됩니다. 둘째로 여성이 노동인구에 대거 포함된다는 것은, 사상 처음으로 여성 노동인구가 남성 노동인구보다 더 많아진 현재의 미국이 좋은 예일 텐데요, 우리가 노동에 대해 그리고 노동과 페미니즘의 관계에 대해 다시 생각해야함을 의미합니다. 정체성이나 섹슈얼리티 문제가 아니라 노동 문제에서 출발하는 페미니즘이란 무엇일까요? 1970년대에는 우리가 '노동'이라고 말할 때 의미하는 것, 즉 육아, 청소, 유급노동, 2교대 근무, 감정노동 등이 무엇인가, 이것이 정치적 삶뿐만 아니라 경제 전체와 어떻게 관련되어 있는가에 대해 많은 연구가 이뤄졌습니다. 제가 보기에는 이런 연구들의 정치적 통찰이 그 어느 때보다도 더욱 필요합니다.

바커 맑스가 노동에 대해 말할 때 그것은 항상 계급 문제입니다. 노동이 페미니즘 담론에서 주변화되어왔다고 하시니, 계급 문제에 있어서도 사정은 마찬가지라고 할 것 같습니다. 『공산주의당 선언』과 그 속에 들어 있는 '계급투쟁'이라는 수사가 오늘날에도 여전히 노동을 설명하는 데 정확하다고 보시나요?

파워 네, 바로 그 시간적 차원 때문에 정확하다고 생각합니다. 어떤 면에서 맑스와 엥겔스는 자신들이 원하는 청중을 구성했던 셈입니다. 그들은 바로 그 존재를 공언함으로써 새로운 국제 프롤레타리아트를 만들어내려고 했지요. 정말 흥미롭게도 『공산주의당 선언』은 나중에서야 역사에 영향을 끼치게 됐습니다. 이 글은 선언이기 때문에 긴급한 어조로 씌어졌지요. 어떻게 보면 정말 숨 막히는 글입니다. 그렇지만 50여 년 동안 실질적인 영향력을 발휘하지는 않았어요. 제 생각에 이 글은 여러 번 반복해서 다시 나타납니다. 시대마다 이 글의 상이한 부분이 강조되어 그 적합성이 변해왔지요. 영국의 계급 문제에 관해 말하면, 모든 사람이 어떤 의미에서, 특히 문화적인 의미에서 계급에 강박되고 자신을 노동계급이나 중간계급으로 곧장 규정하는 기이한 상황이 벌어지고 있습니다. 예컨대 토니 블레어는 사람들에게 "이제 우리 모두는 중간계급이다"라는 생각을 억지로 부과하려고 했지요. 하지만 이런 시도는 계급 연대를 볼 수 없게 만듭니다. 앞서 이야기했듯이 거의 모든 사람이 자신의 노동력을 팔 수 밖에 없기 때문이지요. 이 사실은 어떤 점에서 정말로 단 두 개의 계급만이 존재함을 의미합니다. 물론 계급에 대한 맑스와 엥겔스의 정의에도 거대한 사회적·문화적 분할이 존재하긴 하지만, 이런 분할은 보통 부풀려져서 지배층을 위해 기능합니다.

바커 맑스는 이른바 '상품 형태'를 중심으로 하는 자본주의의 사회적·경제적 관계를 연구했습니다. 이런 연구를 통해 맑스가 내린 결론 가운데 하나는 자본주의 아래에서 노동자들의 노동력이 상품 생산을 통해 '소외'된다는 것이었습니다. '소외'라는 말은 맑스에게조차도 여러 가지 의미를 갖고 있지만, 통상적인 담론에서 주로 실존적인 의미를 내포하고 있습니다. 그러니까 체제가 우리를 어떻게 취급하는가가 아니라 우리가 어떻게 느끼는가와 관련된 것이지요. 이런 차이를 염두에 두었을 때 상품이 소외된 노동이라는 맑스의 생각에 대해 어떻게 생각하십니까?

파워 사물을 관계로, 관계를 사물로 다루기 시작하면 상품물신주의라는 생각은 지금도 유효하다고 생각합니다. 어떤 면에서는 더 복잡하기도 하지요. 상품을 사물로 생각하면 매우 어려운 문제가 생기는데 파일 공유, 온라인 음악, MP3 파일 같은 것들을 보면 그렇습니다. 어떤 면에서 이런 것들은 물질적 내용을 전혀 갖지 않는 정보흐름일 뿐입니다. 그래서 오늘날 사회적·경제적 관계들이 더 이상 사물이 없는 채로 존재하는 것처럼 보인다는 사실을 설명하려면 상품 개념을 확장해야 할 것 같습니다. 바로 여기서 네그리와 하트 등의 비물질노동이라는 생각이 등장하는 것이지요. 그러나 이것은 절반만 말한 것입니다. 가상적이고 신비화된 요소를 갖고 있는 것으로 간주하는 경향이 있긴 하지만, 컴퓨터보다 더 물질적인 것도 없습니다. 우리가 어떻게 세계를 효용의 관점에서, 이와 마찬가지로 인간 역시 효용의 관점에서 보게 되는가에 관한 한 저는 상품물신주의가 적절한 분석이라고 생각합니다. 사람들을 사물처럼 취급할 수밖에 없게, 사람들이 우리에게 해줄 수 있는 것을 요구할 수밖에 없게 만드는 방식에 대한 적절한 분석이지요. 그것은 사물이 무엇인지, 우리가 사물을 어떻게 소비하고 이용할 수 있는지와 관련이 있습니다. 흥미롭게도 마치 복수라도 하듯이 녹색 운동, 그리고 소비에 대한 녹색 운동의 비판이 등장하면서 그런 소외 형태에 대한 저항이 일어났지요. 사회가 너무 많이 소비하고 있다, 음식을 닥치는 대로 사서는 1/3을 버리고 있다는 식의 생각을 하게 된 것입니다. 쓰레기의 양도 엄청난데, 그것은 우리가 살고 있는 사회의 부산물이자 이른바 '계획적 구식화'[5) 또는 상품의 쓸모없는 부분 같은 것과 연관됩니다. 그러나 몇몇 녹색주의적 분석은 쓰레기를 개인의 책임으로 돌리는 식으로 개인의 행동이라는 틀에 과도하게 짜 맞추는 경향이 있다는 문제를 안고 있습니다. 그런 틀도 어떤 차원에서는 중요하지만, 체제에 관한 분석은 아니지요. 그러니까 왜 이렇게 쓰레기가 발생하는지, 바나나가 지구 반 바퀴를 돌아 유통되지만 5일만 지나면 쓰레기통에 버려진다는 사실로 인해 누가 이득을 보는지 같은 것은 알려주지 않지요.

바커 그렇다면 그런 상황을 다른 방식으로 생각해볼 수 있을까요? 우리의 사회적·경제적 관계들이 이런 효용의 물신주의에 지배당한다면, 당신이 말한 대량생산 같은 것을 통해 기능하는 대량소비 사회에서 우리는 대체 어떻게 다르게 살아갈 수 있을까요?

파워 주변을 잘 둘러 보면 사람들이 각자의 생활 방식을 바꾸기 위해 노력하는 기미를 보실 수 있을 것입니다. 요즘 많이 쓰이는 말로 하면 사람들은 '지속 가능한 삶'을 살기 위해, 낭비 없이 항상성을 유지하는 존재 방식을 창안하고 집단적이거나 공동체적인 방식으로 살기 위해 노력하고 있어요. 저는 사람들이 더 단순하지만 더 창조적인 삶을 살려는 욕구나 욕망을 느낀다고 생각합니다. 상품물신주의에 의해 매개되지 않는 진정한 관계를 맺고 싶어 하는 것이지요. 하지만 이런 관계를 체제적 구조의 차원에서 분석하고 변형하지 않고서는 다르게 살고자 하는 사람들이라고 해도 약간 공상에 빠진 채로 또는 고립된 채로 존재할 뿐이라고 저는 생각합니다. 이때 상품에 대한 대안은 환경과 관련된 문제로 국한되어버리고, 진정으로 정치적인 맑스주의적 분석으로까지 확장되지 못하지요.

바커 흥미롭게도 슬라보예 지젝은 소외를 긍정적인 사회 현상으로 간주하고 있습니다. 왜냐하면 소외가 자본주의 사회의 본래적인 어리석음을 드러낸다고 생각하기 때문입니다. 그래서 지젝은 우리에게 더 많은 소외가 필요하다고 말하지요. 동의하시나요?

파워 잘 모르겠네요. 제게는 꽤 도발적인 말로 들리는데요. 물론 이런 식의 반反휴머니즘에 특정한 수사적 가치가 있다는 사실은 잘 알고는 있습니다. 그렇지만 제 안에는 가능하다면 사람들이 불행한 삶을 살지 않기를 바라는 휴머니즘적 면모가 여전히 남아 있어요. 인도에 하수도가 없는 것보다는 있는 것이 낫다, 집이 없는 것보다는 있는 것이 낫다는 말입니다. 예를 들어 세계에는 모든 사람을 먹일 수 있을 만큼 충분한 식량이 있다는 것을 우리는 잘 알고 있습니다. 하지만 이것은 양의 문제가 아니지요. 돈과 권력을 쥐고 있으면서 더 많이 쥐길 원하는 사람들에게 이득이 되도록 기능하는 분배와 관련된 구조적 문제가 있는 것입니다. 그런데 더 많은 소외를? 글쎄요. 그런 주장은 개념상으로만 긍정할 수 있겠지요. 추상, 실제적 추상 등에 대해 사유하려면 일련의 개념을 연결시켜가는 과정이 있어야 할 것입니다. 어떤 측면에서 이런 접근 방식은 자칫 일상생활과 괴리될 수도 있어요. 일상생활에 대한 비판으로 돌아가기 위해서이긴 하지만요. 저는 사람들이 고통을 위한 고통을 받지 않았으면 합니다. 이런 고통은 아무것도 바꾸지 못해요. 우리는 이 사실을 역사적으로 잘 알고 있지요. 혁명의 순간은, 오직 사람들이 더 나은 것을 엿봤을 때나 더 많은 것을 원할 때만 찾아옵니다. 반란을 일으키는 사람들은 완전히 박탈당하고 소외된 사람들이 아닙니다. 완전히 박탈당하고 소외되면 그저 의기소침하고 낙심해 있을 테니까요.

바커 혁명의 순간이라는 말이 나왔으니 말인데, 작금의 경제·금융 위기가 자유민주주의를 어떤 식으로든 위협하리라고 보십니까?

파워 이 위기는 정말 놀라운 것 같아요. 이 위기가 발생하기 6개월 전에 누군가가 은행이 국유화되고 몇몇 서너 금융 세력이 와르르 무너질 것이라고 말했다면 사람들은 아무도 그 말을 믿지 않았을 테니까요. 그런데 이처럼 전면적인 전지구적 위기가 눈앞에 펼쳐졌는데도 자본주의가 죽지 않은 측면이 있지요. 더 이상 아무도 자본주의를 믿지 않고 신뢰하지 않는다고 할지라도 자본주의는 계속될 것입니다. '자유'시장이라는 생각은 늘 농담 같은 것이었는데, 이제는 더욱더 농담이 됐지요. 국가 개입이라는 차원을 통해 우리는 시장경제의 위기가 낙오자들에게 어떻게 나쁘게 작용하는지를 목격하고 있습니다. 지금 그리스에서 벌어지고 있는 일들6)을 보세요. 위기의 도미노효과에 대한 진짜 분노와 폭력이 서려 있지요. 제가 보기에는 영국의 '형 의회'7) 역시 자본주의적 자유민주주의라는 브랜드에 대한 신뢰가 없어졌음을 보여주고 있습니다. 이런 상황이 앞으로 어떻게 전개될지는 잘 모르겠습니다. 다양한 사건들과 사회 운동들의 영향이 계속되고 있지만 분명하지 않아 보입니다.

바커 당신은 코뮤니즘을 이런 문제에 대한 잠재적 해법으로 간주하는 지젝, 하트, 네그리 같은 철학자들과 의견을 같이 하시나요?

파워 네, 어떤 면에서는요. 맑스와 엥겔스로 다시 돌아가 『공산주의당 선언』이나 그밖의 다른 글에 들어 있는 그들의 분석을 읽다보면, 아주 흥미롭게도 그들은 낡은 유대관계를 풀어헤친다거나 기술 혁신을 일으키는 것 등에 있어서 자본주의가 얼마나 큰 힘을 지니고 있는지 상당히 칭송하고 있습니다. 코뮤니즘이 자본주의의 내재적 진실이라면, 그것은 바로 코뮤니즘이 테크놀로지를 잘 이해하고 인간의 의식 형태에 일어나는 변화들을 잘 이해해 그것을 소수가 아니라 다수에게 이득이 되는 방향으로 돌리기 때문입니다. 저는 이런 의미에서 코뮤니즘이 적절하다고 생각합니다. 그렇지만 이와 동시에 저는 코뮤니즘을 자본주의의 '대안'으로 간주하는 데 어려움이 있다고도 생각합니다. 자본주의 다음에 무엇이 올지를 생각하는 것은 그리 쉬운 일이 아닙니다. 알랭 바디우가 말하고 있듯이 '코뮤니즘 가설' 같은 것이 존재한다면, 그것은 세계의 현 상태에 대한 거의 모든 것을 포괄해야 하기 때문이지요. 코뮤니즘 가설이란 것은 근본적인 구조적 변화를 낳을 매우 현실적인 가능성에 주목하면서 세계가 정말로 어떻게 돌아가고 있는지를 현실적으로 설명해야 합니다. 종말 이후 무엇이 올지에 대해 유토피아적인 판타지 같은 것을 내놓을 수는 없는 노릇이지요. 간혹 사람들 사이에서 종말과 파멸에 대한 갈망이 나타나기도 하는데, 모든 것의 절멸을 생각하는 것은 아주 매력적이고 매혹적일 수도 있습니다. 하지만 제게 종말과 파멸에 대한 갈망은 그저 정치적·계급적 분노가 세계 전체에 대한 분노로 뒤바뀐 것으로 보일 뿐입니다. 우리는 자본주의에 대한 현실적 대안들을 생각해야 해요. 그런 대안들에 자본주의에 매개되는 것처럼 보이지 않는 유토피아적 요소들, 가령 진정한 기쁨, 즐거움, 우정의 순간 같은 것이 있을 수도 있지만, 이 요소들은 자본주의가 일단 끝나면 초록의 들판이나 목가적 환경으로 돌아갈 것이라고 믿는 식의 함정에는 빠지지 않지요. 그런 일은 없습니다. 대규모의 혁명이 존재하더라도 공장, 건물, 상점은 모두 그대로 존재할 것입니다. 목가적 모습으로 돌아간다고 보는 것은 기원년$^{Year\ Zero}$을 상정하는 식의 접근법이 부딪힐 끔찍한 역사적 유혹들 중 하나입니다. 저는 녹색주의적·좌파목가주의적 경향이 지구에 대해 거의 이런 태도를 갖고 있는 것이 아닌지 우려됩니다. 이런 것은 별로 도움이 되지 않아요.

바커 진정한 혁명은 거대한 파국처럼 일어날 리 없다는 말이군요?

파워 네, 그렇지요. 그런 식의 생각은 혁명을 지지하든 반대하든 간에 혁명이 순간적일 것이라고, 모든 것의 총체적 변형일 것이라고 말하는 판타지들 중 하나예요. 우리는 혁명이 그런 식으로 일어나지 않는다는 것을 역사적으로 알고 있습니다. 혁명은 한 번에 한 나라씩 일어나는 경향이 있습니다. 물론 확산될 수 있고 실제로도 확산되지만요. 하지만 그런 혁명은 부수적인 혁명, 부르주아 혁명일 수 있습니다. 중단될 수도 있고 잔혹하게 제거될 수도 있지요. 그래서 저는 우리가 혁명에 대해 이야기할 때 섬세하고 면밀하게 사유해야 할 필요가 있다고 생각합니다. 묵시록적이지 않은 방식으로 말이지요.

바커 바디우의 코뮤니즘 가설을 언급하셨는데, 바디우의 코뮤니즘 이념과 맑스 그리고/또는 맑스주의의 코뮤니즘 이념이 어떻게 양립 가능할까요? 바디우의 작업에서 가장 인상적이고 일관된 특징들 중 하나는 자본주의의 혁신과 변혁 역량에 대해 칭송하기를 거부한다는 점입니다. 바디우에게 자본주의는 정신이 죽어 있는 것입니다. 자본주의에서 아무런 좋은 것도 나올 수 없다는 것이지요. 자본주의는 그저 도래할 평등 사회에 굴레가 될 뿐입니다. 바디우에게 코뮤니즘은 '해법'일 것입니다. 하지만 자본주의 자체에 대한 해법은 아닙니다. 바디우의 코뮤니즘은 전례 없고 아직 사용된 바 없는 해방, 창조성, 평등주의 등의 원천을 자본주의에서 발견한『공산주의당 선언』의 맑스와 엥겔스에 완전히 대립하는 것처럼 보입니다.

파워 제 생각에 바디우는 꽤 명확하게 적을 선택한 것입니다. 바디우는『메타정치 개요』에서 '자본주의-의회주의'를 공격하고 있는데,[8] 이것은 수많은 곳에서 작전 중인 연합 세력의 본질을 포착하고 있는 것이라고 생각합니다. 당신의 말처럼 바디우는 자본주의의 허무주의적이고 파괴적인 요소들을 진정으로 혐오하고 있지요. 어디에선가 바디우는 이렇게 말했습니다. 부유한 서구 나라들이 일 년 동안 향수에 쓰는 돈만 아끼면 전 세계의 모든 사람에게 신선한 물과 음식을 제공할 수 있다고 말이지요. 최근 '자본주의의 코뮤니즘'에 대해 말하는 여타의 사상적 조류, 가령 이미 소외된 형태로 존재하고 있는 커뮤니케이션과 네트워크 등을 코뮤니즘적 목적에 봉사하도록 변형시킬 수 있다는 식으로 생각하는 사고방식과는 달리, 바디우는 현대 자본주의의 해방적 속성 같은 것에는 확고히 무관심으로 일관하고 있습니다. 그 이유 중의 하나는 바디우의 저작에서 국가 개념이 중심성을 차지하고 있기 때문이겠지요. 진정한 정치를 살해하고, 배제하고, 경직시키는 국가 말입니다. 알베르토 토스카노 같은 사상가들의 지적에 따르면, 바디우의 저작에는 '경제적인 것'이라는 범주가 기이할 만큼 거의 존재하지 않습니다. 저는 이런 지적이 옳다고 생각합니다. 아마도 바디우가 더 관심 있어 하는 것은 기존 틀의 관점에서는 볼 수 없는 무엇일 것입니다. 그 틀이 경제적인 것이든, 국가적인 것이든, 다른 어떤 것이든 말이지요. 어떤 사람들에게는 바디우의 코뮤니즘이 지나치게 주관주의적이거나 주의주의적인 설명처럼 보일지도 모르겠습니다. 그도 그럴 것이 그런 코뮤니즘은 갑자기 체제 전체를 점화시켜 전복하는 반란의 순간에 달려 있으니까요. 하지만 확실히 정치적 주체화에는 아주 중요한 무엇인가가 존재합니다. 오늘날 자본주의의 '창조성'이라는 생각을 그 자체로 끝까지 밀어붙일 사람들이 충분하게 있을지도 모르지요. 그런 사람들 중 일부는 틀림없이 맑스주의자이겠지만, 아마도 그들 대부분이 맑스주의자이지는 않을 것입니다.

바커 당신이 앞서 언급한 코뮤니즘에 대한 묵시록적·유토피아적 판타지는 많은 할리우드 영화에서 도드라지는 특징입니다. 영화 『매트릭스』 중 매우 유명한 장면에서 주인공은 파란 약을 먹을지 빨간 약을 먹을지 선택에 직면하는데, 파란 약을 먹으면 이렇다 할 사건이나 만족이 없지만 상대적으로 편안하고 안전한 삶을 계속 살아가게 될 것이라는 말을 듣습니다. 반면 빨간 약을 먹으면 진실을 발견하게 되는데 그것이 자신이 원하지 않는 것일 수도 있다는 냉정한 말을 듣습니다. 하지만 적어도 평생 자신을 괴롭혀온 환상에서 마침내 벗어나게 되지요. 이것이 어떤 식으로든 지금 인류가 겪고 있는 상태에 대한 설득력 있는 은유가 된다고 생각하시나요?
파워 그렇게 생각하지 않는다고 말해야겠네요. 왜냐하면 저는 이것이 한 번에 전체를 다 이해한다거나, 좀 슬픈 일이지만 전혀 이해하지 못할 것이라거나 하는 문제라고 생각하지 않거든요. 세계를 엄밀하게 이해하려면 존재하는 다양한 실제적 추상, 구조적 불평등, 위계를 현실로 받아들이는 느린 과정이 필요합니다. 진실과 환상의 이런 대립의 핵심에 이데올로기가 있습니다. 파란 약은 이데올로기이고 우리는 그 속에서 가벼운 불편을 겪으며 살아갑니다. 그리고 빨간 약은 종교적인 방식으로 일거에 모든 것이 드러나는 끔찍한 총체로서의 진실입니다. 저는 이것이 정말로 도움이 될지 잘 모르겠어요. 저는 세계를 이해하는 유일한 방법은 계속해서 세계에 호기심을 갖고 회의적이 되는 것, 어쩌면 냉소적이 되는 것이라고 생각합니다. 다만 항상 그 바탕에는 낙관주의가 깔려 있어야 하죠. 세계는 더욱 나아질 수 있다, 나도 세계를 더 나은 곳으로 만드는 데 일조할 수 있다고 생각하는 낙관주의 말입니다. 저는 이것이 진실을 제시하는 사람, 진실을 알려주는 사람의 문제라고 생각하지 않습니다. 진실을 발견하는 것은 우리 자신에게 달려 있어요. 물론 진실을 발견하는 방법은 많습니다. 사람들에게 도움을 청할 수도 있고, 설명을 부탁할 수도 있지요. 하지만 당신도 당신에게 약을 들이미는 사람에게서 자신의 모든 정보를 얻고 싶어 하지 않을 거예요.

바커 그러니까 당신은 사회가 여러 선택 가운데 한 가지를 집단적으로 결정할 수밖에 없는 어떤 결정적인 순간이 다가오고 있다고 보지는 않는 것이군요?

파워 네, 그렇습니다. 2003년 이라크 전쟁이 시작되기 전에 영국이나 다른 나라들에서 있었던 것 같은 진정한 정치적 각성의 순간이 없다는 말은 아니에요. 많은 학생들이 반전 시위에 나갔고, 그들 중 상당수가 학교 당국의 기대와 달리 수업을 빼먹고 시위에 참여했지요. 그런 순간은 그 시위가 별 효과가 없다는 슬픈 깨달음에도 불구하고, 아니 어쩌면 바로 그 깨달음을 통해 사람들을 급진적으로 만듭니다. 수백만 명의 사람들이 함께 했던 행진은 아무것도 멈추지 못했지요.

그렇지만 그런 조그만 정치적 사건들이 영향을 끼칩니다. 하지만 저는 모든 것의 진실을 알려줄 수 있는 일회적인 각성이나 일회적인 사건이 있다고 생각하지는 않습니다. 제가 보기에 이런 사고방식은 이 체제는 순 거짓말이다, 무엇인가 다른 일이 벌어지고 있다는 깨달음을 갑작스럽게 얻게 된다고 보는 일종의 음모적 논리에요. 제 생각에 중요한 것은 자기를 조직하고, 다른 사람들과 함께 조직하고, 시위하고, 이론을 공부하고, 세계가 어떻게 돌아가고 있는지를 이해하는 등의 더디고 때로는 지루한 과정입니다. 그래서 제계는 이런 일회적 각성의 정치에 쓸 시간이 전혀 없습니다.

2010년 5월 8일
베를린(독일)

12345678

'코뮤니즘'으로
무엇을
말하려고 하는가?

알베르토 토스카노와의 대담

Alberto Toscano

이탈리아의 이론가. 현재 영국의 런던대학교 골드스미스칼리지 사회학과 조교수로 재직 중이다. 『역사유물론』의 편집자이며 번역가로도 활발히 활동해 알랭 바디우의 『비미학 소론집』(1998), 『세기』(2005), 『세계들의 논리』(2006)를 비롯해 안토니오 네그리의 『정치적 데카르트』(1970), 에릭 알리에즈의 『세계의 서명, 혹은 들뢰즈와 가타리의 철학은 무엇인가?』(1993) 등을 영어로 옮기기도 했다. 주요 저서로 『광신: 한 이념의 용법에 관하여』(2010), 『생산의 극장: 칸트와 들뢰즈 사이에서의 철학과 개체화』(2006) 등이 있다.

제이슨 바커(이하 바커) 오늘날 칼 맑스의 철학이 현재의 경제·금융 위기를 이해하는 데, 더 일반적으로는 자본주의의 결함을 진단하는 데 도움이 될 수 있다는 여론이 일고 있습니다. 맑스의 작업이 이런 유형의 분석에 도움이 될 수 있다는 생각에 얼마나 동의하십니까?

알베르토 토스카노(이하 토스카노) 사람들이 그것을 '철학'이라 부르고 싶어 하는지 모르겠으나 저는 맑스의 '사상'이 분명히 주된 참조점이 되리라고 생각합니다. 특히 사람들이 자유주의나 지구화가 아니라 자본주의를 현대의 모든 문제와 위기의 주된 원천으로 생각하기 시작하는, 아니 다시 생각하기 시작하는 오늘날의 상황에서는 말입니다. 맑스가 자본주의를 하나의 체제로, 즉 허울뿐인 개혁들로는 제거될 수 없는 긴장·모순·난국에 의해 분열된 '총체'로 사유할 수 있게 해줬다는 기본적인 차원에서라면, 확실히 맑스의 사상은 오늘날 매우 중요한 역할을 할 수 있습니다. 예전 같았으면 맑스의 이름을 언급하는 것에 신중했던 많은 논평자들조차 최근의 2008년 위기를 보면서 이 사실을 인정하고 있지요. 물론 이런 상황도 나름의 문제를 낳고 있습니다. 일반적으로 맑스는 특정 형태의 지구화된 자본주의, 다시 말해서 우리가 '세계시장'이라고 부르곤 하는 것의 예언자나 분석가로 여겨집니다. 이와 동시에 『루이 보나파르트의 브뤼메르 18일』, 『프랑스 내전』 등[1]에서 맑스의 사상이 보여주는 정치적 차원은 여전히 참조점으로서 받아들이거나 다루기가 매우 어렵다고 여겨지고 있어요. 그래서 제 생각에 맑스주의자가 아니거나 정치적으로 좌파가 아닌 사람들은 대개 맑스의 자본주의 분석이 어쨌든 여전히 우리 곁에 존재한다는 사실을 마지못해 인정하고 있는 것 같습니다. 그러니까 맑스의 경제적 분석을 정치적으로 옮겨놓는 것은 많은 사람들에게 여전히 불분명한 문제로 남아 있지요. 이 두 가지 차원, 즉 자본주의를 하나의 체제로서 사유하는 차원과 본래적으로 모순적이며 위기를 초래하기 쉬운 체제로서 사유하는 또 다른 차원에서, 맑스의 기본적인 사유에 필적한 만한 것을 찾기 어렵습니다. 사회 이론의 정전에서도, 심지어 철학에서도 찾기가 어렵지요.

바커 그간 맑스를 광신적인 사상가로 보는 견해가 존재했지만, 맑스 자신은 자본주의 비판이 종교 비판으로 시작되어야 한다고 생각했지요. 당신은 광신을 다룬 책[2]에서 '정치적 종교'에 대해 이야기했는데, 맑스가 광신적이었다는 주장을 어떻게 생각하시나요?

토스카노 국제관계사가인 E. H. 카는 1930년대에 "광신에 대한 연구"라는 부제가 붙은 맑스 전기를 썼습니다. 훗날 카는 이 책의 재출간을 거부했는데, 여기서 카는 무엇이 맑스의 사상을 추동했는지 파악하기 위해 광신이라는 생각을 주된 개념으로 사용했습니다.[3] 맑스가 공감 가는 인물이라고 생각된다면, 그것은 부분적으로 자신의 동시대인들 중 많은 이들에 대해 맑스가 경멸 혹은 증오를 거리낌 없이 표출했기 때문입니다. 또한 광신이 우리를 사로잡고 있는 문제나 우리가 중대하고 긴급한 것이라 생각하는 문제를 초지일관 천착하는 역량을 의미한다면, 맑스의 그런 고집스러움은 그를 사상가로서 두드러지게 만들지요. 보통 사람들이라면 자본주의에 대한 과학적 분석이나 코뮤니즘이라는 정치적 기획 같은 생각을 접었을 텐데, 그럴 때에도 맑스의 연구가 고집스럽게 계속됐던 것을 떠올려보세요. 이 점은 많은 사람들에게는 맑스의 더욱 무시무시하거나 불온한 측면들 중 하나로 다가오겠지만, 또 다른 사람들에게는 영감을 줍니다. 맑스의 생애에서 이 점은 때때로 꽤 중요한 문제들을 일으켰습니다.『자본』에 들어갈 정치경제학 비판을 집필하는 동안 맑스는 종종 그랬듯이 어느 무명의 독일 망명객과 논쟁을 벌이게 됐습니다. 그 이름이 맑스가 쓴 책의 제목으로 쓰여서 후세에 길이 남게 된 인물, 즉 칼 포크트가 당사자였지요. 바로 그 책『포크트 씨』[4]에서 맑스는 역사적으로 분명히 영향력이 미미한 이 인물을 정교하면서도 기이하게 혹평했습니다. 포크트는 맑스가 각종 음모와 밀정 노릇 등에 가담했다고 고발했지요. 프리드리히 엥겔스가 맑스에게 본연의 연구로 돌아갈 것을 간청하는 내용의 서한들을 보냈지만, 맑스는 이 과도한 개인적 증오에 사로잡혀서 이 책을 쓰는 데 집착했습니다. 제 생각에 이 책은 가장 완고한 맑스 연구자들조차도 딱히 마음에 들어 하기 힘든 책입니다. 맑스의 광신이라는 문제에는 또 다른 측면도 있습니다. 저는 이 측면에 훨씬 더 관심이 가는데, 그것은 맑스가 자본가들의 주체성이나 행동거지를 '광신적'이라고 규정했다는 점입니다. 우리는 이 단어가 『자본』에서 사용되고 있음을 압니다. 미국의 좌파 역사가인 마셜 버먼은 맑스가 이 단어를 사용하는 것에 대해 재미있는 논평을 했지요. 맑스가 자본주의나 자본가들의 광신에 대해 이야기할 때 그 단어의 일반적 정의와는 상반되게 이야기한다는 것입니다.[5] 자본주의의 진짜 문제점이 탐욕이라는 사실은 현재 널리 받아들여지고 있습니다. 자본 축적의 욕구에, 근본적으로 도착적이거나 심리적으로 기형적인 욕구에 자본가 자신도 사로잡히는 식으로요. 영화 『월스트리트』에서 마이클 더글러스가 연기한 인물을 생각해보시면 됩니다. 그런데 맑스에게 자본주의의 광신은 거의 객관적인 광신입니다. 자본가 본인이 다소 정신적으로 문제가 있는지, 강박적인지, 탐욕스러운지 등은 기본적으로 중요한 문제가 아니었지요. 그런 심리적 차원은 분명 자본을 축적하는 과정의 일부이긴 하지만 매우 부차적이고 부수적인 부분일 뿐입니다. 자본 축적을 무한히 계속 연장시키고 재생산해야 할 필요성에는 자본주의를 광신의 일종으로 만든 다른 무엇인가가 들어 있습니다. 사람들의 정신 건강과 관계없이 광신적인 행위를 낳는 일종의 객관적 광신이 바로 그것입니다. 이와 관련해 맑스는 오늘날에도 유효한 매우 멋진 말을 하지요. 그 자신이 '일상생활의 종교'라고 부른 것이 자본주의 안에 존재한다는 말이 그것입니다. 이것은 다른 세상에 있는 존재나 초월적인 신을 믿는 것이 아니라, 우리의 가장 평범한 활동 속에 새겨져 있는 형태의 신념이나 확신이 있다는 생각입니다. 교환, 투자, 부채, 신용 등이 그런 것들입니다. 맑스가 자본이 종교라고 생각한 것은 바로 그런 물질적 수준에서입니다. 이렇게 본다면 이 두 가지 요소를 한데 모으기 위해서 우리는 이렇게 주장할 수도 있을 것입니다. 맑스의 연구 방법에서 보이는

'광신'이란 페르시아의 경제사에서 외견상 주변적인 것을 알고 싶을 때조차도 페르시아어 원문을 읽을 수 있을 만큼 페르시아어를 배우려는, 또는 러시아와 관련된 경우라면 러시아어 원문을 읽을 수 있을 만큼 러시아어를 배우려는 형태의 광신이라고 말이지요. 맑스를 추동한 것은 이런 광신이었습니다. 그런데 그것은, 자신이 이런 강박이 내장됐다고 본 체제의 메커니즘과 논리를 이해하고자 했던 시도의 일부였습니다. 그래서 저는 그런 의미에서 맑스가 자본주의를 광신적인 체제로 간주했다고 생각합니다.

바커 맑스가 광신에 의해 추동됐다면, 그리고 자본주의가 광신의 원천이라면, 이런 광신이 자본주의를 다루는 사상가인 맑스에게 '긍정적인' 영향을 주었다고 할 수 있는 것인가요?

토스카노 맑스와 자본주의 동학의 관계는 대단히 양면적입니다. 맑스의 편지를 읽어보면 그가 새로운 경제 위기에 응답하는 방식에서 그 사실을 알 수 있습니다. 맑스에게 한편으로 자본주의는 적이었지만, 다른 한편으로는 혁명적 실천의 에너지이자 연구의 에너지였기 때문이지요. 맑스는 자신이 규탄하고자 하는 어떤 것에 대해 외부적으로 비판하는 일이 없었습니다. 사람들의 지적에 따르면, 『공산주의당 선언』에는 맑스가 자신의 저작에서 한편으로는 모방하고 다른 한편으로는 그에 대응하고 있는 자본주의 동학에 대한 내용이 들어 있습니다. 에른스트 블로흐가 맑스에 관해 쓴 글에 멋진 표현이 들어 있지요. 블로흐에 따르면, 맑스는 인간 사회를 연구하는 데 있어서 비타협적이고 가차 없고 탈인격적인 접근법으로 비난을 받았다고 하지요. 블로흐는 그것이 맑스가 자본주의처럼 생각한 결과라고 말합니다. 가장 뛰어난 탐정이 범죄자처럼 생각함으로써 범죄자의 정신 구조 속으로 들어가야 하듯이 말입니다.[6] 이것은 매우 위험한 행위인데, 자본주의처럼 생각하려고 한 많은 맑스주의자들이 종국에는 자본주의의 옹호자가 되는 일도 빚어졌습니다. 이것이 그 행위가 위험한 이유일 수 있지요. 그렇지만 맑스의 방법과 사유가 보여주는 에너지와 전투성을 이해하는 가장 훌륭한 방식은 이렇게 묻는 것입니다. "탐정에게 범죄자처럼 생각한다는 것은 무엇을 뜻하는가?"

바커 주제를 바꿔서 계급투쟁에 대해 이야기보지요. 계급투쟁은 맑스의 작업에서 핵심 개념이지만, 요즘 많이 거론되는 주제는 아닙니다. 사회적 투쟁의 언어는 변했고 더 이상 계급에만 초점을 두지 않지요. 그에 따라 당연하게도 오늘날 우리는 '계급 없는 사회'에 살고 있다는 말을 듣고 있습니다. 당신은 계급투쟁이라는 개념이 사회적·경제적 적대와 투쟁에 여전히 적절성을 갖는다고 생각하나요?

토스카노 저는 아직도 계급투쟁이 절대적으로 핵심적인 개념이라고 생각합니다. 문제는 우리가 19~20세기 초 모델에서 유래하는 이미지나 은유에 따라 계급투쟁과 계급을 사유하는 데 매우 익숙해졌다는 사실입니다. 더 정확히 말하면 1950~60년대까지 이어지는 공장, 산업노동자, 노동조합 등에 기초한 계급투쟁 모델이지요. 그런 계급투쟁 모델은 산업화 때문에 여전히 여러모로 중요합니다. 아마도 세계의 특정 지역들에서는 이전보다 훨씬 더 중요하겠지요. 하지만 계급투쟁이 그간 취해온 이전과는 다른 형태들을 인식하지 못하면, 우리는 계급투쟁이 현대 사회의 근본적인 동학이라는 사실을 계속 간과하게 될 것입니다. 중국에서 기록되고 있는 투쟁들, 가령 토지를 소유하지 못한 농민들의 운동을 통해 노동자의 권리·지대·토지를 둘러싸고 일어난 수천 건의 반란들을 공장노동자라는 19세기 포드주의적 이미지에 비추어 고찰할 경우, 우리는 그 투쟁들을 전혀 계급투쟁으로 인식하지 못할 것입니다. 따라서 우리의 개념적 상상력을 새롭게 하고, 계급투쟁이 띠어왔고 앞으로 띠게 될 수많은 상이한 형태들을 인식하는 것이 중요합니다. 계속되는 경제 위기에 일조해온 착취와 강탈에 합심해 맞서는 정치적 대응이라면 모두 일종의 계급 대응일 것입니다. 그러나 계급은 정태적인 개념이 아닙니다. E. P. 톰슨이 맑스를 좇아 아주 잘 보여줬듯이, 계급은 투쟁 속에서 형성됩니다.[7] 물론 명시적이고 정치적인 계급투쟁뿐만 아니라 암묵적이거나 잠복 중인 계급투쟁도 있습니다. 그러니 질문해야 할 것은 "앞으로 어떤 종류의 투쟁들이 일어날 것인가?"입니다. 제 생각으로, 계급이라는 범주를 없애버린다는 것은 사회 분석과 사회 비판에 대한 요구를 사실상 포기하는 셈이 될 것입니다.

바커 안토니오 네그리는 최근의 전지구적 경제 위기에서 비롯된 착취와 강탈에 대해 말하며 화폐를 민주화할 필요성에 대해 이야기했습니다. 저는 그 말을 점점 더 계급 분할선을 따라 할당되고 있는 화폐 공급을 민주화해야 한다는 말로 이해했는데요, 당신은 '화폐 민주화'라는 생각에 어떻게 응답하겠습니까?

토스카노 매우 문제적이네요. 왜냐하면 화폐를 민주화한다는 것이 맑스가 '일반적 등가물'이라고 부른 것으로서의 화폐를, 맑스가 항상 화폐 및 교환과 연결지으려고 한 착취의 심층 논리로부터 어떤 식으로든 떼어낼 수 있기 때문입니다. 예컨대 맑스는『정치경제학 비판 요강』을 집필할 때, 노동시간에 기초한 훨씬 더 공정한 형태의 화폐가 존재할 수 있다고 주장한 프루동 추종자들과 오랫동안 논쟁했습니다. 맑스는 이런 주장을 강하게 반박했지요. 화폐와 화폐가 현대 사회에 부과하는 등가 형태가 근본적으로 자본주의적인 등가 형태라고 생각했기 때문입니다. 그래서 맑스에게 화폐의 등가성은 진정한 정치적 평등, 즉 자본주의적 생활 형태를 수반하는 자유주의적 평등을 뛰어넘는 평등과 양립 불가능한 것이었습니다.

바커 그렇다면 화폐의 유통을 민주화하는 것은 불가능할까요? 제 생각에는 그것이 네그리의 주장을 뒷받침하는 원리입니다만. 사회에서 화폐의 유통은 특정 지점에서 차단됩니다. 어떤 사람들은 화폐를 너무 많이 갖고 있고, 또 어떤 사람들은 쓸 돈이 모자라고…….

토스카노 물론 금융과 신용은 민주화된 것들에 포함됩니다. 평등해졌다는 의미에서라기보다는 이전에 그것에 접근할 수 없었던 사람들에게까지 개방됐다는 의미에서 말이지요. 부채도 그렇고요. 그런데 문제는 우리가 민주화한다는 것, 또는 더 많은 사람들이 자본주의에 참여하도록 개방한다는 것이 엄청나게 불평등한 효과를 낳은 세계에 살고 있다는 것입니다. 서브프라임 모기지 위기는 이전에는 부동산 시장에 접근할 수 없었던 노동계급 사람들과 소수 인종들에게 부동산 시장을 민주화한 것과 관련이 있습니다. 오늘날 역₩레드라이닝[8]이라고 알려진 것이 바로 이것입니다. 이것 역시 민주화라고 말하고 싶어 하는 사람들이 있을지도 모르겠습니다. 하지만 그 결과는 자산을 벗겨먹는, 본질적으로는 부를 빈자들에게서 부자들에게로 이전시키는 대규모 강탈이었습니다. 확신컨대 네그리도 이런 '민주화'를 좋아하지는 않을 테지요. 이를테면 다른 모든 조건은 그대로인데, 화폐가 그저 더 많은 사람들에게까지 부채 상태와 금융화를 확대시키는 것이 아니라 민주화하는 역할을 하게 될 폭넓은 사회적·정치적 메커니즘이 어떤 모습일지 저는 정말로 모르겠습니다.

바커 은행의 권력을 어떤 식으로든 줄이는 것은 어떤가요?

토스카노 그 질문은 또 다른 문제를 불러옵니다. 이른바 실물 경제와 허구적인 경제를 과도하게 철저히 구별하는 위험과 관련된 문제 말입니다. 자본주의의 금융적 차원만 줄어들면, 그래서 '실제적' 생산, '실제적' 객체처럼 사물의 실제적 측면에 더 많은 강조점을 두게 되면 상황이 해결되리라고 생각하는 사람들도 있습니다. 하지만 이것은 문제적이고 위험한 발상입니다. 이른바 은행 국유화와 더불어 일어난 일들은, 당대 정치엘리트들이 위기에 처한 긴급한 시기일 때조차 서로의 정치적 합의를 통해 어떤 의미 있는 개혁도 이뤄낼 수 없음을 명백히 입증해줬습니다. 아마도 현 시기의 가장 큰 난제는, 개혁주의적 정책에 착수하는 것이 존속 가능한 자본주의 형태를 재생산하기 위한 것일 때조차도 그런 개혁이 행해지지 않는다는 점일 것입니다. 가령 자본주의가 계속 작동하도록 만들기 위해 국유화나 소비를 진작시키는 폭넓은 정책 같은 특정한 양보가 이뤄져야 한다고 생각할 때조차도, 그런 개혁이 행해지지 않지요. 이것이 현 시기를 확실히 규정해주는 그런 종류의 정신적·정치적 마비입니다. 그래서 우리가 은행의 권력을 줄이기 위해 무엇을 할 수 있을지에 대해 생각하는 것은 당연히 현재의 경제적 관계들이 어떤 식으로든 정치적으로 훨씬 더 폭넓게 변형될 때에만 의미가 있을 것입니다. 하지만 이런 식으로는 기존의 틀을 넘는 것이 거의 불가능합니다. 가령 버락 오바마 행정부를 보면, 초기에 미미하게나마 취했던 녹색 뉴딜 등의 제스처가 금융 기관들과 단체들의 이윤을 확보해주자는 논리에 밀려서 재빠르게 사그라진 것처럼 보입니다.

바커 맑스는 분명 산업화 초기 단계와 금융화 초기 단계에 집필을 했습니다. 그런 의미에서 신고전주의적이며 '부르주아적인' 경제학자들 대부분처럼, 맑스 역시 근대 경제·금융 체계를 이해하는 데 결함이 있었다고 주장할 수도 있을 것입니다.

토스카노 어떤 점에서 맑스의 분석은 두 가지 차원에서 작동합니다. 하나는 자본주의 논리와 그 논리 안에서 화폐 같은 것이 하는 역할을 이해하는 차원입니다. 다른 하나는 체제 내의 위기에 대응하는 차원입니다. 그런데 위기는 결코 다 똑같지 않습니다. 어떤 때는 비슷하지도 않지요. 그래서 1857년 위기에 대해 맑스가 말한 바를 2008년의 위기나 현재 시점에 적용한다는 것은 맑스의 방법이 갖는 역사적 차원, 즉 주어진 시점에서 작동 중인 힘들과 동학들에 구체적으로 대응하는 것을 거스르는 일입니다. 잘 알려져 있듯이 맑스는 미래의 식당에서 쓸 요리법 같은 것을 작성하지 않으려고 자제했습니다.[9] 즉, 우리는 더욱 공정한 목적을 위해 사용될 수 있는 좋은 은행이나 멋진 화폐를 위한 요리법을 맑스에게서 발견하지 못할 것입니다. 맑스의 사유 체계에서 볼 때, 자본주의는 어떤 수준에서는 스스로를 재생산하고 개혁하려는 수많은 시도를 끌어안지만 자본주의 자체는 개혁이 불가능합니다. 맑스는 그렇게 확신했지요. 바로 이 점이 화폐와 은행의 엘리트적 사용을 제거하고 그로부터 앞으로 나아갈 수 있다고 믿은 공상적 사회주의자들과 맑스를 구별해줍니다. 다른 한편 블라디미르 일리치 레닌은 현대 사회에서 독점으로 향하는 경향들과 싸우려면 은행의 목을 베어야 한다고 믿은 사람이었습니다. 이미 자본주의 내부에 집중화와 중심화의 움직임이 존재하기 때문에 그 메커니즘을 장악해 민주화하는 것이 가능하리라고 믿었던 것이지요.

바커 자본주의 내부에서 '민주적인' 경향들이 작동하고 있다고 하니 흥미롭군요. 왜냐하면 오늘날 매우 많은 위기의 부산물들이 정확히 그 반대를 시사하기 때문에, 역사가 맑스주의적인 의미에서 거꾸로 가고 있음을 시사하기 때문에 그렇습니다. 네그리는 저와의 대담에서 위기의 시기에 일어나는 재봉건화에 대해 언급했습니다. 오늘날 우리가 겪고 있는 위기가 자유민주주의를, 혹은 어떤 대안적 '민주주의' 형태가 자본주의로부터 생겨날 가능성을 위협하나요?

토스카노 언젠가 맑스는 이렇게 말한 적이 있지요. 위기의 결과는 다른 체계, 계급들간의 다른 세력 균형, 생산의 다른 배치로 가는 통로이거나, 그 자신의 유명한 말처럼 서로 대결하는 계급들의 공멸이라고요. 20세기에 맑스주의자들, 특히 독일의 맑스주의자들은 "자본주의의 위기에 어떤 반응들이 있을 수 있는가?"라는 물음에 주목했습니다. 가령 전쟁이나 파시즘 같은 것들 말입니다. 앞선 맑스의 관찰에 대해 로자 룩셈부르크는 자본주의의 대안은 사회주의 아니면 야만일 것이라고 말했지요. 우리는 이 말을 더 진지한 모습의 자본주의이냐 아니면 비자본주의적 형태의 억압이냐, 라는 말로 이해할 수도 있을 것입니다. 아무튼 우리는 여러 의미에서 여전히 이런 양자택일과 대결해야 합니다. 특정 맑스주의에서 보이는, 역사를 낙관적이거나 진보주의적으로 이해하는 태도는 오늘날의 여러 정치적·생태적 이유로 인해 설득력이 떨어집니다. 이런 측면에서 오늘날의 위기에 대해 생각해보면 이 위기는 권위주의를 낳을 가능성이 현저합니다. 예를 들어 위기에 접어든 자본주의가, 맑스가 남아도는 인구 또는 '잉여' 인구라고 부른 것을 점점 더 많이 만들어내는 자본주의라는 사실을 생각해보세요. 마이크 데이비스는『슬럼, 지구를 뒤덮다』에서 그것을 잉여 인간이라고 불렀지요.[10] 바꿔 말하면 오늘날의 자본주의에게 사람들이나 노동자들이 예전 같은 방식으로 필요한지의 여부가 완전히 확실하지 않은 것입니다. 국가별로 위기에 대해 격렬한 보호주의적 대응을 할 가능성이 아주 높다는 말입니다. 천연자원 문제나 자본주의의 탄화수소 의존도를 보건대, 국가가 그런 자원들을 무력을 동원해 보호함으로써 그 나름의 기능을 유지하게 강제하려는 압박이 존재합니다. 자유주의와 민주주의는 우리가 그 각각의 의미를 어떻게 이해하고 있든지간에, 확실히 위험에 처해 있습니다. 맑스 역시 자유주의나 자유민주주의가 매우 모순적인 사고방식 또는 이데올로기라고 단호하게 말한 바 있지요. 이미 들어보신 적 있겠지만, "맑스주의자들은 이전 세 번의 위기에서 여덟 번을 예측했다"는 농담이 있습니다. 고전주의 경제학자들 또는 신고전주의 경제학자들은 격변이나 파국의 가능성을 과장하는 맑스주의에 대해 많은 유머와 경멸을 쏟아냈지요. 잠재적으로 파괴적이며 비인간적인 형태를 취하긴 하지만, 즉 비도덕적인 방식을 통해서만 성공할 수 있지만, 자본주의에 그 축적 주기를 지속시키기 위해 스스로를 재창안할 능력이 있는 것은 사실입니다. 사실 지금까지 쭉 그래왔지요. 자본주의 논리가 우리의 삶을 지배하는 논리로 존속함으로써 그 전지구적 정치의 사회적·생태적·정치적 귀결이 점점 더 견딜 수 없게 되어감을 보여주는 것이 격변이라면, 이번 위기에는 확실히 격변의 잠재성이 존재합니다. 심지어 자본주의의 일반적인 영속화에도 격변의 잠재성은 존재하지요. 하지만 앞서 말했듯이 이 위기를 최종 위기로 여기는 것은 분석에 있어서나 정치적으로나 매우 위험합니다. 부분적으로는, 이런 위기들이 이전에도 선언됐지만 별 소용이 없었기 때문입니다. 그러니까 스스로를 재창안하거나 연장하는 자본주의 체제의 역량을 과소평가하는 것은 매우 위험한 생각입니다.

바커 슬라보예 지젝은 코뮤니즘을 자유주의적 자본주의와 국가사회주의라는 두 가지 실패의 유일한 대안으로 봅니다. 지젝에게 코뮤니즘은 자본주의 논리와의 발본적인 단절을 나타내지요. 하지만 그 코뮤니즘은 레닌 식의 중앙집권적이면서도 민주적인 체계라는 상으로 소급될 수 없습니다. 코뮤니즘이 현재 진행 중인 자본주의의 위기를 해결하는 수단이라는 생각에 대해서는 어떻게 생각하나요?

토스카노 우선 명백한 것은 이런 문제들이 자본주의라는 맥락에서는 결코 풀릴 수가 없다는 점입니다. 우리 사회의 성격을 근본적으로 바꾸지 않고서도 생태 문제를 처리할 수 있는 유익한 기술적 해결책이 있다고 생각하는 것은 적어도 환상입니다. 이 점을 받아들이면, 관건은 우리가 코뮤니즘으로 무엇을 말하려고 하는가입니다. 좀 점잖게 말하면, 많은 맑스주의자들이 국가사회주의라고 칭하는 사회주의 국가들이 생태 문제를 처리하거나 예상하는 데 별로 성공하지 못했다는 것은 잘 알려진 사실입니다. 이번 위기에 대한 대응은 이윤이나 축적의 명령, 사회적 불평등을 유지·가중시키는 명령에 지배당하지 않는 집단적 욕구와 집단적 결정의 형태로 경제와 사회를 재조직하는 맥락에서 일어나야 할 것입니다. 우리는 두 가지 방향으로 생각해야 합니다. 예전과 다른 사회적·정치적 조직 형태로 어떻게 이런 난제에 대응할 것인지, 또한 생태 문제에 주목하면서 이런 관심사 중무엇이 우리가 미래에 보고 싶어 하는 정치·사회 형태를 다시 사유하게 만드는지 생각해봐야 합니다. 여기에는 지역별 차이와 필요에 엄청나게 민감한 평등주의적 정치 형태가 포함될 것입니다. 왜냐하면 지역별 차이와 필요야말로 생태·환경에 직접적으로 중요하기 때문입니다. 하지만 2009년 UN 기후변화 정상회담[11]에서 잘 드러났듯이, 그런 지역별 차이와 필요를 위해서는 현재의 정치적 합의와 동시대 자본주의의 경계를 완전히 넘어서는 전지구적 형태의 협력 역시 필요할 것입니다. 저는 코뮤니즘에 대한 지젝의 발언이 건드리는 지점이 바로 이 부분이라고 생각합니다.

바커 당신의 말은 '코뮤니즘'이라는 용어의 애매함을 보여주는 것 같습니다. 그런 애매함은 아마도 긍정적인 속성들 중 하나일 테지요. 왜냐하면 미리 정해지지 않은 방식으로 다시 사유하게끔 고무하기 때문입니다. 코뮤니즘을 '공통적인 것'으로서, 달리 말해 공유되는 또는 집단적인 인간 자원의 형태로서 다시 사유하고자 하는 네그리와 마이클 하트의 시도에 대해서는 어떻게 생각하나요?

토스카노 저는 공통적인 것이라는 개념에 대해 상당히 양면적인 태도를 가지고 있습니다. 그 이유는 이렇습니다. 자본주의가 착취하고 전유하고 식민화하는 생태적·사회적 자원들에 주목할 뿐만 아니라 그런 삶-형태들을 수호하는 것은 당연히 매우 중요합니다. 하지만 공통적인 것에 대해서는 제가 네그리와 하트보다 더 비관적일 것입니다. 왜냐하면 자본주의는 지금껏 우리가 노동하고 인간적·사회적 관계를 맺는 방식을 주조해왔는데, 그 방식이 너무나 광범위한 나머지 우리는 우리가 공통적으로 갖고 있는 것을 자본주의에 의해 지배당하고 매개되는 관계들 외부에서는 도저히 찾아내기 어렵기 때문입니다. 제가 네그리와 하트 식의 기획에 반대하는 것은 아닙니다. 다만 사람들이 인터넷을 통해 서로 관계맺는 방식 같은 것에서는 무엇이 해방으로 향하는 인간의 집단적 움직임과 도래할 코뮤니즘의 일부가 될지, 무엇이 고도로 상품화된 사회에 복무할 뿐인지 밝혀내기 어렵다고 생각하는 것이지요. 어떤 의미에서 투쟁이란 자본에 의해 부과된 공통성이나 집단성의 형태로부터, 해방의 잠재력을 가진 공통성과 집단성을 뽑아내는 것입니다. 그리고 이 점을 잊지 않는 것도 중요합니다. 어떤 사람들이 이해한 바에 따르면, 코뮤니즘의 매력 가운데 하나는 그 나름의 독특한 개인주의, 고립, 괴팍함 등을 조성하는 능력이라는 점을 말입니다. 이 점에 대해서는 헤르베르트 마르쿠제가 단호했지요.[12] 그래서 저는 우리가 현대 자본주의 사회에서 매일 감당해야 하는 강요된 협력을 미래의 모델로서 반드시 받아들이고 싶어 할 것이라고는 생각하지 않습니다. 우리가 수행하고 있는 많은 협력과 '공통적으로 하기'는 확실히 해방적이라거나 창조적이라기보다 부과된 것에 가깝습니다. 예컨대 오늘날 우리는 대학이나 회사에서 협력하고 상호 작용하고 집단적으로 행동할 것을 끊임없이 요구받고 있지요. 바로 그 때문에 저는 우리의 정치적·사회적 미래에 유용한 것으로 여길 수 있는 그런 공통성이 어떤 모습인지 밝혀내는 것은 매우 어려운 일이라고 생각합니다.

바커 '공통성'과 관련해 코뮤니즘에 양면적인 태도를 갖고 계신데, 네그리와 하트가 물질노동과 비물질노동을 구분하는 것에 대해서는 어떻게 생각하나요?

토스카노 노동에 주목할 때, 가령 맑스처럼 노동력의 착취에 주목할 때 우리는 노동이 어떻게 조직되는지에도 주목해야 합니다. 즉, 노동이 어떻게 훈육되는지에 주목해야 한다는 것이지요. 이것이 맑스가 주는 근본적인 교훈 중 하나입니다. 우리는 오늘날의 노동을 바로 이 차원에서 생각해야 합니다. 정신을 사용하는 노동인지 손으로 하는 노동인지가 아니라, 그 노동이 어떻게 조직되는지 말입니다. 콜센터 노동자들은 우리가 인지적인 것 또는 비물질적인 것으로 간주할 수 있는 활동에 종사하지만, 가장 중요하게는 매우 고전적인 형태의 작업장 독재의 방식으로 조직되는 환경에서 일하고 있습니다. 여기에는 그들의 노동으로부터 매초 아니 백분의 일초씩을 추출하는 것, 노동을 더 생산적이 될 수 있게, 맑스 식으로 말하면 착취율이 강화될 수 있게 과학적으로 관리하는 것이 포함됩니다. 그래서 우리가 던져야 할 중요한 물음은 노동이 주로 비물질적인 것인지 물질적인 것인지, 인지적인 것인지 육체적인 것인지가 아니라 오늘날 노동의 규율과 편제가 어떤 형태를 하고 있는지입니다. 저는 네그리와 하트가 특정한 경향을 밝혀내는 데서는 옳다고 생각하지만, 비물질노동이 그 자체로 도래할 해방의 정치의 원천이 될 것이라고는 생각하지 않습니다. 우리가 농부보다 프로그래머에 더 주목해야 할 이유는 달리 존재하지 않습니다. 우리가 정치적 조직화에 대해 생각하고 있다면 말이지요. 우리는 노동의 조직화와 착취에 대해 훨씬 더 많이 생각해야 합니다. 맑스가 사유하는 추상 수준이 구체적인 분석에 엄청나게 유용한 것은 바로 이 때문입니다. 맑스의 추상 수준은 노동에 대한 통상적 이해로부터 우리를 벗어나게 해줍니다. 즉, 이 노동이 작업복을 입은 기름때 묻은 공장노동자에 의해 수행되고 있는지 아니면 깔끔한 넥타이를 매고 안경을 낀 정장을 입은 회사원에 의해 수행되고 있는지를 따지지 않지요. 맑스가 연구하는 차원은 그런 것이 아닙니다. 그래서 저는 맑스의 추상이 오늘날 중요하다고 생각합니다. 예컨대 교환가치와 사용가치를 나누는 것, 노동과 노동력을 구분하는 것, 절대적 잉여가치와 상대적 잉여가치를 구분하는 것이 그렇지요. 너무나 상식적이 될 위험을 무릅쓰는 범주들을 사용하는 것, 그러니까 어떤 사람이 프로그래머냐 공장노동자냐 농부냐를 따지는 것보다 제게는 이것이 훨씬 더 유용합니다. 저는 꼭 물질노동과 비물질노동이라는 범주를 사용해야 한다고는 생각하지 않습니다.

바커 네그리와 하트는 '포스트포드주의' 사회라는 맥락에서, 즉 자본주의가 이행기에 있다거나 발전의 '더 높은 단계'로 옮아가고 있다는 맥락에서 비물질노동이라는 용어를 사용합니다.

토스카노 발전의 더 높은 단계라는 것이 자본주의가 산업시대 이후로 현저하게 변했다는 것을 의미한다면, 그런 변화는 여러 가지 점에서 명백합니다. 하지만 제가 보기에 우리가 맑스에게서, 그리고 실제로 페르낭 브로델 같은 다른 사상가들에게서 끌어올 수 있는 근본적인 교훈은 자본주의가 기회주의적인 체제라는 사실입니다. 자본주의의 강력한 힘 중 하나는 구체적으로 매우 다양한 형태의 생산, 그 배치가 매우 다른 사회적·정치적 삶-형태를 이용할 수 있다는 점입니다. 가령 권위주의 체제이든, 자유주의 체제이든, 국가사회주의 체제이든 말이지요. 자본주의는 농업에서도, 컴퓨터 프로그래밍이나 공장생산에서도 이윤을 뽑아낼 수 있어요. 그래서 자본주의를 불균등하게 발전한 나라들이 결합된 전지구적 체제로 생각해야만, 자본주의가 역사의 거대한 운동이라는 식으로 생각하지 않을 수 있습니다. 우리가 자본주의를 더 높은 단계나 가장 발전된 단계로 생각하기 시작하면, 역사철학 같은 것과 만나게 될 위험이 있습니다. 달리 말해, 자본주의가 방향을 갖고 있다는 생각 말입니다. 그러나 자본주의에 있어 주목할 만한 것, 오늘날 너무나 명백해진 것은 상이한 지리적 공간, 상이한 정치 체제, 상이한 시간 등에 속한 상이한 생산 형태를 가로지르며 철저하게 재조직하는 그 능력입니다. 자본주의가 작동하는 시간성들은 서로 매우 다르고 서로 어긋나는 것처럼 보일 수 있습니다. 그래서 저는 자본주의를 특정한 역사적 방향을 갖는, 덜 산업적이고 더 비물질적이며 더 '네트워킹된' 조직화 형태를 향하는 동질화하는 운동으로 이해할 수 있다고 생각하지 않습니다. 자본주의가 잉여가치 창출과 자본 축적에서 어떤 한계에 부딪치게 되면, 우리가 목도한 바 있듯이 체제로서의 자본주의는 일부 영역에서 봉건적인 방식으로 조직되는 저임금 장시간 공장노동의 형태로, 자동화는 너무 비싸고 싼 노동력이 주위에 많았던 때의 육체노동의 형태로 회귀할 수 있습니다. 자본주의에 대항하는 정치적 조직화가 어려운 것은 바로 자본주의의 적응력, 기회주의, 유연성 때문입니다. 사실 자본주의가 특정한 방향으로 이동하고 있다면, 우리 모두 비물질노동자가 되어가고 있다면, 노동과 정치의 지배적이고 헤게모니적인 형태가 존재한다면, 변화무쌍하고 다면적인 방식으로 움직이는 경우보다 자본주의와 맞서 싸우기가 훨씬 더 쉬웠겠지요. 즉, 자본주의의 적응력, 기회주의, 유연성이 지구에서 각기 다른 지역에 있는 사람들뿐만 아니라 같은 나라에, 심지어는 같은 도시에 사는 사람들조차도 서로 연대하거나 공통성을 갖기 힘들게 만드는 것입니다. 같은 곳에 살아도 다른 정치 체제에서 살고 있는 셈이지요. 사람들은 매우 상이한 방식으로 노동하고, 각자의 임금은 매우 상이한 방식으로 기능합니다. 자본주의는 동일성을 만들어내는 체제이지만, 매우 기회주의적인 방식으로 차이를 만들어내기도 하지요. 그런 의미에서 가장 높은 단계, 가장 발전된 단계 운운하는 것은 문제가 있습니다.

바커 오늘날 세계가 직면한 경제적·정치적 문제들, 특히 당신이 말한 내용에 비춰보면 경제적·정치적 빙산의 일각에 지나지 않는 것으로 보일 그런 문제들에 대해 우리가 알고 있는 것을 감안해, '후기' 자본주의 사회를 살아가는 곤경을 나타내는 은유에 대해 대답해주셨으면 합니다. 영화 『매트릭스』를 보면 주인공이 파란 약과 빨간 약 중에서 하나를 선택해야 하는 기로에 서 있는 장면이 나옵니다. 파란 약을 먹으면 주인공은 약간의 번뇌가 있지만 편안한 삶을 지속하게 됩니다. 반면 빨간 약은 그 결말을 예측할 순 없지만 주인공에게 진실을 보여주지요. 자본주의의 한계에 대해 우리가 알고 있는 것, 특히 우리가 모르고 있는 것을 감안했을 때, 당신은 이 은유가 어떤 식으로든 현재의 지구적 곤경을 나타내는 데 유용하다고 보나요?

토스카노 유용한 은유인 것 같습니다. 자신이 살고 있는 체제의 한계와 대결하기보다, 특히 권력을 쥔 사람들처럼 모호한 불안 상태를 유지하려는 사람들이 많은 만큼 유용합니다. 그런데 정치적·사회적 삶의 근본적인 메커니즘을 즉시 열어 보여줄 어떤 것을 각성하게 된다는 생각이 적절한 것인지는 잘 모르겠네요. 우리가 처해 있는 상황과 관련해 아주 이상한 것들 중 하나는 자본주의의 한계와 만행, 가정·자연환경·노동·사회적 삶의 무의미한 파괴나 쇠퇴 등, 이 모든 것들이 공공연한 비밀이라는 점이지요! 그러니 이것은 아주 독특한 상황입니다. 사람들이 모르고 있는 것이 아니에요. 이것은 훨씬 더 복잡한 문제이며, 일상생활의 종교라는 맑스의 생각으로 다시 돌아가게 해줍니다. 우리는 특정한 사태가 견딜 수 없는 것임을, 혹은 특정한 형태의 경제 행위가 완전히 파국적인 결말을 낳을 것임을 알고 있습니다. 하지만 우리의 사회적 삶 전체는, 이것이 사실임을 깨닫는 것이 우리의 행동에 어떤 차이도 가져오지 못하는 방식으로 조직됩니다. 맑스주의자들도 빚을 지고 신용카드를 사용하지요. 돈을 충분히 갖고 있는 사람들은 분명 무엇인가에 투자할 것이고, 연금으로 모아둔 돈도 그 액수를 불리려고 투자할 것입니다. 이런 믿음이 우리의 행동에 삼투되어 있는 것이 바로 우리 삶의 현실입니다. 그런 의미에서 '단박에 빠져나올 수 있다'는 생각이야말로 매력적일지는 몰라도 관념적입니다. 그런 생각 자체는 좋습니다. 하지만 우리 중 많은, 아니 대부분의 사람들이 무엇이 잘못된 것인지 정확히 알고 있음에도 개혁 같은 온건한 것에 참여하는 것조차 매우 어렵게 만드는 것이 우리의 현실입니다. 그러니 변형이나 혁명에 참여하는 것은 말할 것도 없지요. 바로 이것이 문제입니다.

2010년 5월 8일
베를린(독일)

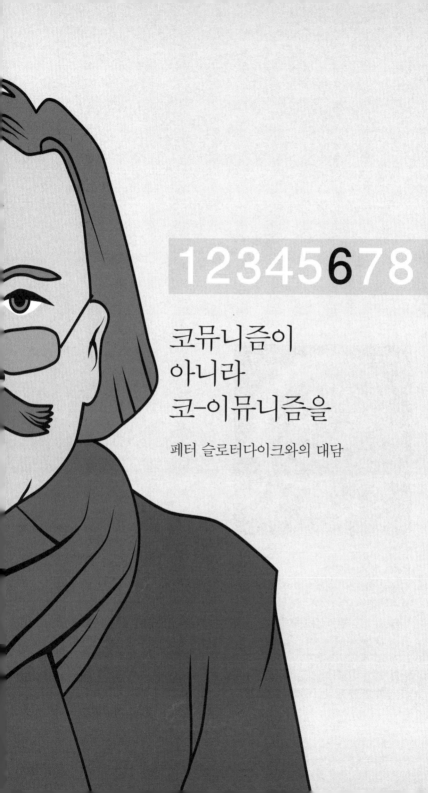

12345**6**78

코뮤니즘이
아니라
코-이뮤니즘을

페터 슬로터다이크와의 대담

Peter Sloterdijk

독일의 철학자. 현재 독일의 칼스루에 조형예술대학교에서 철학과 미디어 이론을 가르치고 있으며, 2002년부터 제2독일 텔레비전(ZDF)의 시사 프로그램 〈유리집에서: 철학 사중주〉를 진행하고 있다. 주요 저서로 인류의 역사를 구체(球體/Sphären)의 이미지를 통해 살펴본 '영역들' 3부작(『기포: 미시구체학』[1998], 『지구: 거시구체학』[1999], 『거품: 다중구체학』[2004])를 비롯해 『분노와 시간: 정치심리학적 연구』(2006), 『인간농장을 위한 규칙: 하이데거의 「휴머니즘 서한」에 대한 답신』(1999), 『냉소적 이성 비판』(1983) 등이 있다.

제이슨 바커(이하 바커) 먼저 개인으로서의 칼 맑스에 대한 이야기로 시작해보는 것이 어떨까 합니다. 맑스를 비판하는 사람들은 종종 맑스를 광신자로 묘사하곤 했습니다. 맑스는 젊은 시절에 아르놀트 루게에게 보낸 유명한 편지에서 이렇게 말했지요. 당면한 과제는 "존재하는 모든 것에 대한 가차 없는 비판," "그 비판이 도달하게 될 결론을 두려워하지 않는 동시에 존재하는 권력들과의 충돌을 두려워하지 않는다는 점에서 가차 없는 비판"[1]이라고 말입니다. 당신은 맑스가 광신자였다는 데 동의하십니까?

페터 슬로터다이크(이하 슬로터다이크) 저도 맑스주의의 창시자인 맑스와 그의 친구 프리드리히 엥겔스를 광신자로 보는 오랜 전통이 있다는 것을 알고 있습니다. 진실은 이렇습니다. 맑스는 광신자가 아닙니다. 왜냐하면 적어도 맑스의 시대에는 그것이 말이 안 되는 일이기 때문입니다. 맑스는 새로운 유형의 세속적·종교적 지성을 보여준 인물입니다. 사람들은 교회 바깥에도 사도使徒가 있다는 것을, 교회 바

같에도 교회들이 있다는 것을 이해하지 못했습니다. 이 교회 바깥의 교회들이 그 나름의 지도자들을 배출했는데, 이 인물들은 19세기 내내 영향을 미쳤습니다. 미하일 바쿠닌도 맑스나 19세기의 다른 노동운동 지도자들처럼 사도로서 활동했지요. 따라서 광신이라는 개념을 사용해서는 아무것도 얻을 것이 없습니다. 도덕에 의해 추동되는 정도가 매우 높은 사람들이 존재한다는 생각에 익숙해지면 무엇인가를 얻을 수는 있을 것입니다. 문명이 시작된 이래로 사상사를 써내려간 사람들이 바로 그런 유의 사람들이었지요.

바커 그렇지만 그것은 사상의 문제만은 아닙니다. 맑스의 광신은 그 자신의 사상에서 연원한, 그도 아니라면 '맑스주의의 원리'로 스스로를 정당화한 정부들의 이름으로 자행된 끔찍한 사회 실험이나 대중운동에 책임이 있다고 종종 이야기되지요.

슬로터다이크 우리는 철학이 유발한 일종의 인지적認知的 내전이 지난 2천5백 년간 계속 되어왔다는 사실을 알아야 합니다. 철학은 이른바 건전한 상식에 절망하고, 일상적 이해 방식에 불신을 선언할 때 생겨납니다. 철학은 일종의 인지적 고립 속으로 은둔하며, 그것을 터전으로 삼아 진리의 정치를 통해 세계를 정복 또는 식민화하려 합니다. 사실 지난 2천5백 년간 서구 사회를 거세게 뒤흔든 공격력을 보여준 것은 철학이나 거대 종교에서 비롯된 이런 논리의 식민주의입니다. 우리가 맑스주의에서 발견할 수 있는 것은 이런 진실과 사회 사이의 일반적 긴장 상태를 보여주는 특수한 사례일 뿐이지요. 물론 진실이라는 관념을 지닌 사람들, 이런 논리적 분리주의와 관계된 사람들은 일상적 이성과 일상적 실재의 복합체 전체를 공격합니다. 이런 의미에서 맑스주의 역시 철학적 이성과 일상적 이성 사이의 심각한 괴리에 의거하고 있으며, 이 괴리를 표현했다고 할 수 있습니다.

바커 제가 알기로 당신은 맑스와 엥겔스의 『공산주의당 선언』이 위대한 저작으로 간주될 수 있다는 데 동의하고 있습니다. 그런데 내용의 측면에서 그 핵심 주장에 대해서는 어떻게 생각하시나요? 예컨대 '계급투쟁으로서의 역사' 같은 주장 말입니다.

슬로터다이크 『공산주의당 선언』에서 맑스와 엥겔스는 계급들 사이의 전쟁이 역사의 동력이라는 사실을 밝혀내려고 했습니다. 그리고 이 텍스트는 특정 시대에는 현실주의적인 세계관이 발전하는 데 건설적이고 생산적으로 기여했지요. 그렇지만 인간의 역사에 대한 이 투쟁적 판본은 곧 맑스주의 내부에서 일방적으로 수행되기 시작했고, 그렇게 됨으로써 그 일방성은 20세기에 이데올로기적 파국을 가져오는 원인들 중 하나가 됩니다. 물론 고전적인 맑스주의 판본보다는 레닌주의 판본이 훨씬 더 나쁘고 훨씬 더 강도 높은 것은 명백하지만요. 바로 이것이 우리가 역사를 주로 계급 전쟁의 동학을 통해 이해하는 데 신중해야 하는 이유 중 하나입니다. 생각컨대, 맑스주의는 노동과 자본 사이의 관계가 세계의 모든 관계를 움직이는 제1운동자라고 생각했기 때문에 일종의 착시에 사로잡혔습니다. 그것은 심각한 오해이지요. 왜냐하면 실재하는 긴장, 그 대단히 역동적인 힘은 노동과 자본 사이의 관계에서 비롯되는 것이 아니라 채권자와 채무자 사이의 적대, 더 정확하게는 협력적 적대에서 파생되기 때문입니다. 저는 맑스가 노동이 아니라 신용 체계의 측면에서 자본 분석을 발전시켰어야 했다고 생각합니다. 맑스주의 정치경제학은 노동 중독에 기초해 있었기 때문에 내부적으로 그 이론의 강조점에 있어서 근본적인 오해를 품게 됐다고 생각합니다.

바커 적대하는 계급, 혹은 압제하는 계급과 압제당하는 계급이라는 생각에 대해서는 어떻게 보시나요?

슬로터다이크 압제자와 피압제자라는 도식은 원래 봉건 귀족이 농촌 프롤레타리아트나 농노 집단과 맺고 있는 관계에서 차용한 말이었습니다. 실제로 압제자-피압제자라는 관계는 봉건 세계, 즉 노예제의 세계에서 파생됐지요. 당시 맑스는 자신이 부르주아적 노동계약 속에서 노예제가 다른 수단을 통해 연장되고 있음을 발견했다고 생각했습니다. 그래서 맑스는 이 기초적인 관계를 봉건주의에서 자본주의로 이전시킨 것입니다. 그런데 이런 가정은 20세기에 실존하는 관계들에 대한 서술로서는 맞지 않지요. 오늘날의 서구 세계에서 사람들 사이의 주된 관계는 압제자-피압제자 관계가 아닙니다.

바커 확실히 맑스와 엥겔스가 본 방식으로 세계를 보려면, 현재의 자본주의에 대한 사회적·정치적 대안을 상상하려면 철학적 상상력의 큰 도약이 필요하다고 할 수 있습니다.

슬로터다이크 맑스주의는 철학을 정치라는 수단을 통해 연장시킨 것입니다. 철학은 이른바 '현실'에 직면해 관념 세계의 영역으로 물러난 첫 번째 분야였지요. '진실'이라는 철학 개념이 도입됨으로써, 현실적인 것이 진실한 것과 현실적인 것으로 분할된 것입니다. 이렇듯 진실의 세계를 현실 세계에 대조시킬 가능성이 2천5백 년간 존재해 왔습니다. 전통적으로 사람들은 진실의 세계를 천상의 세계에 투사했습니다. 진실의 세계의 위치는 큰 비밀입니다. 맑스주의는 모든 근대 부르주아 사회 일반이 그렇듯이, 진실을 현실에 이식시키려는 시도에 기초하고 있습니다. 20세기는 격렬한 이식의 세기였지요.

바커 저와의 대담에서 슬라보예 지젝은 상품물신주의에 대해, 그리고 자신이 어째서 상품물신주의를 맑스의 뛰어난 철학적 기여라고 생각하는지에 대해 이야기했습니다. 상품물신주의가 자본주의적 사회 관계를 이해하는 이론으로서 얼마나 유효한가요?

슬로터다이크 상품물신주의론, 아니 물신주의론 자체는 분명 맑스주의의 교의에서 영원불멸한 부분일 것입니다. 한 가지 간단한 이유 때문에 그렇습니다. 맑스는 사물들이 살아 있다는 사실을 발견한 사람들 중 한 명이지요. 세계는 생물과 무생물로 나뉜다는 이원적 논리에서 비롯된 고전적 분할은 너무나 원시적입니다. 무생물도 살아 있으니까요. 무생물 역시 영혼을 갖고 있습니다. 맑스는 여기서 '가치라는 영혼'['가치영혼']에 대해 이야기했습니다.[2] 바로 이 영혼이, 희한한 요술을 통해 사물 속에 들어 있는 것처럼 간주되고 상품물신주의의 기초를 이루는 것입니다. 그러나 우리는 오늘날 이 유효한, 아마도 불멸일 분석이 맑스주의 안에서 소외론과 부정확하게 연결됐다고 말해야 할 것입니다. 물신주의는 소외와 아무런 관계가 없습니다. 물신주의는 단지 사물이 의미로 가득 차 있다는 사실을 표현할 뿐입니다. G. W. F. 헤겔의 용어로 말하면 '객관적 정신'이 물질 속에서 안정적으로 보존되기 위해, 그리고 나서 물질로부터 정신의 영역으로 회귀하기 위해 물질 속으로 흘러들어간 것입니다. 이것은 기호와 관련해 처음 발견된 과정입니다. 그리고 사람들은 기호 분석을 모든 가능한 사물들로 확장시킴으로써 사물의 이 중간 세계 전체가 죽은 것으로 여겨지는 것은 잘못된 이해이며 사물은 살아 있다는 결론에 도달합니다. 사물은 이전보다 더 살아 있게 됩니다. 현실에 대한 우리의 형이상학적 투사를 구성하는 '살아 있는/죽은'이라는 고전적인 분할 역시 맑스주의의 기여로 수정됐습니다.

바커 근대적 소비주의에 대한 대중의 집착, 더 나아가 히스테리와 맑스가 생각한 상품물신주의의 관계를 어떻게 보십니까? 어떤 점에서는 맑스의 상품물신주의를 20세기 소비자 생활 양식의 진화를 설명하기 위해 현재에 맞출 필요가 있지 않을까요?

슬로터다이크 상품이 물신이라는 맑스의 기본적인 생각은 20세기에, 특히 프랑크푸르트 학파의 사상가들에 의해 채택됐습니다. 특히 발터 벤야민은 인간 상품과 사물로서의 상품 사이의 구조적 유사성을 발견함으로써 물신주의의 근대화에 가장 흥미로운 기여를 했지요. 요컨대 벤야민은 매춘이라는 범주를 일반화했는데, 20세기가 일반화된 매춘의 시대였다고 결론짓는 데에는 그럴 만한 충분한 이유가 있습니다. 아름다운 사물이 마치 살아 있는 것인 양 가장해 행인들을 유혹하려고 할 때, 매춘은 항상 존재합니다. 오늘날 물신주의는 세계가 총력적인 유혹 경쟁이 벌어지는 단일하고 거대한 접촉의 마당으로 변했을 정도로 일반화되어 있습니다. 이런 의미에서 맑스의 자본 연구 중 상품물신주의 분석은 영원불멸한 부분이지요.

바커 맑스에게 상품물신주의는 근본적인 의미에서, 실존적인 의미에서, 더 정확하게 말하면 상품이 우리 노동의 소외된 산물이라는 점에서 진정한 사회적 관계가 아니었습니다. 다시 말해서 우리는 우리가 일터에서 생산하는 것들을 소유하고 있지 못합니다. 소유자로서의 통제권을 갖고 있지 못한 것이지요. 물론 상품 자체는 상품을 만들어내는 사회적·경제저 관계들에 대해 그릇된 인상을 심어준다는 점에서 '환상'을 영속시킵니다.

슬로터다이크 저는 맑스의 상품 분석 중에서 소외를 다루는 부분이 스스로 환상에 빠져 있다고 생각합니다. 왜냐하면 그 이면에서 맑스는 생산자가 생산물을 소외되지 않는 형태로 직접적으로 전유하는 모습을 매우 낭만적이게 재현하고 있기 때문입니다. 그런데 우리는 자본주의 생산 양식이 모든 문명의 숙명이라는 사실뿐만 아니라 사람들이 생산해내는 것들이 그들 생산자 자신으로부터 분리된다는 사실을 잘 알고 있습니다. 헤겔주의 전통 전체를 통해서 말이지요. 우리는 우리의 영혼 속에 피라미드를 되살려 놓을 수 없습니다. 함무라비 법전이나 살리카 법전3)을 오늘날의 공제조합 같은 곳의 규정집으로 쓸 수는 없는 노릇이지요. 맑스주의의 심층부에는 매개 없는 소통에 대한 낭만적 이론이, 적어도 소외를 논할 때 내재해 있습니다. 이런 이론을 통해서는 큰 사회나 복잡한 체계를 설명해낼 수 없습니다. 그것은 단지 맑스주의가 가진 사도적 태도의 종교적 원천과 관계가 있을 뿐입니다. 모든 교회는 커다란 사회들이 마음의 공동체가 될 수 있으며, 또 그렇게 되어야 한다는 생각에 기초하고 있습니다. 사람들은 이런 종류의 것을 교회라고 부르지요. 사람들이 '교회'라고 말하고 교회를 의미한다면 혼란이 생기지 않습니다. 하지만 제가 '사회'라고 말하고 교회를 의미한다면 혼란을 일으키게 되지요. 맑스주의자들은 이런 식으로 혼란을 일으켜서는 안 됩니다.

바커 현재 벌어지고 있는 전지구적 경제·금융 위기에 대한 이야기로 넘어가보도록 하겠습니다. 이 위기를, 그리고 아마도 이와 유사한 모든 위기를 규정하는 것들 중 하나는 그것이 사회적 위기로 발전한다는 점입니다. 우리는 고용, 주거, 은행의 붕괴나 사람들이 예금을 날리게 되는 것 등에 대한 대중의 분노가 크게 분출되는 것을 목도했습니다. 당신은 분노에 대한 책을 썼습니다.[4] 그래서 저는 당신이 이 분노를 어떻게 해석하는지 무척 궁금합니다. 이 분노가 정치적인 차원을 가지고 있나요? 아니면 이 위기에 대한 신뢰할 만한 정치적 대응이 없다는 사실에, 또는 자기 대신 대응할 수 있는 믿을 만한 정당이 없다는 사실에 사람들이 좌절했음을 보여주나요?

슬로터다이크 서구 세계 전체를 보면, 1945년에서 21세기의 시작에 이르는 기간이 놀랍게도 서구 사람들 사이에 분노가 없었던 것으로 특징지어지는 시대였다고 할 수 있습니다. 1960년대에 미국의 경우 베트남 전쟁을 통해, 유럽의 경우 학생운동을 통해 촉발된 거대한 분노의 움직임을 제외하면, 유럽이나 서구 세계의 정당 내에 어떤 확실한 형태의 분노도 쌓인 적이 없습니다. 이것은 만족을 안겨주는 요소들이 좌절을 안겨주는 요소들보다 비중이 더 높았다는 사실과 꽤 분명하게 연관되어 있습니다. 지금 대부분의 서구 사람들이 놓여 있는 물질적 관계들은 1945년부터 1970년, 또는 1980년 사이에 존재했던 물질적 관계들보다 명백히 더 낮습니다. 그런데도 우리는 오늘날 새롭게 분노가 쌓여가는 것을 목격하고 있지요. 이것은 매우 흥미로운 현상입니다. 저는 분노라는 감정이 원한으로 변할 때 마치 화폐처럼 쌓일 수 있다는 가정으로부터, 그리고 분노를 맡기는 예금 기관이나 은행 같은 것이 있다는 가정으로부터 제 논의를 발전시키고 있습니다. 정권에 반대하는 정당들이 좋은 예입니다. 정당 제도는 정말이지 좌절과 복수심에 기초해 있지요. 이론상으로는, 이 불쾌한 기분들이 모여 당을 이룰 수 있습니다. 좋은 정당, 좌파 정당, 정권에 반대하는 정당은 불쾌한 에너지를 정치적 에너지로 변형시킵니다. 그런 에너지는 모두를 대의하는 방향으로의 어떤 정화淨化나 변형 없이는 제대로 작동하지 못하지요. 우리는 공허한 분노만으로는 정치를 창조할 수 없습니다. 분노를 강령으로 변형시켜야 합니다. 그리고 이 일은 좌파 정당들이 수행해야 합니다. 이 일을 잘 수행하지 못하면 그야말로 반달리즘이 생겨납니다. 반달리즘이 변형을 거치면 진보적인 정치가 출현합니다. 우리가 새롭고도 진보적인 정치 강령이 정식화될 수 있는 시대 앞에 서 있다는 것은 매우 좋은 일일 것입니다.

바커 당신이 언급하고 있는 원한이, 우리가 살고 있는 대중 사회에서는 사실상 소수가 위기로부터 돈을 챙기고 이득을 본다는 인식에서 나오는 것인지 궁금합니다.

슬로터다이크 맞습니다. 하지만 제 생각에 새로운 분노의 실제 원천은 위기의 승자가 아닙니다. 제 생각에 새로운 분노는 우리가 착취의 자리바꿈을 목도하고 있다는 사실로 인해 점화되고 있어요. 19세기에는 분노가 무엇보다도 착취 개념에 따라 조직됐습니다. 착취는 생산자 집단이 적절한 대가 없이 기여하도록 강제당하고 있음을 의미합니다. 다시 말해서 대가를 나타내는 임금이 경제 구조상 노동에 의해 생산된 가치보다 더 낮은 것이지요. 그것이 바로 맑스주의적으로 코드화된 분노의 핵심입니다. 착취는 주는 사람과 받는 사람의 비율에 문제가 생겼음을, 그리고 대부분의 사람들이 부지불식간에 기여하도록 강제당하고 있음을 의미합니다. 맑스주의 용어로 말하면 이 착취당하는 자들이 바로 그 유명한 '가치의 생산자들'입니다. 하지만 오늘날 우리 사회를 보면, 이 기여하는 집단이 중간으로 옮겨졌음을 알 수 있습니다. 실제로 우리는, 제 친구 안토니오 네그리와 마이클 하트가 주장하는 바와는 달리, 자본주의가 아니라 준사회주의적 소유 경제 아래에서 살아가고 있지요. 정말이지 이것은 흥미로운 차이입니다. 네그리도 이 때문에 사회주의를 싫어하지요. 사회주의 역시 소유 경제에 대단히 친화적일 수 있음을 알았기 때문입니다. 그러나 오늘날 착취당하는 집단이 프롤레타리아트가 아닌 것이 우리의 현실입니다. 사실 오늘날의 프롤레타리아트는 점점 더 사회적 원조를 통해 살아가게 됩니다. 한편 사회의 밑바닥에서 중간으로 착취의 자리바꿈이 일어나고 있지요. 오늘날 무엇이든 내놓도록 강요당하는 것은 중간층입니다. 사회에 속해 있는 착취 계급이나 고용주가 아니라 국가가 중간층에게 강요하고 있지요. 모든 장치를 동원해 사회의 중간층으로 하여금 매달, 매분기, 매년 소득의 50%를 재무부에 기부할 수밖에 없도록 만드는 것은 바로 국가입니다. 그리고 이런 과정이 우리가 사회에서 볼 수 있는 원한의 가장 큰 부분을 만들어냅니다. 사실상 이제, 체념으로 향하는 실업자가 아니라 착취당하는 중간층이 자기 자신을 분명하게 표현하기 시작한 것입니다. 그런데 흥미롭게도 신맑스주의는 이 집단에 대해 아무것도 말해주지 못합니다. 전통적인 맑스주의는 하층을 선동해서 저항하게 만드는 데 시야가 고정되어 있습니다. 그래서 중간층의 저항을 탐구하지 못하지요. 제 생각에는 이것이 전통적인 맑스주의의 구조적인 취약점입니다. 진보적이고 새로운 강령을 갖춘 정치, 즉 대중들을 위한 정치뿐만 아니라 현대의 사회비판 이론도 이제는 다중을 찾아내야 합니다. 흥미롭게도 다중은 밑바닥에 있는 빈자들이 아닙니다. 중간층이지요. 중간층이 다중입니다. 현재 신맑스주의 지식인들은 우선 이에 대한 명확한 상을 발전시켜야 합니다.

바커 오늘날의 정치 풍경에 진보적이고 혁명적인 정치가 없다면, 정치가 정말로 존재할 수 있을까요?

슬로터다이크 정치는 항상 존재할 수 있습니다. '혁명적'이라는 별칭이 반드시 필요한 것은 아닙니다. 좋은 정치라는 말로 이미 충분해요. 사실 이 표현은 공동체를 뜻하는 폴리스에 있는 사람들이 동시에 폴리스의 행위자이기도 하다는 것을 나타내줍니다. 그리고 그들이 단지 수동적이고 착취당하는 납세자가 아니며, 앞으로도 그렇지 않으리라는 것을 나타내주지요. 지금 수동성은 사회의 납세자 계급이 처해 있는 스태그네이션 상태에서 비롯됩니다. 우리는 부유층과도 극빈층과도 관계가 없는 한 가지 뚜렷한 문제를 안고 있습니다. 오늘날 금융에 기여함으로써 사회를 끌고 나가는 사람들은 사실 진정한 의미에서 사회적·정치적으로 대의되고 있지 못합니다. 우리는 중간층의 당을 조직하고 새로운 좌파 정치의 내용으로 삼아야 합니다. 중간층이 적절한 보답을 받지 못하면서 일하는 것, 그것이 곧 착취입니다. 바로 그런 곳 어디에서든 좌파가 존재합니다. 착취란 항상 한쪽이 일방적으로 주기만 하고 다른 한쪽이 일방적으로 받기만 하는 것입니다. 사실상 시민의 호주머니에 손을 뻗치는 쪽은 국가이지요. 보답 없이, 진정한 정치적 대의 없이, 엄청난 액수의 돈을 사회에서 뽑아내지요. 오늘날 이 기여자들은 적절한 대의를 필요로 하며, 그들이

행하는 기여가 인정되어야 합니다. 다시 말해서 사회의 다른 모든 사람을 떠받쳐주고 있다는 기여 말입니다.

바커 앞서 압제자와 피압제자의 관계가 서구 세계에서는 더 이상 작동하지 않는다고 하셨습니다. 그런데 당신이 짚어내는 대중참여정치의 부재 또한 대중들의 세력화나 무력화와 관련된 문제 아닌가요? 사회의 중간층이 정치적으로 무력화됐다는 말인가요?

슬로터다이크 우리는 미셸 푸코의 저작을 통해 '힘'은 우리를 둘러싸고 있는 환경 또는 요소라는 점을 알고 있습니다. 힘이 존재하는 모든 곳에는 항상 '대항하는 힘'이 존재합니다. 작용이 존재하는 모든 곳에는 언제나 반작용이 존재하지요. 힘과 대항하는 힘이 서로 완전히 균형을 이루는 최상의 평형 상태에서 어떤 중립적 입장도 존재하지 않는 밀도 있는 공간이 분명히 존재합니다. 서구 사회는 오늘날 압제라는 개념을 통해서는 더 이상 적절하게 설명될 수 없지만, 좋았던 옛 시절에 그랬듯이 힘의 평행사변형으로서, 힘의 매우 복잡한 구조물로서, 힘의 퍼즐로서 계속 연구될 수 있지요. 이런 의미에서 우리가 힘의, 다수의 힘들의 미시정치를 더 잘 이해하도록 돕는 것은 모두 유의미하며 유용합니다. 바로 이것이 네그리가 바뤼흐 스피노자를 연구하면서부터 계속 발전시켜나간 바의 다중 개념에 담긴 진보적 접근법입니다.[5] 왜냐하면 네그리에게는 존재하는 것과 힘을 가지는 것이 동의어로 파악되기 때문입니다. 그러나 존재하는 것과 힘을 가지는 것이 같은 뜻일지라도, 존재와 힘의 이런 관계를 나타내는 적실한 표현이 아직 우리에게는 없습니다. 우리는 여전히 힘의 자기실현이 그에 대립하는 힘에 의해 금지당하고 있는 세계를 살고 있지요. 물론 이것은 분명 압제당하고 있는 힘이 아니라 금지당하고 있는 힘입니다. 문제는 "우리가 모든 힘을 해방시키기를 원하는가?"입니다. 어쩌면 해방시키고 싶지 않은 그런 힘도 있을 수 있습니다. 이 질문이 20세기가 우리에게 물려준 도덕 문제의 일부를 이루고 있어요. 금지당하는 것으로부터의 해방이 모두 좋은 것은 아닙니다.

바커 네그리, 하트, 지젝은 사회주의가 끝났다고 주장합니다. 이것은 당신도 동의하는 바이지요. 그런데 이 세 사람은 그렇게 주장함과 동시에 코뮤니즘이라는 이념을 신자유주의와 사회주의 양자에 대한 정치적 대안으로 제시합니다. 코뮤니즘을 하나의 이념으로서 재장전하는 것에 대해 어떻게 생각하십니까?

슬로터다이크 코뮤니즘이 하나의 이념으로서 받아들여지고 있다는 사실은, 현재의 체제에 대한 전지구적이고 발본적인 대안이 있어야 한다고 상정하는 경우라면 전적으로 당연한 일입니다. 역사상 단 두 가지 형태의 코뮤니즘이 있었습니다. 하나는 기독교 전통에서 또는 불교 전통에서 나온 수도원 코뮤니즘입니다. 다른 하나는 전시 코뮤니즘인데, 이것은 국가들 간의 전쟁이나 해방 전쟁의 와중에 공동체들을 규합하면서 발전합니다. 우리가 가진 선택지는 이 수도원 코뮤니즘과 전시 코뮤니즘입니다. 소련에서, 심지어 스탈린주의 시대에도, 현실 코뮤니즘을 실현하려는 시도가 항상 전시 코뮤니즘과 유사한 상태를 유지시키기 위한 시도를 벗어나지 못한 이유가 바로 이 때문이기도 합니다. 사실상 파시즘적 모티프에 가까운 영속적 동원이라는 조건을 통해서만, 사회는 응집력 있는 영속적 흥분 상태를 유지할 수 있습니다. 요컨대 우리에게는 파시즘과 구별해내기 쉽지 않은 동원 코뮤니즘과 근본적인 윤리적 탁월함이라는 모티프에 기초해 있는 수도원 코뮤니즘이 있습니다. 제가 보기에 맑스가 19세기에 수행한 역할, 즉 떳떳하게 자신을 밝히지 못한 종교적 대안의 사도로서 행한 역할이 오늘날 다른 몇몇 지식인들에 의해 다시 살아나고 있습니다. 오늘날 우리에게도 사도 집단, 세속적 사도 집단이 있습니다. 지젝에게 그것은 무엇보다도 정신분석을 수행하는 사도 집단입니다. 정신분석이 영혼의 치료법으로서 세계를 그야말로 정복했기 때문이지요. 사실 네그리를 면밀히 살펴본 사람들은 모두 알겠지만, 네그리 식의 신코뮤니즘에도 그리스도의 화신이 들어 있습니다.

바커 네그리는 소련이 결코 자신들이 코뮤니즘이라고 말한 적이 없다는 점을 놓치지 않고 지적합니다. 소련은 스스로를 사회주의라고 말했다는 것이지요.

슬로터다이크 코뮤니즘은 철학적 차이로 인해 이득을 봅니다. 무슨 말이냐 하면, 사람들이 코뮤니즘을 말할 때마다 '플라톤 동지'가 등장한다는 것이지요. 맨 처음 세계 전체를 진실의 세계와 현실 세계로 나눴던 바로 그 동지 말이에요. 우리가 이 플라톤적 차이를 유지하는 한 코뮤니즘은 살아 있을 것입니다. 왜냐하면 우리에게는 항상 현실의 극을 긴장 상태에 놓는 진실의 극이 있기 때문입니다. 제 생각에 오늘날 우리가 발전시켜야 하는 개념은 코뮤니즘communism이 아니라 코-이뮤니즘co-immunism, 다시 말해서 공동면역주의입니다. 사람들이 집단적 삶에서 면역 체계를 어떻게 발전시켜야 할지 파악해야 한다는 뜻입니다. 코뮤니즘은 공동면역체co-immunity의 원리가 아직 철저하게 사유되지 않았을 때 나타나는 형태입니다. 사람들은 서로 함께 모여 치명적인 것에 맞선 동맹을 맺어야 합니다. 사람들이 서로에게 상호 안전을 제공해야 한다는 말이지요. 사람들은 서로에게 지구적인 규모의 연대 공동체가 되어줘야 합니다. 역사상 처음으로 집단적인 자기파괴가 가능한 상황 속에 살고 있으니까요. 우리는 코뮤니즘을 말하기 전에 '이뮤니즘'의 원리를, 더 정확하게는 상호 보장을 가장 심층적인 연대의 원리로서 이해해야 합니다. 공동체community와 면역체immunity를 충분히 깊이 있게 파고들었다면, 미래를 나타내는 진실한 일차적 개념이 코뮤니즘이라고 불릴 수 없으며 코-이뮤니즘이라고 불려야 한다는 것을 이해하게 될 것입니다. 이제는 가장 높은 수준에서, 그리고 가장 먼 거리를 가로질러 면역체 동맹, 즉 상호 연대의 동맹을 맺는 것이 핵심임을 이해해야 합니다.

바커 당신이 말하고 있는 코-이뮤니즘에는 대안적인 정치경제학에 대한 고려가 담겨 있나요?

슬로터다이크 물론 정치경제학 역시 공동면역체 개념에서 큰 역할을 합니다. 면역체는 자원 분배나 연대 협정을 토대로 구축되니까요. 그런 동맹은 자기번영의 생산자 또는 창조자로서 진정으로 인정받는 협력자들 사이에서만 유의미하게 조직될 수 있습니다.

바커 맑스는 "인간은 자연과 다르다"는 생각에서, 혹은 "인간은 자연을 변형시킬 수 있다"는 생각에서 출발합니다. 그런데 인류가 정말로 생태계에 개입할 수 있을까요? 시간이 갈수록 혼돈스러워지는 것 같고, 현재 지구화를 통해 행사되고 있는 압력들을 볼 때 인류로서는 생태계를 통제하기 힘들어 보이는데 말이지요.

슬로터다이크 맑스주의 자체는 산업주의의 표현입니다. 산업주의는 인간에 의한 인간의 착취가 인간에 의한 자연의 착취로 대체되어야 한다는 가정에 기초해 있지요. 19세기의 원대한 꿈이 바로 이런 착취의 자리바꿈, 즉 인간이 동료 인간을 학대하기를 멈추는 것입니다. 그 대신 우리에게는 자연이 있는데, 이때 자연은 무한한 자원으로 생각되지요. 바로 이것이 19세기 산업주의가 기초해 있는 거대한 낭만주의적·이상주의적 지평입니다. 맑스주의는 이런 지평에 99% 친화적입니다. 이 때문에 이 수준에서는 사유를 그렇게 쉽게 이어나갈 수 없습니다. 새로운 비판 이론은 지구 차원의 조건에서 시작되어야 합니다. 우리에게는 더 이상 외부가 없다는 뜻이지요. 맑스주의는 사유의 모든 다른 산업적 형태처럼, 그리고 그 거대한 적수인 자유주의처럼, 무한한 외부화가 가능하다거나 외부로부터 무엇인가를 무한히 가져올 수 있다거나 쓰레기를 영원히 존재하는 외부에다 무한히 버릴 수 있다는 낙관을 바탕으로 했습니다. 맑스주의적 가정과 자유주의적 가정 모두 일련의 사건들을 거쳐 20세기에 거부됐습니다. 이제 우리에게는 지구 차원의 조건을 최전방에 놓는 새로운 구상이 필요합니다. 그래서 코뮤니즘이 아니라 코-이뮤니즘인 것이지요. 우리는 지구를 면역 체계로 사유해야 합니다. 인류 구성원들이 성공적으로 공존하는 데 충분한 모든 요소가 지구의 조건들 가운데서 찾아져야 합니다. 우리는 서로에게 멀리서 해악을 끼치는 체계 내에서는 더 이상 존재할 수 없습니다. 그것은 계급투쟁의 잔재입니다. 제 생각에 이 '멀리서 해악을 끼치는 것'이라는 범주 속에는 계급투쟁이라는 범주에 들어 있는 것보다 더 많은 현실성이 들어 있습니다. 오늘날 사람들은 먼 거리를 가로질러 삶의 기반을 파괴하는 역량을 발전시켰지요. 여기서 연대와 상호 면역의 완전히 새로운 형상이 나와야 합니다. 우리가 이 새로운 작업을 위해 맑스주의 전통에서 몇몇 좋은 아이디어를 구해낼 수 있다면 더 좋겠지요.

바커 할리우드 영화 『매트릭스』는 우리가 처해 있는 전지구적 차원의 집단적 조건을 보여줍니다. 당신이 설명하는 조건보다 훨씬 더 판타지의 형태로이긴 하지만 말입니다. 주인공이 파란 약을 먹을지 빨간 약을 먹을지 선택의 기로에 놓이는 유명한 장면이 있습니다. 파란약을 먹으면 세상에 대한 걱정을 잊고서 자신의 삶으로 돌아가 유순한 자본주의적 주체가 됩니다. 반대로 빨간 약을 먹으면 진실을 발견하게 되지요. 물론 주인공이 진실을 좋아할 것이라는 보장도 없고 약을 먹기 전에는 진실이 무엇인지를 알게 될 가능성도 없다는 이야기를 듣지만요. 이런 선택이 인류가 현재 자본주의 아래에서 처해 있는 곤경을 표현하는 유용한 은유라고 보시나요?

슬로터다이크 빨간 약과 파란 약은 정확히 플라톤이 말한 진실의 세계와 현실 세계의 차이에 상응하는 차이점을 보여줍니다. 여기서는 플라톤주의가 약학藥學에서 나오는군요. 우리는 진실의 세계와 현실 세계의 구별을 약사의 손에 맡긴 셈입니다. 문제는 우리가 오래 전에 이 두 가지 약을 모두 먹었다는 점입니다. 그것은 영화가 보여주는 것처럼 미래에 우리에게 주어지게 될 선택이 아닙니다. 진실은 오늘날 대부분의 사람들이 자기 안에 빨간 약과 파란 약 모두를 품고 있다는 것입니다. 플라톤주의 덕분에, 철학과 과학 덕분에, 비판과 계몽과 고등종교 그리고 고차원적인 도덕 덕분에, 우리 모두는 '빨강/파랑 정신분열'의 측면에서 정말이지 세상을 두 겹으로 살고 있습니다. 우리는 한쪽 눈으로는 진실을, 다른 한쪽 눈으로는 현실을 봅니다. 그리고 현대 세계의 맑스주의적 관념론자들은 빨간 약의 효용을 계속해서 언명하는 사람들입니다.

바커 플라톤은 빼지요. 당신이라면 무엇을 선택하시겠습니까?

슬로터다이크 그것은 선택의 문제가 아닙니다. 우리는 이미 오래 전에 선택을 했습니다. 우리는 이미 이 두 가지 약에 의해 중독되고 조직된 상태입니다. 다가올 세기에도 우리는 언제나 이 두 가지 약 모두를 먹을 것입니다.

2010년 6월 25일

빈(오스트리아)

12345678

코뮤니즘이라는 이념의 탈신비화

존 그레이와의 대담

John Gray
영국의 정치철학자. 영국의 런던정치경제대학교 유럽사상 교수를 역임했으며
『가디언』,『타임스 리터러리 서플러먼트』,『뉴스테이츠먼』 등에 정기적으로 기
고하고 있다. 주요 저서로는『동물들의 침묵: 진보와 근대의 또 다른 신화들』
(2013),『불멸화 위원회: 과학과 죽음을 속이려는 이상한 시도』(2011),『검은
미사: 종말론적 종교와 유토피아의 죽음』(2007),『이단들: 진보와 또 다른 환
상에 맞서서』(2004),『지푸라기 개: 인간과 여타 동물에 관한 생각』(2002),『헛
된 기대: 전지구적 자본주의라는 망상』(1998) 등이 있다.

제이슨 바커(이하 바커) 안토니오 네그리는 저와 대담하면서 칼 맑스를 '계몽주의자'라고 표현하더군요. 당신은 사상가로서의 맑스와 개인으로서의 맑스를 어떻게 보십니까?

존 그레이(이하 그레이) 저는 사상가로서의 맑스를 무엇보다도 뛰어난 자본주의 이론가로 봅니다. 맑스는 다루기가 거의 불가능한 자본주의의 동학을 자신 이전과 이후의 거의 모든 경제학자들보다 더 잘 이해했지요. 맑스는 자본주의 이론가인 동시에 정치 운동의 지도자이기도 했고, 제가 유토피아 이론가라고 부르는 사람이기도 했습니다. 맑스의 역설 중 하나는 자본주의에 대한 그의 견해는 뛰어나고 냉혹하리만치 현실적인데 반해 자본주의 이후 또는 코뮤니즘 사회에 대한 그의 설명은 전적으로 실현 불가능하다는 점에서 유토피아적이라는 사실입니다. 불가능한 것을 실현하려는 시도는 보통 사태를 호전시키지 못하며 오히려 훨씬 더 나쁘게 만들기 때문에 이것은 위험한 이상理想이기도 합니다. 한 인간으로서의 맑스는 훌륭한 측면과 그다지 훌륭하지 않은 측면을 함께 가지고 있습니다. 정신의 자주성과 예리하고 비판적인 판단력이 전자라면, 교조적인 태도와 자신이 역사의 의미를 판독했다는 종교에 가까운 확신이 후자입니다. 맑스가 역사는 예정되어 있다고 생각했다는 뜻이 아닙니다. 제 말은 맑스가 자신이 어떤 역사의 논리, 인간 발전의 논리를 발견했다고, 즉 인류 전체가 보편적인 자유가 달성되지 않을 수는 있어도 보편적인 자유의 조건이라는 내장되어 있는 종착지를 향해 발전해간다는 논리를 발견했다고 믿었다는 것입니다. 인간 역사에 대한 그런 관점은, 맑스에게는 G. W. F. 헤겔에게서 처음 나온 것이었지만 그 이전에 종교에서 나왔지요. 저는 인간 역사에 대한 그런 견해가 급진적인 정치, 혁명적인 정치로 유입된 것이 정말로 재앙 같은 결과를 낳았다고 생각합니다. 왜냐하면 제가 보기에 그것은 전적으로 달성될 수 없으며 어떤 경우든 극히 사변적인 그런 종류의 인류의 미래 상태를 위해, 존재하는 수많은 인간들을 기꺼이 희생시키는 결과를 가져왔기 때문입니다. 그래서 맑스를 비판적으로 특징짓는 방식은 그가 세속적 종교성을 매우 분명하게 체현했다고 말하는 것입니다. 자신이 신앙을 갖고 있지 않기 때문에 종교로부터 해방됐다고 생각한 사상가의 종교성 말입니다. 비록 어떤 신앙도 갖고 있지 않았지만, 맑스가 역사를 사유하는 방식은 종교적 범주들을 통해 형성됐습니다. 구속救贖, 구원, 인간이 처한 곤경이 철저히 변해 완전히 다른 무엇인가로 바뀌는 것 같은 범주들 말입니다. 이 역설을 다르게 말해보지요. 한편으로 맑스는 근대적 삶과 자본주의에 관해 선구적인 현실주의자였다고 말할 수 있습니다. 맑스는 이제까지 존재한 어떤 자본주의 지지자들보다도 훨씬 더 정확한 사람이었고, 훨씬 더 현실주의자였습니다. 그러나 다른 한편으로 맑스는 어떤 더 높은 수준의 체제를 통해 자본주의를 교체하거나 폐지하거나 넘어선다는 생각 때문에 신화를 만들어내는 사람이었습니다. 아니, 더 정확히 말하면 맑스는 신화에 사로잡혔지요. 맑스는 디 성위의 상대, 평화로우며 더욱 조회롭고 해방된 상태의 인간의 삶을 낳게 될 심각하고 격렬하고 끔찍한 혁명적 충돌이라는 신화에 사로잡혔습니다. 그런 상태는 신화입니다. 위험한 신화이지요. 저는 이 점에 관해서는 또 하나의 계몽사상가인 지그문트 프로이트를 따릅니다. 맑스와는 매우 다른 사상가이지요.

바커 당신은 맑스의 자본주의 분석을 코뮤니즘 정치나 해방의 정치로 옮겨놓기가 매우 어렵다고 생각하는 것으로 봐야겠군요.

그레이 맑스는 가능한 코뮤니즘 사회에 대한 설명에서뿐만 아니라 자본주의에 대한 심도 깊고 냉정하게 현실적인 설명에서도 잘못을 범했습니다. 자본주의가 자기부정을 낳을 정도로까지 발전할 것이라고, 즉 그 내적 모순이 매우 심해져 상당히 다르고 더 좋은 무엇인가를 낳으리라고 생각한 것이지요. 바로 이 점이 맑스가 '역사의 논리'라는 G. W. F. 헤겔의 생각에 얼마나 사로잡혀 있었는지 보여줍니다. 저는 역사의 논리가 존재한다고 생각하지 않습니다. 현재 세계 자본주의의 상태를 살펴보면 근본적인 위기의 여러 요소들이 엄연히 존재합니다. 2~3년 전의 위기가 어떤 의미에서건 누그러졌다고 보는 것은 매우 비현실적입니다. 위기는 은행 체계에서 정부 수준으로까지 확산되면서 더 심화됐어요. 이제 문제는 각 정부의 상환 능력입니다. 그러니까 자본주의의 심각한 구조적 위기가 존재하고 있는 것이지요. 기후변화나 천연자원과 관련된 위기도 존재합니다. 그런데 세 번째로, 19세기 사상가로서 비범한 재능을 지녔던 맑스조차 21세기에 다시 나타날 것이라 예상하지 못했을 현 단계 자본주의의 특징 하나가 존재합니다. 세계에는 현재 몇 가지 뚜렷이 구분되는 자본주의 체제들, 자본주의 유형들이 있습니다. 어떤 측면에서 그 체제들이나 유형들은 서로 깊이 관련되어 있고 통합되어 있지만, 그러면서도 경쟁하는 라이벌들입니다. 그래서 우리 앞에 19세기 지정학적 갈등의 반복과도 같은 것이 일어나고 있습니다. 유럽의 식민지 권력에 기초한 형태나 20세기 미국의 전지구적 헤게모니라는 관점에서가 아니라 중국과 인도 사이의 새로운 갈등 형태로, 아프리카에 있는 자원들을 둘러싼 갈등의 형태로, 어쩌면 중국과 미국의 갈등 형태로 전개되고 있지요. 고전적인 지정학의 형태들이 자본주의적 지구화라는 맥락에서 출현한 것입니다. 그리고 제가 보기에 현대의 신맑스주의적 사유는 이런 상황에서도 전지구적 운동 같은 것이 재창출될 수 있다는 심각한 환상을 품고 있습니다. 20세기를 돌이켜보면, 1914년까지 존재했던 자본주의에 대항한 전지구적 운동은 제1차 세계대전으로 인해 완전히 파괴됐습니다. 전쟁이 끝난 뒤 그 운동은 볼셰비키의 형태로, 이후에는 스탈린주의의 코민테른 형태로 다시 나타났습니다. 그러나 그 역시 붕괴됐지요. 부분적으로는, 매우 상이한 유형의 자본주의들이 있기 때문에 자본주의에 대항하는 전지구적 저항이 가동될 수 있다고 생각할 만한 이유가 전혀 없는 셈입니다. 20세기 말의 수십 년, 그리고 21세기 초의 얼마 동안 성행한 고도로 금융화된 유형의 자본주의는 현재 상당히 쇠퇴하고 있습니다. 이 유형이 사라지지는 않겠지요. 완전히 사라지거나 무너지지는 않을 것입니다. 하지만 그것은 분명 급격하고 신속하게 쇠락하고 있습니다. 반면 국가자본주의 유형, 특히 중국형 국가자본주의나 그와 다른 러시아형 국가자본주의 역시 갈수록 중요해지고 있지요. 그래서 예견 가능한 미래나 현실적으로 상상해볼 수 있는 미래에는, 부분적으로는 상호 의존적인 동시에 경쟁 구도를 이루는 다양한 형태의 자본주의들과 체제들이 존재할 것입니다. 제가 제기하는 실제적인 문제는 자본주의를 넘어선다는 터무니없고 말도 안 되는 생각이 아니라 특정한 측면에서 20세기가 21세기에 반복될지의 여부에 초점을 맞추는 겸허하고 여전히 나름대로는 유토피아적일 관점으로 표현될 수 있습니다. 과거의 국가권력이나 세계대전과 동일한 형태로 반복될 것이라는 뜻이 아닙니다. 비록 그 전쟁의 유형이 다를지언정 21세기 역시 20세기만큼이나 만성적이고 고질적인 전쟁의 시기가 될 것인가를 묻는 식이지요. 지금으로서는 21세기도 그런 전쟁의 시기가 될 것 같습니다.

바커 당신은 맑스와 프로이트 모두 계몽사상가로 본다고 하셨습니다. 프로이트는 당신이 맑스에게 해당된다고 한 유토피아적인 환상, 달리 말해 인류는 낮은 문명이나 의식 상태에서 높은 상태로 진화하고 있다는 생각을 거부한 반면, 맑스는 "신화를 만들어내는 사람"이었고 "신화에 사로잡혀 있었다"고 하셨습니다. 맑스와 프로이트가 공유하고 있는 것은 인간 존재가 환상 속에 살고 있으며 우리가 보는 세상은 실제의 세상이 아니라는 플라톤적인 생각입니다. 맑스는 자신의 저작 곳곳에서, 가령 『자본』 제1권의 상품물신주의에 관한 부분이나 허위의식을 다루고 있는 『독일 이데올로기』에서 이런 생각을 탐구하고 있지요. 이 플라톤적인 생각에 대해 어떻게 생각하십니까? 맑스가 속류화를 자초한 또 하나의 '신화'인가요?

그레이 맑스는 자본주의가 스스로를 재생산하기 위해 우리가 살고 있는 세계의 환상적 상을 만들어내며, 왜곡이자 더 깊은 차원에서 보면 비현실적인 이 환상적 상이 그런 세계를 재생산하는 데 어떤 식으로든 기능하고 있다고 생각합니다. 이런 생각에는 분명 중요한 진실이 들어 있습니다. 제가 맑스와 의견을 달리하는 지점, 그리고 맑스가 위험하다고 생각되는 지점은 그가 자신이 왜곡을 낳는 메커니즘과 심층 구조를 파악했다고 생각했다는 점입니다. 우리가 역사 속에서 어디에 위치하는가에 대한 우리의 지식, 과거에 대한 우리의 이야기조차 지극히 단편적이며 부분적일 뿐입니다. 그런 지식과 이야기는 역사의 인과관계를 상세하게 이해시켜주지 못합니다. 간혹 우리는 설득력 있고 그럴듯한 설명을 제시할 수 있지만, 그 뒤에는 어마어마한 무지가 자리하고 있지요. 게다가 맑스가 자본주의에 관해 밝혀낸 '환상적 현상'은 인간 사회와 인간 문화에 남아 존속합니다. 인간의 문화는 항상 상상된 세계로 이뤄졌습니다. 그래서 인간이 세계를 지각하는 방식이나 인간 스스로 세계를 재현하는 방식은, 결코 세계가 어떻게 돌아가고 있는가에 대한 객관적 설명이 될 수 없습니다. 바로 이것이 프로이트가 인간의 삶 속에 존재하는 환상에 대해 더 나은 설명을 제공해주는 지점입니다. 프로이트는 환상의 적이었고 어떤 점에서는 자신이 환상의 가면을 벗겨냈다고 생각했지만, 이와 동시에 환상이 인간의 삶 자체에 불가결하다고 보았습니다. 제가 맑스를 비판하는 것은 맑스의 인간학, 바꿔 말하면 맑스의 인간관이 역사의 논리라는 신화를 통해 진보적인 해방의 요소를 인간 본성 자체에 포함시킨다는 점 때문입니다. 이것은 제게 완전히 터무니없는 것입니다. 프로이트의 사유 역시 어떤 점에서는 부분적으로 신화적이지만, 프로이트의 신화는 맑스의 신화보다 더 진실하고 더 나으며 인간 존재는 어떻게 살아왔고 어떻게 살고 있으며 앞으로 어떻게 살아갈 것인가라는 문제에 더 가까이 닿아 있습니다. 맑스는 환상의 가면을 벗기는 데 능숙하고 예리한 사람이었지만, 그 역시 자신이 가면을 벗겨내고 있는 환상들과 모든 면에서 다르지 않은 환상에 사로잡혀 있었습니다. 맑스는 코뮤니즘을 부르주아적 계몽이 가진 여러 이상들의 완성으로, 그것의 실현으로 간주했습니다. 그 이상들에 맑스가 제기한 반론은 그것이 획득될 수 없다는 것이 아니라 그것을 사회의 일부가 위선적이고 편파적으로 획득한다는 것이었습니다. 물론 다른 곳에서는 사회의 어느 누구도 그 이상들을 누리지 못한다고 말했지요. 하지만 맑스가 계몽사상 같은 지배적인 신화에 반기를 든 것은 아니었습니다. 전혀 그러지 않았어요. 맑스는 그런 신화에 의해 추동됐고 고무됐으며 거기에 사로잡혀 있었습니다. 그래서 우리는 맑스가 신화의 가면을 벗겨낸 만큼이나 신화를 퍼뜨리고 있다고도 말할 수 있습니다. 이것이 제가 프로이트를 더 해방적인 사상가로 생각하는 이유입니다. 프로이트는 자신의 목표가 사람들에게 위안을 주는 것과는 무관하다고 보았기 때문입니다. 프로이트는 그저 인간의 삶에 대한 하나의 설명을, 환상의 불가결하고 불가피한 역할을 파악하되 어떤 형태의 환상도 조장하지 않는 설명을 제공하려 했을 뿐이었습니다. 이것이 좀 더 진정한 계몽적 입장인 것 같습니다.

바커 맑스의 상품물신주의론에 대해서는 어떻게 생각하십니까? 거기서 맑스는 환상이 인간 사회에서 행하는 역할을 정교하게 설명하고 있는데요. 상품물신주의는 프로이트의 물신주의 설명과는 다릅니다. 프로이트의 물신주의는 심리적 외상에서 생겨나는 것이지요. 맑스는 상품물신주의와 더불어 환상의 객관화, 그런 객관화가 사회적 관계들을 조직하는 방식까지 논의하고 있습니다. 상품물신주의는 우리의 사적 소비와 관련된 판타지들을 설명하지 않습니다. 슬라보예 지젝이 최근 저와의 대담에서 말했듯이, "물신주의는 환상이지만 그 자체 실재의 일부인 환상"입니다. 예를 들어 제가 나가서 와인 한 병을 20파운드에 사고 "형편없군"이라고 말하면, 시장은 단지 그 값이 20파운드라는 이유로 "당신이 틀렸어"라고 말합니다. 바꿔 말해 가치는 모든 사람에게 객관적인 사실로서 나타납니다. 거기다 가치 자체는 '사용가치'를 통해서가 아니라, 즉 특정 상품이 나에게 갖는 가치를 통해서가 아니라 '교환가치,' 즉 특정 상품이 시장에서 다른 상품들과 맺는 관계 속에서 갖는 가치를 통해 객관화되지요.

그레이 맑스의 상품물신주의 분석은 다른 말로 '의미'라고도 할 수 있는 가치가 교환 가능한 재화, 즉 상품으로 구현되며 이 점이 인간 본질의 상실을 나타낸다고 말합니다. 그런데 인간의 본질이란 무엇일까요? 제가 말하고자 하는 바는, 상품물신주의는 인간 모두에게 해당되는 객관화가 자본주의에 나타난 것에 불과하다는 점입니다. 봉건 사회에서라면 그런 객관화는 성직 제도나 마을 제도, 종교적 신화, 토지와 맺는 온갖 관계 등에서 나타났겠지요. 전통적인 부족 문화에서라면 또 다르게 애니미즘 같은 유형을 포함할 수 있고요. 저는 가치나 의미를 다양한 관행을 통해 이런 방식으로 구체화하거나 세계에 투사하는 것이 그저 인간 모두에게 해당되는 것일 뿐이라고 말하는 것입니다. 그래서 상품화, 즉 자본주의적 객관화는 더 좋은 사회적 특성일 수도 있고 더 나쁜 사회적 특성일 수도 있습니다. 그러나 반드시 근절될 수 있는 성격의 것은 아닙니다. 자본주의적 객관화는 근절될 수도, 더 나쁜 다른 무엇인가로 교체될 수도 있습니다. 나치즘이 유럽에서 우세했더라면 상품물신주의라는 이 특정한 유형은 지금과 같은 정도로 발전하지 못했을 것입니다. 그랬다면 유럽에서 우리가 지금 겪고 있는 일과는 비교할 수 없을 만큼 더 끔찍한 일이 벌어졌겠지요. 덧붙이자면, 상품물신주의에 대한 맑스의 설명은 실제 일어난 일들에 의해 일부는 입증됐지만 일부는 폐기됐습니다. 오늘날 물질적인 재화의 물신주의나 소비보다 더 중요한 것은 가상적 라이프스타일의 획득과 관련된 물신주의입니다. 제가 참조하는 것은 기 드보르와 그의 저작 『스펙터클의 사회』[1]입니다. 1960년대에 출현한 이 이론은 오늘날 실제 일어난 일들에 의해 뚜렷이 입증됐어요. 리얼리티 프로그램과 유명인 문화가 하는 역할을 생각해보세요. 바로 그것이 소설가 J. G. 발라드가 유명인들의 관계, 미디어, 폭력, 죽음 등을 다룬 자신의 작품에서 맑스와는 전혀 다른, 결코 맑스적이지 않은 각도에서 고찰한 일련의 현상입니다.[2] 현대의 미디어가 집단적 판타지를 일부 창조하고 식민화하고 동원하는 방식은 당신이 맑스의 저작에서 발견하는 것들을 넘어섭니다. 왜냐하면 맑스가 살아 있을 때는 테크놀로지가 그런 통찰을 가능케 해주지 못했기 때문이지요. 갑자기 유명해져서 완전히 다른 모습의 삶을 살게 될 가능성이, 모두가 '15분간의 명성'[3]을 누린다는 생각을 어느 정도 정당화해줬습니다. 오늘날에는 15분간의 익명성을 누리는 것이 훨씬 어려워졌지요.[4] 불가능에 가까워요. 아마도 이 체계가 다음에 약속해주는 것은 익명성일 텐데, 그건 사기일 것입니다. 어떤 사람이 모니터에서 15분간 사라진다는 의미에서 누리는 15분간의 진정한 익명성이, 그/그녀를 여생 동안 제일 많이 구설수에 오르고 추적의 대상이 되는 사람으로 만들어버릴 것이기 때문입니다. 그러니 익명성은 성취될 수 없습니다. 그것은 완전히 비현실적이에요. 정말이지 그 누구도 영위하지 않는, 아니면 각자의 삶에서 공공연하게 접근할 수 있는 아주 작은 부분들에서만 영위하는, 가상적 라이프스타일의 물신주의가 고전적인 상품물신주의보다 더 중요해졌습니다.

바커 주제를 바꿔서 전지구적 경제·금융 위기에 대해 이야기해보지요. 이 특수한 위기가 사회를, 심지어는 인류 자체를 돌이킬 수 없는 파국적인 지점으로 데려가고 있다는 견해가 있습니다. 지젝은 『종말의 시대를 살아가기』[5]에서 전지구적 자본주의의 논리는 현재의 모습으로는 지속 불가능한데, 특히 천연자원의 감소로 인해 압박을 받고 있어서 그렇다고 주장합니다. 당신은 어떻게 보십니까?

그레이 전지구적 경제의 현재 위기는 결코 자본주의 최후의 위기가 아닙니다. 이번 위기가 근본적으로 다른 무엇인가를 낳을 인간 역사의 종합 국면이 될 것이라고도 생각하지 않습니다. 확실히 점점 더 시급하고 절박해져가는 생태적 차원의 제약이 존재합니다. 그 중 일부는 기후변화와, 또 일부는 자원 희소성과 관련 있지요. 하지만 신맑스주의나 신레닌주의 사상가들이 오늘날 출현하고 있다고 보는, 인간관계의 대규모 변형 같은 것을 저는 발견하지 못합니다. 21세기 초 상황과 19세기 말 상황의 주요 차이는 한편으로 지정학적 차이이며, 다른 한편으로는 환경과 관련된 차이입니다. 지정학적 측면에서 보면, 현재 세계의 소수 강대국들 사이에서 경쟁이 벌어지고 있습니다. 달리 말해 헤게모니를 쥔 단 하나의 국가가 더 이상 존재하지 않는 것이지요. 미국이 20세기 후반에 누렸던 것 같은 지위는 이제 사라지고 없습니다. 19세기 후반과 20세기 대부분의 기간 사이에 존재하는 차이는, 인도차이나처럼 식민지로 예속됐던 산업화 이전 국가들이 이제는 서로 경쟁하고 서구 강대국들과도 경쟁하는 능동적인 국가가 됐다는 점이지요. 환경과 관련된 차이는 기후변화입니다. 이른바 기후변화 회의론이나 기후변화 부인론이 존재합니다만, 확신컨대 기후변화는 현실이며 접할 수 있는 모든 증거로 봐도 가속화될 것입니다. 저는 이 위기가 지구화의 실제적 작용으로 인해 이전의 위기들과 전혀 다르고, 어떤 측면에서는 더 타개하기 어렵다는 진단에 동의합니다. 지구화의 실제적 작용은 바로 전 세계적 산업화입니다. 어떤 측면에서 전 세계적 산업화는 사람들의 생활수준을 향상시킨 이로운 것이지만, 원료를 채취하는 데 필요한 강도 높고 점점 더 침략적인 성격을 띠는 테크놀로지를 통해 물질적 환경에 전례 없는 압박을 가합니다. BP의 멕시코만 석유 유출 사건[6]은, 이 사건에서 부주의가 어떤 역할을 했건 간에, 점점 더 건사하기 힘들고 약해져가는 환경을 침략·착취함으로써 세계 석유매장량을 늘리는 것이 긴요한 사안임을 보여주지요. 심해 석유 채취 같은 일을 하지 않기로 하는 전지구적 차원의 결정이 있었더라면 채취 가능한 세계 석유매장량은 훨씬 하향 조정됐을 테고, 우리는 전 세계가 의존하는 산업화라는 것이 얼마나 위험천만한 것인지 알게 됐을 것입니다. 그러나 제가 신맑스주의적·신레닌주의적 분석과 의견을 달리하는 지점은 경제 체계를 바꾸는 것으로는 이 상황을 벗어날 수 없다는 데 있습니다. 20세기의 가장 큰 두 가지 생태적 파국은 모두 맑스주의 이데올로기가 지배하는 나라들에서 일어났습니다. 첫째로 이오시프 스탈린이 집단화를 통해 러시아의 풍경과 농업생산 역량을 파괴해놓았지요. 둘째로 마오쩌둥이 대약진 운동과 이후의 문화 대혁명 때 중국의 생태계와 그 농업 역량을 황폐화했습니다. 그러니 경제 체계를 자본주의에서 사회주의로 바꾸는 것이 해결책이라고 생각하는 것은 사실 역사적으로도 틀린 생각입니다. 신맑스주의자들과 신레닌주의자들은 이에 대해 소련과 중국은 진정한 사회주의가 아니라고 대답하지요. 그것은 가장 어리석고 터무니없는 주장들 중 하나입니다. 그것은 현재의 위기를 분석하면서 정부가 어떤 시점에서도 아무런 개입을 하지 않았더라면, 겨우 몇 개의 은행이 아니라 수십만 개의 은행이 있어서 그 은행들이 각자 화폐를 찍어낼 수 있었더라면, 위기는 결코 일어나지 않았을 것이라고 논하는 자유시장주의자들의 주장과 같습니다. 일종의 착각의 유토피아적 병리학이라고나 할까요. 우파 진영은 급속히 발전 중인 자본주의 경제에 나타나는 내재적 모순들을 직시하지 않으려 하기 때문에 늘 이런 식의 착각을 되풀이하지요. 우리가 현재의 상황에 처한 이유, 지금처럼 대규모 은행 체계를 갖고 있는 이유는 자본주의가 역사 속에서 매순간 국가권력과 얽혀 있었기 때문입니다. 우리는 지금과 사태가 전혀 달랐던 자본주의 발전의 초기로, 대부분 상상 속에 존재했던 그 시기로 역사를 후퇴시킬 수 없습니다. 이와 유사하게 신볼셰비키나 신레닌주의 사상가들이 늘 반복하는 주장은 스탈린주의가 진정한 발전이 아니었다는 것입니다. 하지만 저는 스탈린주의나 레닌주의나 진정한 발전이었다고 생각합니다. 또는 제 생각처럼 레닌주의가 생태적 측면에서 전제적이거나 파괴적인 면모를 띠었다면 그것은 러시아의 저발전이나 야만적인 차르주의 전통 같은 다른 요인들 때문이었다고 그들은 말합니다. 그러나 이 모든 주장은 명백히 거짓입니다. 왜냐하면 중국과 러시아에서 발생한 생태적 피해와 황폐화는 정도의 차이는 있으나 근본적으로는 소련 식의 중앙집중적 계획이 도입된 모든 곳에서 일어났기 때문입니다. 일부 아프리카 지역에서, 동남아시아에서, 라틴아메리카에서 문화적 전통과 배경에 관계없이 동일한 현상이 재연됐지요. 그래서 현재의 위기가 심각하고 타개하기 어려운 상황에서는 혁명적 유토피아를 부활시킨다고 해서 위기에서 헤어날 수 없습니다.

바커 확실히 당신이 말한 생태적 재해는 사회주의 체제에 의해 관리된 소련 식 중앙집중적 계획의 결과였습니다. 이에 대해 네그리는 코뮤니즘은 사회주의와도 자유주의와도 다르다고 대답합니다. 그 둘 모두 자본을 운영하는 데 복무했다는 점에서 말이지요. 지젝이나 마이클 하트 역시 공적 소유와도 사적 소유와도 다른 '공통적인 것'의 운영으로서의 코뮤니즘을 지지하는 주장을 펼쳤습니다.

그레이 코뮤니즘을 형이상학적 본질과 다름없는 것으로 재정식화하는 그런 생각을 접하면 많은 종교 신자들이 종교에 대해, 가령 기독교에 대해 하는 말이 떠오릅니다. 기독교 역사를 돌아보면 기독교가 박해, 전쟁, 종교재판, 반유대주의와 관련 있음을 알게 되는데, 이에 대해 기독교 신자들은 이렇게 대답하지요. "아, 그렇지만 그것은 기독교의 본질이 아니에요. 진정한 기독교 정신이 아니지요! 기독교는 보편애라는 급진적인 이념이에요." 그런데 저는 그런 것에 관심 없습니다. 제게 그것은 몬티 파이튼[7]이나 하는 말로 들립니다. 종교로서의 기독교가 역사의 매 국면에서 모든 종류의 억압에 연루되어 있었으며, 그 중 일부는 기독교의 가장 뿌리 깊은 특징들과 연결되어 있다는 것은 명백한 사실입니다. 그렇다고 제가 사람들이 꼭 일체의 종교를, 혹은 기독교를 거부해야 한다고 생각하는 것은 아닙니다. 저는 모든 인간적인 현상은 해로운 요소들과 결부되어 있다고 생각합니다. 이것이 바로 인간의 삶이 갖는 특징이지요. 그러나 최근 1백 년 동안의 역사적 재앙들과 전혀 무관한 코뮤니즘이라는 이념에서 결정적인 정수를 뽑아낼 수 있다는 식의 생각은 본질적으로 사기입니다. 게다가 그런 생각은 우리가 처해 있는 상황의 몇 가지 최악의 특징들을 완화시키기 위해 무엇을 할 수 있을지 명료하게 사유하지 못하게 만들기도 하지요. 저는 상황이 완전히 절망적이라거나 우리 모두 망할 운명에 처해 있다고 생각하지 않습니다. 프랜시스 후쿠야마 식의 '역사의 종언'은 없어요.[8] 신볼셰비키 사상가들 중 많은 이들에게서 제가 발견하는 것은 후쿠야마의 판본을 살짝 뒤집어놓은 것입니다. 후쿠야마의 판본이 원래 맑스의 판본을 뒤집어놓은 것이었듯이 말입니다. 이 사상가들은 우리가 되돌아갈 수 없는 지점에 도달했으며 사태가 지금 같은 모습으로 계속될 수는 없다고 주장합니다. 저는 사태가 지금과 똑같은 모습으로 계속될 것이라고 생각합니다. 더 많은 전쟁이 있을 것이고, 기후변화가 진행될 것이며, 특히 온갖 종류의 자원 전쟁이 벌어질 것입니다. 공격적인 인종주의, 이주민과 소수자에 대한 혐오 같은 20세기의 유해하고 병적인 특정 현상들이 이미 유럽 여러 지역과 다른 곳에서 이 위기가 낳은 경제적 혼란에 대한 반응으로서 그 모습을 드러내고 있지요. 제 관점에서 보면, 이런 유해하고 병적인 현상에 대해 명료한 사유를 거쳐 내놓은 응답이라는 것이 또 하나의 장황한 묵시록적 신화일 수는 없는 노릇입니다. 이런 묵시록적 신화가 지젝과 그의 친구들이 문화의 형태로 주장하고 있는 바입니다. 프롤레타리아 운동도, 대규모 공산주의당도 이제 더 이상 존재하지 않기 때문에 문화의 형태를 취할 수밖에 없는 것이지요. 좌파는 거의 보편적인 혼돈 속에 있어요. 역사적 행위자 같은 것도 존재하지 않습니다. 신볼셰비키 운동이나 신레닌주의 운동은 전적으로 미디어, 문화비평, 폐쇄적 세미나들, 카바레 식 퍼포먼스들이 만들어낸 것입니다. 세계 어느 곳에서도 실제적 정치의 형태로 존재하지 않지요. 앞으로도 존재하지 않을 테고요. 그러니 이것은 코미디입니다. 묵시록적 신화의 이런 코믹한 재생산은 코믹한 모습을 하고 있는 한 일종의 쇼 같은 것이라고 저는 생각합니다. 그리고 앞으로도 분명 계속 그런 모습일 것입니다. 그러니만큼 초자본주의가 이와 같은 움직임을 창출하는 데 탁월하다는 말 말고는 그것에 대해 신랄하게 비판할 것이 없습니다. 초자본주의는 역사에 대한 무지 또는 역사의 실종으로 특징지어집니다. 그래서 현재 볼셰비키주의나 혁명기 중국의 실제 역사는 대중들의 의식 속에서 거의 사라졌거나 아니면 몇 개의 광고 문구를 통해서만 겨우 유지되고 있을 뿐이지요. 제 생각에 신볼셰비키주의나 신레닌주의를 이해하는 방법은, 그것을 후기자본주의에 존재하는 또 하나의 위로의 스펙터클로 간주하는 것입니다. 그 스펙터클은 사람들에게 대립과 비판이라는 판타지를 제공함으로써, 그들로 하여금 각자가 살아가는 삶의 재미없는 의무적 일들에 만족하고 체념하게 만듭니다. 맑스주의 용어를 사용하자면, 이것이 바로 신볼셰비키주의와 신레닌주의의 '객관적' 모습입니다.

바커 '신볼셰비키주의'와 '신레닌주의'를 미디어의 창조물로 보시는 군요. 이와 관련해 마지막으로 영화『매트릭스』에 나오는 장면을 예로 들어 질문해보겠습니다. 주인공이 빨간 약을 먹을지 파란 약을 먹을지 결정해야 하는 장면이지요. 이 영화에서 세계 전체, 즉 사회의 모든 현실은 맑스주의 용어를 사용하자면 '객관적' 창조물입니다. 주인공은 자신이 살아온 세계가 자기에게 맞게 구축된 세계라는 말을 듣게 되지요. 우리는 이미 가치의 객관화가 인간 문화의 보편적 특징인지 자본주의 사회의 특수한 특징인지에 대해 이야기를 나눴습니다. 그래서 저는 당신이 이 장면을 오늘날 우리가 살아가고 있는 세계, 즉 예속되어 있는 또는 경제적으로 착취당하고 있는 사람들이 빨간 약을 먹을지 파란 약을 먹을지 선택의 기로에 서게 될 수도 있는 세계에 대한 유용한 은유로 보시는지 궁금합니다. 빨간 약을 먹는다는 것은 미지의 것을 향해 발을 내딛는 것을 포함하고 다소 불편한 라이프스타일을 수용하는 것을 의미하겠지만, 그럼에도 불구하고 공통선에 이로울 수 있지요. 아니면 파란 약을 먹고서 "어쩌면 다른 세계가 가능할 수도 있다"는 사실에 미련을 갖고 고뇌하면서도 마냥 행복한 무지 속에서 여생을 다 살 수도 있고요.

그레이 『매트릭스』처럼 가상의 환경이 매트릭스로서 기계들에 의해 구축되어 있다고 생각하는 것은 오늘날 우리가 살고 있는 환경의 대부분이 미디어가 만들어낸 환상에 의해 채색되거나 일부 형성되고 있는 측면을 포착해내는 만큼은 유용합니다. 드보르가 '스펙터클의 사회'라고 부른 것의 외부에서 살아가거나 거기서 빠져나오는 것은 어떤 점에서 매우 어렵습니다. 하지만 현 상황에 대한 이런 설명은 오해를 불러일으킬 수 있어요. 구축된 그 무엇인가가 영원하리라고 가정하고 있다는 점에서 말입니다. 네그리와 하트뿐만 아니라 예전의 헤르베르트 마르쿠제 같은 사람들을 생각해보면, 오히려 현대 자본주의의 가장 혹독한 비판가들은 자본주의의 불멸성을 깨달았습니다. 자본주의가 모든 위기를 견뎌내리라는 것을, 20세기에 상당히 규칙적으로 일어난 엄청난 격동 없이 스스로를 재생산하리라는 것을 말입니다. 현재 우리가 살고 있는 세계를 구성하는 구축물들은 두 가지 이유에서 훨씬 더 취약합니다. 첫째로 지구는 스펙터클과 무관합니다. 지구는 인간 의식의 확장이 아닙니다. 포스트모더니스트들이 뭐라고 말하든, 지구에는 그 나름의 과정이 있습니다. 기후변화처럼 그 과정은 일단 시작되면 인간의 의식이 어떻게 변하더라도 중지될 수 없습니다. 그 과정은 실제적인 물질적 과정이에요. 그 과정 중 일부는 상당히 근본적이고 비가역적으로 세계를 바꿔가고 있는 듯합니다. 인류가 그 과정을 바꾸기 위해 집단 행동을 벌여도 바뀔 수 없는 그런 방식으로요. 그래서 지구 환경은 스펙터클 또는 가상현실의 외부에 있습니다. 둘째로 가상현실 역시 완벽한 자기재생산을 방해하는 모순과 결합으로 가득 차 있습니다. 오늘날 세계에는 중국, 인도, 미국, 러시아, 일본 사이에 지정학적 갈등이 존재합니다. 유럽에서는 해체 과정이 진행 중이지요. 유로화는 5~10년 안에 붕괴하거나 더 작은 규모의 통화로 바뀔 것입니다. 그래서 분열되어도 회복력이 매우 뛰어난, 스스로를 계속 갱신할 가상현실이 존재한다는 생각은 완전한 환상입니다. 제가 9·11 사건 이전부터 네그리와 하트 등에 대해 매우 비판적이었던 것은 바로 이 때문입니다. 그들은 후쿠야마를 다시 맑스화한 판본을 전개시키려는 비슷한 입장을 견지하고 있지요. 그것은 명백히 잘못입니다. 미국 자본주의가 불안정하며 그 헤게모니가 급속히 쇠퇴하고 있다는 것은 이미 자명해졌습니다. 유럽과 중동에서 1990년대는 전쟁의 시기였는데, 그때 이미 만성적이고 고 .

질적인 자원 전쟁이 들어설 가능성이 농후했지요. 그러니 빨간 약이 나 파란 약이냐를 선택할 필요가 없습니다. 이것이 우리가 지금 처해 있는 상황의 긍정적 특징일지도 모르겠습니다. 아무튼 현재의 구조는 무너지고 산산조각날 것입니다. 몇 백 년이나 몇 세대 안으로가 아니라 그보다 더 빠르게 무너져 내릴 것입니다. 물론 현재의 구조는 투명성이나 진실에 대한 접근성이 아니라 또 다른 구조들에 의해 대체되겠지요. 지금은 불가항력적인 것처럼 보일지라도, 게다가 강력한 사회주의 운동이나 19~20세기 프롤레타리아 운동의 재건에 의해 저항을 받지 않고 있을지라도, 지금과 같은 형태의 자본주의 구조는 주로 환경·생태적 이유로 지극히 허약합니다. 그래서 무너질 것입니다. 그러고 나서 무엇인가 다른 것으로, 혹은 몇 가지 다른 것들로 변할 테지요. 그것들 역시 가상현실과 가상적 관점을 갖고 있으며, 허약하고 내적으로 모순된 것들이겠지요. 그러니 두 가지 약 중 하나를 선택할 필요가 없습니다. 환상 속에 남아 있을 수 있게 해주는 약을 먹으면 당신이 원하는 바를, 즉 환상을 얻지 못할 것입니다. 그것은 어차피 허물어질 테니까요. 환상을 끝내는 쪽을 택하더라도 진실에 대한 어떤 명확한 상을 얻지는 못할 것입니다. 이제 막 부과되려는 다음 가상 구조에 대한 암시만을 얻을 수 있을 뿐이지요.

바커 그렇다면 여러 가지 약이 있는 것인가요?

그레이 약은 존재하지 않습니다. 어떤 약도 지금의 구조를 안정시킬 수 없어요. 이 모든 구조는 결국 지구 생태계와 관련된 이유로 매우 허약합니다. 핵심은 이것입니다. 인간의 행동이 지구 환경을 불안정하게 만들었다는 사실에 대해 논할 때 신레닌주의자들과 녹색당은

옳습니다. 그러나 인간의 행동이 환경을 다시 안정시킬 수 있다고 믿을 때 그들은 미혹되어 있는 것입니다. 설령 인류에게 전지구적 집단으로서 행동할 능력이 있다 해도 인류가 불안정을 유발했다고 해서 반드시 인류가 그 불안정을 멈출 수 있는 것은 아니지요. 그런데 현재는 그럴 능력조차 없습니다. 그리고 앞으로도 그럴 것입니다. 왜냐하면 이런 과정들이 이제 본격화됐기 때문입니다. 사람들이 가이아 이론9)이나 몇몇 다른 이론에 동의하든 그렇지 않든 간에, 이 분야에 있는 과학자들 대부분은 환경의 물리적 구성에서 기후변화를 가속화하는 과정이 진행되고 있다는 데 동의합니다. 우리가 받아들여야 할, 혹은 촉진시켜야 할 가장 힘들고 가장 불가능한 형태의 탈신비화는 아마도 인간의 행동 가능성에 대한 탈신비화일 것입니다. 이런 탈신비화는 인간의 행동이 이런 변화를 초래했으나 그것을 중지시키지는 못한다는 점을 받아들입니다. 우리가 할 수 있는 최선은 매우 급속하게 불연속적으로 변하고 있는 환경에 그때그때 영리하게 대처하는 것뿐입니다. 하지만 제 생각에 이런 탈신비화는 엄청난 인기를 끌 것이라고 기대할 수 없을 것입니다. 왜냐하면 인류가 자기 운명의 주인이 아니라는 점을, 그리고 앞으로도 주인이 되지 못하리라는 점을 인정하는 것이 전제되어야 하기 때문이지요.

2010년 7월 29일
런던(영국)

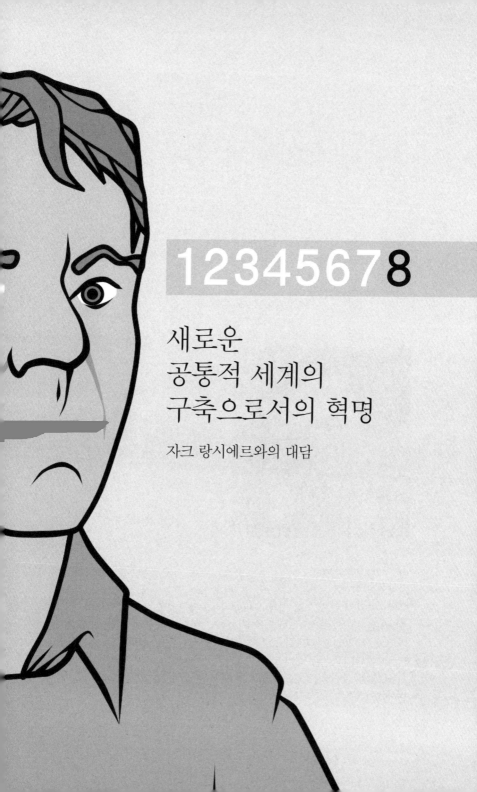

12345678

새로운
공통적 세계의
구축으로서의 혁명

자크 랑시에르와의 대담

Jacques Rancière

프랑스의 철학자. 현재 프랑스의 파리8대학교 철학 명예교수이자 스위스의 유럽대학원 철학 교수로 재직 중이다. 루이 알튀세르 등과 『《자본》을 읽자』(1965)를 공동으로 저술했다. 주요 저서로는 『아이스테시스: 미학적 예술 체제의 장면들』(2011), 『해방된 관객』(2008), 『문학의 정치』(2007), 『감성의 분할: 미학과 정치』(2000), 『정치적인 것의 가장자리에서』(1998), 『불화: 정치와 철학』(1995), 『무지한 스승: 지적 해방에 대한 다섯 가지 교훈』(1987), 『프롤레타리아트의 밤: 노동자들의 꿈의 문서고』(1981) 등이 있다.

제이슨 바커(이하 바커) 현재의 경제·금융 위기에서 가장 두드러진 것 중 하나는 자본주의가 빈부 격차를 벌리며 불평등을 심화시키고 있는 점이라고들 합니다. 자본주의는 그것이 기능하기 위해서는 불평등을 심화시켜야 한다는 점, 자본주의라는 길을 통해서는 평등에 도달할 수 없다는 점이 오늘날 어느 정도 인정되고 있습니다. 당신이 보기에 오늘날의 전지구적 위기와 불평등의 관계는 무엇입니까?

자크 랑시에르(이하 랑시에르) 불평등에 대해 말할 때 사람들은 실제로 두 가지 상이한 것에 대해 말합니다. 사람들은 착취 과정에 대해, 그 과정이 변형되는 방식에 대해 말합니다. 가난의 새로운 형태를, 경우에 따라서는 부의 축적의 새로운 형태를, 결국 계급들 사이의 새로운 연합 형태를 부단히 창출하는 방식에 대해 말하는 경우이지요. 이것이 바로 불평등의 삶과 관련된 것 중 하나입니다. 그런데 불평등의 삶뿐만 아니라 평등의 삶에 대해서도 관심을 가진다면, 우리는 평등에 기반을 둔 세계라는 생각이 괴리에만 의존할 수는 없다고 생각하게 됩니다. 즉, 어떤 시점에 이르면 빈부 격차 혹은 빈자의 수나 그들의 힘이 결국 파열을 낳을 정도에 이르리라는 생각에만 의존할 수 없다고 생각하게 되는 것입니다. 평등한 세상은 불평등에 의해 그 궁극적 귀결로서 산출되는 세상이 아니라, 평등 자체를 원리로 삼는 세상이라고 생각하게 되는 것이지요. 다시 말해서 능력의 평등을 원리로 삼는, 혹은 생각하고 행동하고 모두가 공유하는 공통적인 세상을 구축할 능력의 실존을 원리로 삼는 세상 말입니다. 저로서는 이것이 중요한 것이며, 제 생각에 필시 맑스주의의 한계 중 하나는 늘 평등이 불평등의 결과로서 생겨난다고 생각해왔다는 것입니다. 제가 해방 이념의 강한 내용을 제시할 때 늘 부각시키고자 하는 것이 불평등은 불평등을 낳는다는 점입니다. 평등만이 평등을 낳습니다.

바커 한 사회에서 경제적 착취의 정도와 빈부 격차 같은 사회적 귀결 사이의 결정관계를 인정하시나요? 칼 맑스에게 경제적 착취는 항상 잠재적으로 혁명적 효과를 발생시키며, 그렇게 함으로써 착취를 종식시킬 수도 있는 투쟁을 발생시키지요.

랑시에르 엄청난 빈부 격차를 동반하며 사회의 대다수가 그런 격차에 의해 영향을 받는 사회라고 해서, 그 사회가 반드시 그 자체로 인해 폭발적 귀결이나 혁명적 귀결을 낳는 것은 아닙니다. 바로 이것이 제가 꾸준히 말해온 바입니다. 착취의 종식이라는 논리를 착취의 논리로부터 끌어낼 수는 없다는 말이지요.

바커 『공산주의당 선언』에서 말하는 프롤레타리아트 개념과 '몫 없는 자들의 몫'[1])이라는 당신의 개념 사이에 어떤 유사성이 있나요?

프롤레타리아트는 미래의 계급으로서 아직 객관적 존재에 도달하지 못한 집단입니다. 비가시성의 상태로 존재하기 때문에 보이지 않는 계급, 아직 성숙 단계에 도달하지 않았으며 정치적으로 대의되지 않은 채로 남아 있는 계급이지요.

랑시에르 '몫 없는 자들의 몫'이라는 것은 특수한 활력, 배제되고 '축출된' 자들의 활력을 말하려는 개념이 아닙니다. 그것이 아니라 이 개념은 사회의 위계 구조 어디에도, 혹은 사회의 불평등한 조직 어디에도 결코 포함되지 않으면서 이와 동시에 그 모든 것에도 불구하고 어떤 수준에서는 모든 가능한 사회의 토대가 되는 공통적 활력을 의미합니다. 따라서 칼 맑스의 개념과 비교해본다면, 제 생각은 맑스주의적 논리와 다르다고 할 수 있습니다.『공산주의당 선언』에 이르는 젊은 시절 맑스의 텍스트를 놓고 본다면, 맑스주의적 논리는 지배계급인 부르주아지가 공통적 세계를 생산하는 동시에 그 공통적 세계에서 전적으로 배제된, 전적으로 괴리된 사람들의 세계까지 생산한다는 생각에 토대를 둔다는 점에서 제 생각과 구분되지요. '몫 없는 자들의 몫'이라는 제 생각은, 전적으로 무無로 전락한 계급이 존재한다는 사실에서 혁명이 발생한다는 생각과 전혀 무관합니다. 제 생각에 혁명은 배제된 사람들, 몫 없는 사람들이 보여주는 몫을 가질 능력에서 옵니다. 해방에 대해 생각할 때 제가 중요하다고 보는 것은 바로 이것입니다. 늘 존재하는 종류의 행동을 사유한 것이지요. 맑스주의적 논리는 사실상 미래를 준비하는 데 근본적인 토대를 둔 논리입니다. 이에 반해 제 생각에 해방은 '몫 없는 자들'이라고 불리는 사람들, 즉 몫이 없으나 사유할 수 있을 뿐만 아니라 정치적으로 개입할 수 있고, 생산을 조직할 능력을 입증할 수도 있는 행위자로서 공적 무대에서 당당하게 영향을 미치는 사람들의 등장과 연결되어 있습니다. 이들은 이미 등장하고 있는 중이지요.

바커 기성 질서와의 단절을 나타내는 이들의 등장은 부자와 빈자 사이의 사회적·경제적 적대라는 고전적 의미에서 이뤄지나요?

랑시에르 우선 부자와 빈자 사이의 관계를, 엄밀하게 경제적이지는 않게 이해할 필요가 있습니다. 한편에는 세계를 조직하는 사람들이 있습니다. 다른 한편에는 조직화와 관리의 대상이면서도 이러저러한 차원에서, 이러저러한 지점에서, 이러저러한 순간에 세계의 질서를 일정하게 파열시킬 수 있는 사람들이 있습니다. 이들은 꼭 가장 가난한 사람들인 것도, 꼭 경제적인 존재인 것도 아닙니다. 가령 우리는 교육을 둘러싼 갈등이, 혹은 정치적 자유의 문제와 연관된 갈등이 어떻게 영향력이 매우 큰 대중 운동의 계기가 될 수 있었는지 잘 알고 있습니다. 따라서 제가 말할 수 있는 것은, 사회의 권력을 가시적으로 조직하는 것과 역할의 분배를 일정하게 파열시키는 사람들 사이의 관계가 근본적으로 중요하다는 것입니다. 제게는 두 계급 사이의 명확한 괴리나 구분이 문제라기보다는 몫, 위치, 기능의 확립된 분배 방식과 그것을 권력의 계산에서는 고려되지 않았던 말이나 힘을 천명하면서 파열시키게 되는 사람들 사이의 괴리가 문제입니다.

바커 그렇다면 반드시 착취가 문제인 것은 아니군요. 오히려 권력과 지배의 문제네요.

랑시에르 확실히 그렇습니다. '경제적' 혹은 '사회적'이라 불리는 작은 규모의 갈등을 예로 들어봅시다. 물론 이것은 착취 메커니즘과 연관되는 갈등이지만 동시에 누가 조직화를 사유할 수 있는가의 문제와 항상 연관된 갈등이기도 합니다. 국가처럼 자본주의도 미래의 독점을, 계획의 독점이라고 할 수 있는 것을 확보하기 때문이지요. 따라서 진지한 노동자에게는 노동, 임금, 노동시간, 조직 등을 둘러싼 갈등과 연관된 요구가 있기 마련입니다. 그런데 노동이 어떻게 보상받아야 하는지에 누가 확정적으로 알 수 있는가, 노동이 어떻게 조직되고 분배되는지에 대해 누가 알 수 있는가, 누가 미래를 사유할 수 있는가 등을 둘러싼 갈등 역시 항상 존재합니다. 제 생각에 노동이 대대적으로 동원되는 모든 경우는 이 두 가지 측면을 다 가지고 있습니다. 바로 이 때문에 착취는 사람들이 고전적 도식으로 생각하는 바와 다릅니다. 고전적으로 착취는 일종의 토대로 생각되고 그 위에 정치적 지배, 이데올로기적 지배 등이 놓여 있었지요. 이런 식이 아닙니다. 착취는 능력 있는 사람들과 능력 없는 사람들에 관한 일종의 전제와 연결되어 있습니다. 능력 있는 사람들과 능력 없는 사람들의 바로 이런 경계가 모든 갈등에서 문제로 불거지는 것입니다.

바커 오늘날 맑스주의가 다시 한번 귀환하고 있습니다. 맑스의 저작들이 토론회, 서적, 학술심포지엄 등을 통해 다시 읽히고 다시 사유되며 '재장전'되고 있습니다. 흥미롭게도 이 모든 일은 의회 정치에 참여하는 좌파가 추락 중인 상황에서 일어나고 있지요. 당신은 정치와 미학의 관계에 대해 쓴 바 있습니다.[2] 이와 관련해 이 현상의 원인이나 기원을 짚어내기는 쉽지 않습니다만, 저는 맑스의 귀환 혹은 갱신된 맑스주의라는 현상이 사람들의 관심을 끄는 데 성공한 것이 그 정치적 전망이 전위적이기 때문인지, 정치적 참여를 불러일으키기 때문인지, 아니면 지적이고 매우 자유로우며 느슨하고 '자율적'이기 때문인지 자문해보게 됩니다.

랑시에르 저는 전위라는 개념을 그다지 흥미롭다고 생각하지 않습니다. 전위라는 개념은, 말하자면 정치적·군사적 개념이 나중에 어떤 미적 전망, 예술적 혁명의 전망에 부착된 것이지요. 이 개념은 그리 흥미로운 것이 못 됩니다. 저는 사람들이 미적 문제라고 부를 수 있는 것과 맑스주의의 관계란 전위의 사유를 거치지 않는다고 생각합니다. 오히려 그것은 감각 세계의 변형을 포함한 변형으로서의 혁명이라는 생각을 거칩니다.[3] 과거를 보면 프랑스 혁명의 시기에, 특히 이 혁명이 독일의 시인들과 철학자들에 의해 읽히는 방식에서 일종의 긴장이 형성됨을 볼 수 있습니다. 한편에는 순전한 정치적 행동으로서의, 순전한 법의 변형으로서의, 국가의 변형으로서의 혁명이 있고, 다른 한편에는 일종의 삶-형태 자체의 변형으로서의 혁명이 있지요. 이 둘 사이에서 긴장이 형성됩니다. 실제로 프리드리히 실러, 독일 관념론, 독일 낭만주의 일부에게는 매우 강한 사유가, 우리가 진정한 감각 공동체와 단순한 정치적 공동체 사이에서 어떤 위치에 있는가를 다루는 매우 강한 사유가 존재합니다. 그런데 저는 맑스주의가 이것을 부분적으로 물려받았다고 생각합니다. 법의 변형, 국가의 변형일 뿐만 아니라 실로 새로운 공통적 세계의 구축으로서의 혁명이라는 생각을 물려받았다는 것이지요. 새로운 공통적 세계란 지각 능력, 상이한 감각 능력이 모두에 의해서 소유되는 세계입니다.

바커 당신은 이런 종류의 지각을 맑스의 귀환에서, 혹은 어떤 코뮤니즘이라는 이념에서 포착하시나요?

랑시에르 사실 제가 보기에 귀환하고 있는 것은 코뮤니즘에 대한 더 추상적인 생각인 것 같습니다. 전위 이념을 통해서든 자본주의가 여전하다는 생각, 즉 자본주의가 이른바 그 해로움을 한 번 더 보여준다는 생각을 통해서든, 코뮤니즘은 자본주의가 잘못해서만이 아니라 더 나아가 자신조차도 규제하지 못한다는 점을 증거로 해서 어찌됐든 다시 좀 더 무대의 전면으로 나왔습니다. 결국 사람들은 자본주의가 스스로 코뮤니즘으로 이행하리라거나 평등이나 인류의 복지를 가져다주리라고 믿을 수 없게 됐지요. 따라서 실제로 코뮤니즘이라는 이념은 대안으로서 좀 더 무대의 전면에 나왔지만, 제 생각에 이 대안은 극히 추상적인 사유를 담고 있습니다. 예를 들어 안토니오 네그리 같은 사상가들은 자본주의가 코뮤니즘을 산출한다는 생각을 유지하려고 합니다. 실은 저도 자본주의가 일정 형태의 코뮤니즘을 산출한다고 생각합니다. 자본의 코뮤니즘이지요. 그렇지만 제 생각에 그것은 결코 모두의 능력에 기반을 둔 코뮤니즘이 아닙니다. 다른 한편, "자본주의를 보세요, 저러니 결국 코뮤니즘이 이념으로서 그다지 나쁠 것이 없습니다"라고 말하는 사람들이 있습니다. 하지만 저는 이런 생각들이 오늘날 감각적 평등에 대한 사유를 진정으로 구성하리라고 생각하지 않습니다.

바커 때로는 착취당하고 있다는 생각이 정치적 의미를 잃은 시대에 우리가 살고 있는 것은 아닌가 생각됩니다. 네그리처럼 코뮤니즘이라는 이념을 고수하는 사람들은 맑스의 노동·노동력 개념에서 멀리 떨어진 것이 분명한 새로운 착취 형태, 새로운 해방의 형태라는 생각도 고수하고 있습니다. 무엇보다도 네그리는 '비물질노동'에 대해 말하고 있지요. 이렇게 착취 개념을 변경시키면 착취가 전지구적으로, 특히 노동계급과의 관계에서 여전히 실제로 행해지고 있다는 점을 시야에서 놓칠 위험이 생기지 않을까요?

랑시에르 사실 착취는 늘 행해지고 있습니다. 문제는 통일될 수 있는 피착취계급, 이를테면 혁명군, 미래의 군대, 미래의 조직이 될 수 있는 피착취계급이 착취로부터 산출된다는 논리로 착취가 사유되던 때가 있었다는 것입니다. 착취는 지난 몇 십 년을 거치면서, 착취 단위는 늘 더 커지고 계급은 점점 더 동질적이 되는 것이 역사적 논리라고 생각하는 사람들이 보기에 페달을 뒤로 밟은 것처럼 되어버렸습니다. 아닙니다. 이제 착취는 아웃소싱이나 미세한 분업 등으로 무한히 다양화됐으며, 사실상 19세기의 착취 방식이었던 것으로 되돌아갔습니다. 다시 말해서 착취는, 조직을 가지고 있고 명백하게 가시화되는 힘을 가진 노동계급을 더 이상 산출하지 않습니다. 그에 따라 우리는 문제적 상황에 처하게 된 것입니다. 착취의 힘이 이렇게 새로이 분산됨으로써 해방을 다른 방식으로 다시 생각할 수밖에 없게 되고, 프롤레타리아트가 일종의 집단적 군대로 형성된 결과와 같은 것을 사유하지 못하게 되는 것입니다.

2010년 9월 15일
파리(프랑스)

후 주

서문: 어느 약을 먹을 텐가?

1) 이 심포지엄의 발표문들은 다음의 책으로 출간됐다. Costas Douzinas and Slavoj Žižek (eds.), *The Idea of Communism* (London: Verso, 2010).

2) 이 베를린 심포지엄의 발표문들 역시 단행본으로 출간됐다. Alain Badiou et Slavoj Žižek (éds.), *L'Idée du communisme, vol.2: Berlin, 2010* (Paris: Éditions Lignes, 2011). 한편 베를린 심포지엄이 개최되기 이전에는 파리에서 2010년 1월 22~23일에 걸쳐 "코뮤니즘의 역량: 오늘날 코뮤니즘은 무엇의 이름인가?"(Puissances du communisme: De quoi communisme est-il aujourd'hui le nom?)라는 명칭으로, 그 뒤 2011년 10월 14~16일에는 뉴욕에서 "코뮤니즘, 새로운 시작?"(Communism, A New Biginning?)이라는 명칭으로 동일한 문제의식의 토론회가 잇달아 개최됐다. 뉴욕 컨퍼런스의 발표문들은 다음의 책으로 출간됐다. Slavoj Žižek (ed.), *The Idea of Communism 2: The New York Conference* (London: Verso, 2013). 이 모든 토론회에서 핵심 역할을 했던 것이 바디우와 지젝인데, 2013년 7월 1일부터 경희대학교 글로벌커뮤니케이션 학부 에미넌트 스칼라로 임명된 지젝은 바디우와 함께 한국에서도 이와 비슷한 주제의 국제학술대회를 개최할 예정(9월 27~29일)으로 알려져 있다.

3) Antonio Negri, *Marx oltre Marx: Quaderno di lavoro sui Grundrisse* (Milano: Feltrinelli, 1979). [윤수종 옮김, 『맑스를 넘어선 맑스』, 도서출판 새길, 1994; 중원문화, 2012.]

4) Karl Marx, "Karl Marx an Arnold Ruge in Paris, Kreuznach, September 1843," *MEW*, Bd.1 (Berlin/DDR: Dietz Verlag, 1956), p.344.

5) Karl Marx und Friedrich Engels, "Die heilige Familie oder Kritik der kritischen Kritik"(1845), *MEW*, Bd.2 (Berlin/DDR: Dietz Verlag, 1957), p.130. [최인호 옮김, 「신성가족」, 『칼 맑스/프리드리히 엥겔스 저작 선집 1』, 박종철출판사, 1991, 113쪽.]

6) 로빈 블랙번은 맑스의 사상과 맑스주의가 '맑스주의의 실험'으로서의 러시아 혁명과 어느 정도쯤 일치 혹은 불일치한다고 말할 수 있는지에 대해서 매혹적으로 기술한 바 있다. Robin Blackburn, "Fin de Siècle: Socialism after the Crash," *New Left Review*, no.185, (January-February 1991). [서경희 옮김, 「동구권 몰락 이후의 사회주의」, 『몰락 이후: 공산권 의 패배와 사회주의의 미래』, 창작과비평사, 1994쪽.]

7) 서로 경쟁하는 두 개념(즉, 사회주의와 코뮤니즘)이 사실상 다르고, 각각 상이한 사회 형태를 지칭함을 인식하는 것은 중요하다. 예컨대 맑스는 사회주의 사회를 여전히 계급투쟁에 좌우되는 사회로 규정한 반면, 코 뮤니즘은 '계급 없는 사회'일 것이라고 말했다. 하지만 사회주의 개념의 중요성, 그리고 맑스의 저작에서 사회주의 개념이 코뮤니즘 개념과 어 떻게 다른지를 다루는 데 너무 오래 붙들려 있을 필요는 없다.

8) 이에 대한 더 자세한 내용으로는 다음의 책도 참조하라. Antonio Negri, *Goodbye Mr. Socialism*, a cura di Raf Valvola Scelsi (Milano: Feltrinelli, 2006), pp.16, 22~23, 111. [박상진 옮김, 『굿바이 미스터 사회주의』, 도 서출판 그린비, 2009, 22, 31, 153쪽.]

9) Alain Badiou, *Circonstances, 5: L'Hypothèse communiste* (Paris: Nou-velles éditions Lignes, 2009). 이 책의 축약본으로는 다음을 참조하라. 알 랭 바디우, 서용순 옮김, 「사르코지라는 이름이 뜻하는 것: 공산주의적 가설」, 『뉴레프트리뷰 1』, 도서출판 길, 2009.

10) Karl Marx und Friedrich Engels, "Manifest der Kommunistischen Partei" (1848), *MEW*, Bd.4 (Berlin/DDR: Dietz Verlag, 1959), p.462. [최인호 옮김, 「공산주의당 선언」, 『칼 맑스/프리드리히 엥겔스 저작 선집 1』, 박종 철출판사, 1991, 400쪽.]

11) John Swinton, "Account of an Interview with Karl Marx," *The Sun*, no.6 (September 6, 1880); *MEGA²*, Abt.I, Bd.25 (Berlin: Akademie Verlag, 1985), p.446. [*MEW*에는 수록되어 있지 않다.]

12) Marx und Engels, "Manifest der Kommunistischen Partei," p.465. [「공산주의당 선언」, 403쪽.]

13) Karl Marx und Friedrich Engels, "Die Deutsche Ideologie"(1845), *MEW*, Bd.3 (Berlin/DDR: Dietz Verlag, 1958), p.35. [최인호 옮김, 「독일 이데올로기」, 『칼 맑스/프리드리히 엥겔스 저작 선집 1』, 박종철출판사, 1991, 215쪽.]

14) 이 구절은 『자본』 제3권의 48장(「삼위일체 정식」)에 나온다. Karl Marx, "Das Kapital, Bd.3"(1894), *MEW*, Bd.25 (Berlin/DDR: Dietz Verlag, 1964), p.838. [강신준 옮김, 『자본 III-2』, 도서출판 길, 2010, 1107쪽.] 또한 알베르토 토스카노와의 대담을 참조하라.

15) 『철학의 빈곤』에서 맑스는 이렇게 질문한다. "주권자[군주]가 자신의 인장을 찍음으로써 금과 은을 점유해 보편적인 교환의 매개물로 만드는 것일까? 도리어 이 보편적인 교환의 매개물이 주권자로 하여금 자신에게 인장을 찍고 자신을 정치적으로 축성하도록 강제함으로써 주권자를 점유하는 것이 아닐까?" Karl Marx, "Das Elend der Philosophie"(1847), *MEW*, Bd.4 (Berlin/DDR: Dietz Verlag, 1959), p.109. [강민철·김진영 옮김, 『철학의 빈곤』, 아침, 1988, 88쪽.]

16) 자본주의의 전복이 자본주의의 민주적 관리로 이어져야 하는지에 대해 흔히 사회주의자들은 긍정적으로, 신맑스주의자들이나 코뮤니스트들은 부정적으로 답한다. 안토니오 네그리와의 대담을 참조하라.

17) Alberto Toscano, "Communism as Separation," *Think Again: Alain Badiou and the Future of Philosophy*, ed. Peter Hallward (London: Continuum, 2004), p.138.

18) Alain Badiou, *Abrégé de métapolitique* (Paris: Seuil, 1998).

19) "사물의 본성에는 어떤 것도 우연적으로 주어진 것이 없으며, 모든 것은 일정한 방식으로 존재하고 작용하게끔 신적 본성의 필연성에 의해 결정되어 있다"(제1부, 정리 29). Spinoza, *Ethics* (1677), trans. Andrew Boyle (London: Everyman Library, 1993), p.25. [강영계 옮김, 『에티카』 (개정판), 서광사, 2007, 57쪽.]

20) 바디우에게 있어서 수학적 존재론은 존재가 통일성 없는 순수 다양성 (multiplicity)[다양체]임을 입증한다. 우리는 그런 다양성을 스피노자의

3종 인식인 적실한 직관과 동일한 것으로 볼 수 있다. 그러나 바디우에게 순수 다양성은 경험적 실재 또는 '세계'에 대해 입증될 수 있는 바의 특징이라기보다 담론의 특징이다. Alain Badiou, *L'Être et l'Événement* (Paris: Seuil, 1988).

21) '분리로서의 코뮤니즘'이 벌린의 적극적 자유 대 소극적 자유라는 구분(「자유의 두 개념」)을 흩뜨려 놓는 것은 바로 이 때문이다. Isaiah Berlin, "Two Concepts of Liberty"(1958), *Liberty: Incorporating Four Essays on Liberty* (Oxford: Oxford University Press, 2002). [박동천 옮김, 「자유의 두 개념」, 『자유론』, 아카넷, 2006.]

22) Marx, "Das Elend der Philosophie," p.130. [『철학의 빈곤』, 115쪽; 최병연 옮김, 「철학의 빈곤」, 『칼 맑스/프리드리히 엥겔스 저작 선집 1』, 박종철출판사, 1991, 273쪽.]

1. 혁명, 우리가 원하는 것을 만들어내기: 마이클 하트와의 대담

1) toxic assets. 가치가 급락해 시장에서 제 기능을 발휘할 수 없게 된 부실 금융 자산. 2008년 미국에서 발생한 서브프라임 모기지 사태의 원인 제공자 중 하나인 컨트리와이드파이낸셜의 CEO 모질로(Angelo Mozilo, 1938~)가 위험이 큰 서브프라임 모기지론 상품을 지칭해 2006년경 처음 쓴 것으로 알려져 있다. Tom Petruno, "Mozilo Knew Hazardous Waste When He Saw It," *Los Angeles Times* (June 4, 2009).

2) "인간종은 더 나은 상태로 지속적으로 진보하고 있는가?"라는 칸트의 이 물음은 『학부들의 논쟁』 제2편의 부제이기도 하다. Immanuel Kant, *Der Streit der Fakultäten* (1798), hrsg. Horst D. Brandt und Piero Giordanetti (Hamburg: Felix Meiner Verlag, 2005). [오진석 옮김, 『학부들의 논쟁』, 도서출판b, 2012, 119~144쪽] 칸트가 이 질문을 처음 정식화한 것은 5년 전이다. "인간의 자연[본성] 속에는 류가 언제나 더 좋은 상태로 진보할 것이라고 …… 추측할 수 있는 소질들이 있는가?" 임마누엘 칸트, 오진석 옮김, 『속설에 대하여: 그것은 이론에서는 옳을지 모르지만 실천에 대해서는 쓸모없다』(1793), 도서출판b, 2011, 61~62쪽.

3) Karl Marx und Friedrich Engels, "Die Deutsche Ideologie"(1845), *MEW*, Bd.3 (Berlin/DDR: Dietz Verlag, 1969), p.35. [최인호 옮김, 「독일 이데

올로기」,『칼 맑스/프리드리히 엥겔스 저작 선집 1』, 박종철출판사, 1991, 215~216쪽.]

2. 사건/이념이 아닌 물질적 구축으로서의 코뮤니즘: 안토니오 네그리와의 대담

1) 2010년 4월 7일, 미국 의회 산하 금융위기조사위원회에 출석한 그린스 펀은 정확히 이렇게 말했다. "나는 공직 생활 중 70%는 옳았시만 30% 는 틀렸다. 물론 21년 동안 큰 실수도 많았다." Sewell Chan and Eric Dash, "For Crisis Panel, the Creativity Is Verbal Instead of Financial," *The New York Times* (April 9, 2010). 그린스펀이 인정한 실수는 자신 이 "서브프라임의 규모, 깊이, 시장 위험에 대한 잠재적 영향력 등을 제 대로 파악하지 못한 것"이었는데, 네그리는 이런 답변을 반박하며 그린 스펀의 잘못은 저금리 정책을 장기간 유지한 데 있다고 지적하는 것이 다. 한편 그린스펀은 자신의 저금리 정책이 자산거품 현상을 초래해 금 융 위기를 야기했다는 비판에 항변하며, 서브프라임 모기지 위기는 위 험스런 주택 대출을 증권화해 다시 잘라 매각함으로써 해외 투자자들의 수요를 인위적으로 증가시킨 금융권들과 이런 금융권을 허술하게 관리 했던 신용평가 기관 때문에 발생했다고 주장했다.

2) '주체'(subject/sujet)의 어원은 라틴어 '수비엑툼'(subiectum)인데, 이것 은 그리스어 '휘포케이메논'(hypokeimenon)의 번역어이다. '휘포케이메 논'은 '밑'(hypo-)에 '깔려 있는 것'(keimenon), 간단히 말해서 '아래에 놓여 있는 것'이다. 이런 맥락에서 (특히 아리스토텔레스의 형이상학에 서) '휘포케이메논'은 '질료'(hȳlē) 혹은 '기체'(基體)를 뜻했다. 이런 맥 락에서 이 용어는 근대에 들어와 (자)의식 없는 대상/사물과 대비되어 (그 근원에 놓인 자의식이나 주관적 경험으로 구성된) 내면의 존재를 뜻 하기도 했는데, 이것이 오늘날 우리가 흔히 알고 있는 주체의 개념이다. 그러나 중세의 정치학에서 이 용어는 어원 그대로의 의미로, 즉 '(~에) 종속된 존재'('신민')라는 의미로 쓰이기도 했다.

3) Karl Marx, "Grundrisse der Kritik der Politischen Ökonomie"(1858), *MEW*, Bd.42 (Berlin/DDR: Dietz Verlag, 1983), pp.381~382. [김호균 옮김,「자본의 시초 축적」(III장, 제2편),『정치경제학 비판 요강 II』, 도서 출판 그린비, 2007, 94~95쪽.]

4) 『정치경제학 비판 요강』(앞의 각주 3번 참조)에서뿐만 아니라 『자본』의 관련 부분에서도 맑스 자신은 결코 '재봉건화'(refeudalisierung)라는 표현을 쓰지 않았다. 이와 가장 비슷한 표현을 굳이 찾자면 [본원적 축적의] "반대 방향으로의 운동"(eine Bewegung in umgekehrter Richtung)이라는 표현이 있을 뿐이다. Karl Marx, "Das Kapital, Bd.1"(1867), *MEW*, Bd.23 (Berlin/DDR: Dietz Verlag, 1962), p.744. 각주 189번. [강신준 옮김, 『자본 I-2』, 도서출판 길, 2008, 965쪽.] 네그리는 이 '재봉건화'라는 테마를 (정확한 출처를 밝히지 않은 채) 자주 언급했는데, 가장 최근의 예로는 다음을 참조하라. Antonio Negri and Michael Hardt, *Common -wealth* (Cambridge, M.A.: Belknap Press of Harvard University Press, 2009), pp.76~77. [정남영·윤영광 옮김, 『공통체』, 사월의책, 근간 예정.] 한편 맑스주의의 관점에서 중앙 유럽의 재봉건화를 분석한 글로는 다음을 참조하라. Jerzy Topolski, "La reféodalisation dans l'économie des grands domaines en Europe centrale et orientale (XVIe – XVIIIe ss.)," *Studia Historiae Oeconomicae*, VI (1971), pp.51~63.

5) New Age. 1970년대경 북아메리카를 중심으로 일어난 새로운 영성 운동. 범신론이나 다신론, 가이아 이론, 각종 생태주의 운동 조류들이 모두 '뉴에이지'라는 명칭을 공유하기 때문에 '뉴에이지'를 정확히 정의하기는 힘들다. 다만 물질주의를 배격하고, 친환경적이며, 개인이나 작은 집단의 영적 각성을 추구한다는 공통점이 있다.

6) Antonio Negri, *Dall'operaio massa all'operaio sociale: Intervista sull'-operaismo* (Milano: Multhipla, 1979). 네그리의 '사회적 노동자' 개념에 대한 더 자세한 내용으로는 다음을 참조하라. 안토니오 네그리, 윤수종 옮김, 「맑스에 관한 20가지 테제: 오늘날 계급상황에 대한 해석」, 『지배와 사보타지』, 새길, 1996, 133~136쪽.

7) Slavoj Žižek (ed.), *The Idea of Communism 2: The New York Conference* (London: Verso, 2013); *The Idea of Communism* (London: Verso, 2010); Alain Badiou, *Circonstances, 5: L'Hypothèse communiste* (Paris: Nouvelles éditions Lignes, 2009).

8) Antonio Negri, *Spinoza sovversivo: Variazioni (in) attuali* (Roma: Pelicani, 1992). [이기웅 옮김, 『전복적 스피노자』, 도서출판 그린비, 2005];

L'anomalia selvaggia: Saggio su potere e potenza in Baruch Spinoza (Milano: Feltrinelli, 1981). [윤수종 옮김, 『야만적 별종: 스피노자에 있어서 권력과 역능에 관한 연구』, 푸른숲, 1997]; *Descartes politico o della ragion evole ideologia* (Milano: Feltrinelli, 1970). 한편 네그리는 최근 스피노자에 관한 사신의 세 번째 책인 『스피노자와 우리』를 발간하기도 했다. *Spinoza e noi* (Milano: Mimesis, 2012).

9) Karl Marx und Friedrich Engels, "Manifest der Kommunistischen Partei" (1848), *MEW*, Bd.4 (Berlin/DDR: Dietz Verlag, 1969), pp.482~492. [최인호 옮김, 「공산주의당 선언」, 『칼 맑스/프리드리히 엥겔스 저작 선집 1』, 박종철출판사, 1991, 421~431쪽.]

10) "개념은 그 구성요소들과의 관계에서 [그것들을 위에서 내려다보는] 조감(survol/鳥瞰)의 상태로 존재한다. …… 개념은 사건으로서의 새이다. 개념은 무한의 속도로 전체적인 조감의 관점에서 파악되는 유한한 이질적 구성요소들의 분리 불가능성으로 정의된다." Gilles Deleuze et Félix Guattari, *Qu'est-ce que la philosophie?* (Paris: Minuit, 1991), p.26. [이정임·윤정임 옮김, 『철학이란 무엇인가?』, 현대미학사, 1995, 34~36쪽.]

11) Die Familie Krupp. 독일을 대표하는 최대의 철강기업 가문. 프리드리히 (Friedrich Krupp, 1787~1826)가 주조 공장을 세우면서 시작된 이 가문의 가업은 프리드리히의 아들인 알프레트(Alfred Krupp, 1812~1887), 알프레트의 손녀사위인 구스타프(Gustav Krupp von Bohlen und Halbach, 1870~1950)로 이어지며 유럽 최대의 기업인 '프리드리히 크루프 주식회사'로 성장했다. 그러나 제2차 세계대전 당시 나치에 협력한 구스타프와 그의 아들 알프리트(Alfried Krupp, 1907~1967)가 종전 뒤에 전범 재판을 받으면서 회사는 사양길에 접어들었고, 1999년 또 다른 철강기업인 티센 주식회사와 합병해 티센크루프 주식회사(ThyssenKrupp AG)로 이름을 바꿔 오늘에 이르고 있다.

12) Giovanni Agnelli(1921~2003). 이탈리아의 기업인. 세계적인 자동차 회사 피아트의 창업자 조반니(Giovanni Agnelli, 1866~1945)의 손자로서, '잔니'(Gianni)라는 애칭으로도 불린다.

13) 사실 미국의 보수 진영(공화당, 티파티 운동 등)은 오바마가 서브프라임 모기지론 사태로 촉발된 일련의 금융 위기를 막기 위해 구제금융을 실

시하기 훨씬 이전부터(그런데 따지고 보면 이 조치는 전임자인 부시 대통령과 합의한 사항이었다), 즉 2008년 대통령 선거 당시부터 오바마를 '사회주의자'로 몰아붙여왔다. 이런 공세는 대통령 당선 뒤 오바마가 의료보험 제도를 개혁하고 제너럴모터스 등 자동차 기업에 대한 정부 지원을 결정했을 때 더욱 거세졌는데, 결국 미국인의 절반 이상이 오바마 정부는 사회주의적이라고 생각한다는 조사 결과까지 나왔다. 이에 오바마는 틈이 날 때마다 자신은 결코 사회주의자가 아니라고 해명해야만 했다. 대표적으로 다음의 기사를 참조하라. "Transcript: Obama's Interview Aboard Air Force One," *The New York Times* (March 8, 2009). 그런데 정작 미국의 사회당은 오바마의 정책들이 사회주의적이기는커녕 반노동자·친기업적이라고 비판해왔다.

14) Marx und Engels, "Manifest der Kommunistischen Partei," p.468. [「공산주의당 선언」, 406쪽.]

15) John Locke, *Two Treatises of Government* (London: Awnsham Churchill, 1689), Bk.II, ch.4, §28. [강정인·문지영 옮김, 『통치론: 시민정부의 참된 기원, 범위 및 그 목적에 관한 시론』, 까치, 1996, 35~36쪽.]

16) 블로크의 장편 서사시 『열둘』을 말한다. 적군 병사 열두 명이 화자로 등장하는 이 시에서 블로크는 혁명(즉, 볼셰비키 혁명)이 가져올 미래의 희망과 동시에 혁명의 파괴적 잠재력까지 노래했다. Alexandr Blok, *Dvenadtsat* (Sankt-Peterburg: Alkonost, 1918). 블로크는 같은 해에 쓴 어느 에세이에서 혁명의 불꽃은 인텔리겐치아에게는 파멸을 가져올 것이고, 러시아는 인민을 위해 이 파멸을 받아들여야만 한다고 쓴 바 있다. "Intelligentsiia i revoliutsiia," *Sobranie sochinenii* (Moscow: Khudozhestvennaia literatura, 1962).

17) 1994년 이탈리아의 총리가 된 이후부터 온갖 추문과 부패 혐의로 비난받던 베를루스코니가 자신의 비판자들과 법원의 판결 등에 항의하며 개인(즉, 자기 자신)의 자유를 들먹이곤 했던 것을 비꼰 말이다. 결국 베를루스코니는 총리 재임 중이던 2010년 미성년 성매매를 행한 죄목으로 2013년 6월 24일 밀라노 법원으로부터 징역 7년형을 선고받았다. 한편 8월 1일에는 대법원이 베를루스코니에게 세금 횡령죄로 4년형을 선고함으로써 베를루스코니는 6년간 공직 진출도 할 수 없게 됐다.

18) 푸코가 자신의 '장치' 개념을 설명한 글로는 다음을 참조하라. Michel Foucault, "Le jeu de Michel Foucault"(1977), *Dits et Écrits*, tome 3: 1976-1979, éd. Daniel Defert et Françcois Ewald, avec collab. Jacques Lagrange (Paris: Gallimard, 1994). [홍성민 옮김, 「육체의 고백」, 『권력과 지식: 미셸 푸코와의 대담』, 나남, 1991.] 또한 푸코의 '장치' 개념에 대한 들뢰즈의 논평으로는 다음을 참조하라. Gilles Deleuze, "Qu'est-ce qu'un dispositif?"(1988), *Deux réimes de fous: Textes et entretiens 1975 -1995*, éd. David Lapoujade (Paris: Minuit, 2003). [박정태 옮김, 「장치란 무엇인가?」, 『들뢰즈가 만든 철학사』, 이학사, 2007.] 마지막으로 푸코의 '장치' 개념을 다른 현대 사상들과의 연관 속에서 정치철학적으로 읽어 내려는 시도로는 다음을 참조할 것. 조르조 아감벤·양창렬, 『장치란 무엇인가?/장치학을 위한 서론』, 도서출판 난장, 2010.

3. 코뮤니즘, 역사의 기차를 멈추는 비상 브레이크: 슬라보예 지젝과의 대담

1) Slavoj Žižek, "On the Idea of Communism"(Past Events), The Birkbeck Institute for the Humanities, 2010. [www.bbk.ac.uk/bih/events/Pastactivi -ties/ideaofcommunism])

2) Louis Althusser, *Pour Marx* (Paris: Maspero, 1965), p.235. [이종영 옮김, 『맑스를 위하여』, 백의, 1997, 274~275쪽.]

3) Nederlandse spreekwoorden. 플랑드르의 화가 브뤼헐(Pieter Bruegel de Oude, 1525~69)의 1559년 작품. 약 112개의 관용구들이 그려져 있는 이 작품을 통해 브뤼헐은 단지 속담을 모아놓으려고만 했던 것이 아니라 인간의 어리석음을 고찰했다. 그림 중앙에 남편에게 아내가 푸른 외투를 덮어주는 장면이 그려져 있는데, 이는 아내가 부정을 저질렀음을 의미한다. 다른 속담들은 인간의 어리석음을 가리키는 것으로서, 소가 빠져 죽은 뒤에 연못을 메우는 남자("소 잃고 외양간 고친다"), 햇빛을 바구니에 담아서 옮기는 남자("허송세월") 등이 묘사되어 있다.

4) Mike Davis, *Planet of Slums* (London: Verso, 2005). [김정아 옮김, 『슬럼, 지구를 뒤덮다』, 돌베개, 2007.]

5) *Zardoz*. 영국의 영화감독 부어맨(John Boorman, 1933~)이 1974년에 발표한 SF영화. '야만인들'(Brutals), 그리고 이들을 지배하는 소수의 '영

원한 자들'(Eternals)이 공존하는 서기 2293년의 지구가 배경이다. 영원
한 자들은 야만인들 중 일부를 '몰살자들'(Exterminators)로 선발해 야
만인들 전체를 지배하는 데, '자도즈'는 이 전사 계급인 '몰살자들'이 숭
배하는 하늘을 떠다니는 거대한 석상(머리 모양의 돌)이다.

6) "맑스는 혁명이 세계사의 기차라고 말했다. 그러나 어쩌면 사정은 그와
는 아주 다를지 모른다. 아마 혁명은 이 기차를 타고 여행하는 사람들
이 잡아당기는 비상 브레이크일 것이다." Walter Benjamin, *Gesammelte
Schriften*, Bd.I-3 (Frankfurt am Main: Suhrkamp, 1974), p.1232. [최성만
옮김, 「'역사의 개념에 대하여' 관련 노트들」, 『역사의 개념에 대하여/폭력
비판을 위하여/초현실주의 외』, 도서출판 길, 2008, 356쪽.]

7) Slavoj Žižek, *Welcome to the Desert of the Real* (London: Verso, 2002).
[김희진·이현우 옮김, 『실재의 사막에 오신 것을 환영합니다』, 자음과모
음, 2011.]

8) Nicholas Fearn, *Philosophy: The Latest Answers to the Oldest Questions*
(London: Atlantic Books, 2005), pp.77~78. [최훈 옮김, 『철학: 가장 오래
된 질문들에 대한 가장 최근의 대답들』, 세종서적, 2011, 122쪽.]

9) Friedrich Engels, "Der Ursprung der Familie, des Privateigenthums und
des Staats"(1884), *MEW*, Bd.21 (Berlin/DDR: Dietz Verlag, 1962). [김
대웅 옮김, 『가족, 사유 재산, 국가의 기원』, 두레, 2012.]

10) Karl Marx, *The Ethnological Notebooks of Karl Marx (Studies of Mor-
gan, Phear, Maine, Lubbock)*, ed. Lawrence Krader (Assen, the Netherlands:
Van Gorcum and Company, 1972; 2nd. ed., 1974). 맑스가 1879~82년
사이에 작성한 것으로 알려져 있는 이 수고는 엥겔스가 『가족, 사유 재
산, 국가의 기원』을 쓸 때 참조한 것으로도 유명하다. 이 수고와 '인류
학자 맑스'에 대한 더 자세한 내용으로는 다음을 참조하라. Thomas C.
Patterson, *Karl Marx, Anthropologist* (Oxford: Berg, 2009).

4. 모든 진실을 알려주는 일회적 사건은 존재하지 않는다: 니나 파워와의 대담

1) Karl Marx, "Thesen über Feuerbach"(1845), *MEW*, Bd.3 (Berlin/DDR:
Dietz Verlag, 1958), p.7. [최인호 옮김, 「포이에르바하에 관한 테제」, 『칼
맑스/프리드리히 엥겔스 저작 선집 1』, 박종철출판사, 1991, 189쪽.]

2) "불의 강(Feuer-bach)[즉, 포이에르바하]을 통하는 것 말고 진리와 자유에 이를 길은 없다. 포이에르바하는 현대의 연옥이다." Karl Marx, "Luther als Schiedsrichter zwischen Strauß und Feuerbach"(1843), *MEW*, Bd.1 (Berlin/DDR: Dietz Verlag, 1956), p.27. 『칼 맑스/프리드리히 엥겔스 저작집』(이하 『저작집』) 제1권에 수록된 이래로 연구자들 사이에서는 (맑스 특유의 문체나 표현법 능을 염두에 두고 봤을 때) 이 글이 진짜 맑스기 쓴 글이 맞느냐는 의문이 서서히 고개를 들기 시작했다. 급기야는 연구자들 사이에서 숱한 갑론을박이 빚어졌고, 결국 이 논쟁은 상당수 연구자들이 이 글의 저자를 맑스가 아니라 포이에르바하 본인인 것으로 지목함으로써 일단락지어졌다. 그에 따라 『저작집』 제1권의 13판(1981년)부터는 이 글이 빠지게 됐다. 이 논쟁과 관련된 대표적인 논문으로는 다음을 참조하라. Hans-Martin Saas, "Feuerbach statt Marx: Zur Verfasserschaft des Aufsatzes 'Luther als Schiedsrichter zwischen Strauß und Feuerbach,'" *International Review of Social History*, vol.XII (1967).

3) 페데리치의 작업 전반을 보려면 다음의 논문 모음집을 참조하라. Silvia Federici, *Revolution at Point Zero: Housework, Reproduction, and Feminist Struggle* (Oakland, C.A.: PM Press, 2012).

4) Nina Power, *One Dimensional Woman* (Winchester: Zero Books, 2009).

5) planned obsolescence. 새 품종의 판매를 위해 기존 품종을 계획적으로 구식이 되게 만드는 기업 행동.

6) 2010년 4월 23일, 그리스 정부가 EU와 IMF에 구제금융을 공식 요청함으로써 드러난 그리스의 재정 위기를 말한다. 그 주요 원인으로는 공공부문의 비효율성, 뿌리 깊은 부정부패, 과다한 사회보장비 지출, 취약한 제조업 경쟁력 등이 꼽히고 있는데, EU의 존립 자체를 뒤흔들 그리스의 재정 위기를 막기 위해 채권단인 EU, IMF, 유럽중앙은행은 2014년까지 구제금융 2천4백억 유로(약 3백52조2천3백억 원)를 지원하기로 했다. 그러나 최근 IMF는 그리스가 재정 위기를 넘기려면 2015~16년 동안 1백9억 유로(약 16조3천억 원)가 더 필요하다고 추산했다.

7) hung-parliament. 영국 선거 체계에서 총선 득표 결과로 어떤 단일 정당도 정부를 구성하기에 충분한 의석을 확보하지 못한 경우를 말한다. 이 대담 이틀 전인 2010년 5월 6일 화요일에 실시된 영국 총선은 '헝 의회'

로 귀결됐다. 일주일 뒤 데이비드 캐머런을 연립정부 수상으로 삼아 자유민주당-보수당 연립정부가 구성됐다.

8) Alain Badiou, *Abrégé de métapolitique* (Paris: Seuil, 1998).

5. '코뮤니즘'으로 무엇을 말하려고 하는가?: 알베르토 토스카노와의 대담

1) Karl Marx, "Der achtzehnte Brumaire des Louis Napoleon"(1852), *MEW*, Bd.8 (Berlin/DDR: Dietz Verlag, 1960). [최인호 옮김, 「루이 보나빠르뜨의 브뤼메르 18일」, 『칼 맑스/프리드리히 엥겔스 저작 선집 2』, 박종철출판사, 1991]; "Der Bürgerkrieg in Frankreich"(1871), *MEW*, Bd.16 (Berlin/DDR: Dietz Verlag, 1962). [안효상 옮김, 「프랑스에서의 내전」, 『칼 맑스/프리드리히 엥겔스 저작 선집 4』, 박종철출판사, 1995.]

2) Alberto Toscano, *Fanaticism: On the Uses of an Idea* (London: Verso, 2010). [문강형준 옮김, 『광신』, 후마니타스, 근간 예정.]

3) E. H. Carr, *Karl Marx: A Study in Fanaticism* (London: J. M. Dent & Sons, 1934). 1916년부터 외교관 생활을 했던 카는 '현실정치'에 입각해 반맑스주의적 입장을 고수했다. 그러나 냉전이 움트던 1940년대 말경부터 영국 정부의 정책에 비판적이 된 카는 맑스주의에 호의적으로 변한다. 그에 따라 카는 맑스를 가혹하게 비판했던 『칼 맑스』를 자신의 "최악의 책"이라고 부정하며, 출판사의 재출간 요구에 응하지 않았다. 다음의 논문들을 참조하라. Robert William Davies, "Carr's Changing Views of the Soviet Union," *E. H. Carr: A Critical Appraisal* (London: Palgrave, 2000); Tamara Deutscher, "E. H. Carr: A Personal Memoir," *New Left Review*, no.137 (January–February, 1983). 또한 '맑스와 광신(주의)'에 대한 토스카노의 견해로는 다음을 참조하라. Toscano, *Fanaticism*, pp.172~202.

4) Karl Marx, "Herr Vogt"(1860), *MEW*, Bd.14 (Berlin/DDR: Dietz Verlag, 1962).

5) "참으로, 어떤 의미에서 모든 도덕은 그 자체가 목적인 어떤 것에 대한 자의적이고 궁극적으로 불합리한 선택에 의지하고 있다는 점에서 '광적'이라고 할 수 있다." Marshall Berman, "Freedom and Fetishism"(1963), *Adventures in Marxism* (London: Verso, 1999), p.42. [문명식 옮김, 「자유와 물신숭배」, 『맑스주의의 향연』, 도서출판 이후, 2001, 70쪽.]

6) Ernst Bloch, *Geist der Utopie: Faksimile der Ausgabe von 1918* (Frankfurt am Main: Suhrkamp, 1971), p.406.

7) E. P. Thompson, *The Making of the English Working Class* (1963), 3rd. ed. (Harmondsworth: Penguin, 1980). [나종일 외 옮김, 『영국 노동자계급 의 형성』(전2권), 창작과비평사, 2000.]

8) reverse red-lining. '레드라이닝'이란 저소득층이나 빈곤층에게 대출을 기 피하는 미국 금융 기관들의 관행을 지칭하는 용어이다. 1960년대 말경 미국의 사회학자였던 맥나이트(John McKnight, 1931~)가 처음 쓴 말 로서, 맥나이트는 은행들이 동네 주민의 실업률과 평균 소득 등을 고려 해 '신용 리스크'가 큰 지역을 붉은 선으로 표시한 뒤 그곳 주민들에게 는 돈을 빌려주지 않는 모습을 발견하고 이 용어를 만들어냈다. 이런 레 드라이닝은 금융(대출)에서의 차별과 소외를 조장해 빈곤의 악순환을 불 러온다는 비판을 받아왔는데, 2000년대에 들어와 금융 기관들은 저소득 층에게도 적극적으로 대출하기 시작한다. 바로 이것이 '역(逆)레드라이 닝'이다(역시 사회학자인 스콰이어스[Gregory D. Squires, 1949~]가 이 표현을 만들어냈다). 그런데 금융업의 속성상 신용도 낮은 저소득층에게 는 다른 계층보다 연이율을 더 받는다. 예컨대 똑같은 금융 상품을 부자 보다 빈곤층에게 더 비싸게 팔아야 하는 것이다. 당연히 팔기 어렵다. 그 래서 금융 기관들은 저소득층 고객들을 유인하기 위해 대출심사 기준을 큰 폭으로 떨어뜨리고, 대출 직후 몇 년 동안 규정 금리보다 낮은 이자 를 받거나 주택 시세보다 더 많은 돈을 빌려주기도 했다. 즉, 금융 기관 들이 인위적으로 '부채'를 창출한 것으로서, 이제 쉽게 돈을 빌릴 수 있 게 된 저소득층은 거의 저축을 하지 않고 대출금으로 과소비를 누리게 됐다. 이런 역레드라이닝으로 인해 금융 위기 직전인 2007년 미국의 경 우 가계 부채가 가처분 소득의 140~150%에 달하게 된 것으로 조사됐는 데, 이런 현상이 전 세계적인 부채 위기를 가중시킨 원인 중의 하나로 지 목되기도 한다. 더 자세한 내용으로는 다음의 논문을 참조하라. Gregory D. Squires. "Predatory Lending: Redlining in Reverse," *Urban Society*, ed. Myron Levine, 15th ed. (New York: McGraw Hill, 2011).

9) Karl Marx, "Das Kapital, Bd.1"(1867), *MEW*, Bd.23 (Berlin/DDR: Dietz Verlag, 1962), p.25. [강신준 옮김, 『자본 I-1』, 도서출판 길, 2008, 56쪽.]

10) Mike Davis, *Planet of Slums* (London: Verso, 2005). 특히 8장을 참조하라. [김정아 옮김, 『슬럼, 지구를 뒤덮다』, 돌베개, 2007, 223~252쪽.]

11) 2009 UN Climate (Change) Summit. 2009년 12월 7~18일 덴마크의 코펜하겐에서 개최된 기후회담. 이 기후회담은 미국이 CO2 배출(량) 협정의 초안을 제출했지만 법적 구속력도 없고 참가국들의 만장일치로 통과되지도 않아 결론을 내지 못한 채 끝이 났다.

12) Herbert Marcuse, *Reason and Revolution: Hegel and the Rise of Social Theory*, 2nd ed. (London: Routledge, 1955), p.286. [김현일 옮김, 『이성과 혁명』(개정판), 중원문화사, 2011, 371~372쪽.]

6. 코뮤니즘이 아니라 코-이뮤니즘을: 페터 슬로터다이크와의 대담

1) Karl Marx, "Karl Marx an Arnold Ruge in Paris, Kreuznach, September 1843," *MEW*, Bd.1 (Berlin/DDR: Dietz Verlag, 1956), p.344.

2) Karl Marx, "Das Kapital, Bd.1"(1867), *MEW*, Bd.23 (Berlin/DDR: Dietz Verlag, 1962), p.66. [강신준 옮김, 『자본 I-1』, 도서출판 길, 2008, 109쪽.]

3) Salic Law(Lex Salica). 프랑크 왕국(5~9세기 말)을 구성했던 프랑크족의 주족(主族)인 살리족의 법전. 서게르만인의 부족법 중에서 가장 오래 된 법전으로서, 프랑크 왕국의 건설자 클로도비크 1세(Chlodovic 1, 446~511)가 만년(508~511년경)에 제정한 것으로 알려져 있다.

4) Peter Sloterdijk, *Zorn und Zeit: Politisch-psychologischer Versuch* (Frank-furt am Main: Suhrkamp, 2006).

5) Antonio Negri, *L'anomalia selvaggia: Saggio su potere e potenza in Baruch Spinoza* (Milano: Feltrinelli, 1981). [윤수종 옮김, 『야만적 별종: 스피노자에 있어서 권력과 역능에 관한 연구』, 푸른숲, 1997.]

7. 코뮤니즘이라는 이념의 탈신비화: 존 그레이와의 대담

1) Guy Debord, *La Société du Spectacle* (Paris: Buchet-Chastel, 1967). [이경숙 옮김, 『스펙타클의 사회』, 현실문화연구, 1996.]

2) 특히 말년의 작품들을 참조하라. J. G. Ballard, *Cocaine Nights* (London: Flamingo, 1996); *Super-Cannes* (London: Flamingo, 2000); *Kingdom Come* (London: Fourth Estate, 2006).

3) 15 minutes of fame. 미국 팝아트의 선구자 중 하나인 워홀(Andy Warhol, 1928~1987)이 1968년 2월 10일~3월 17일 스웨덴의 스톡홀름에서 열린 자신의 전시회 카탈로그에 써놓은 말. 정확하게 워홀은 "미래에는 모두가 15분간 세계적으로 유명해질 것이다"(In the future, everyone will be world-famous for 15 minutes)라고 썼다. 급격히 발달한 전지구적 매스미디어의 막강한 영향력 덕분에 누구든 15분간은 유명해질 수 있다는 말로서, 흔히 '반짝 유명세'를 뜻하기도 한다.

4) "미래에는 모두가 15분간 익명이 될 것이다"(In the future, everyone will be anonymous for 15 minutes)라는 문구를 적어놓은 영국의 그래피티 예술가 뱅크시의 작품을 참조하라. 뱅크시는 워홀의 말을 살짝 비틀어 이런 문구를 만들어낸 것인데, 그레이는 뱅크시의 이 말을 다시 한번 살짝 비틀어 자기 식대로 변주한 것이다.

5) Slavoj Žižek, *Living in the End Times* (London: Verso, 2010).

6) BP(예전의 브리티시페트롤륨)는 미국의 엑슨모빌에 이어 세계 2위의 규모를 자랑하는 영국의 석유회사이다. 2010년 4월 20일 미국 루이지애나주 멕시코 만에 있던 BP의 딥워터 호라이즌(Deepwater Horizon) 석유 시추 시설이 폭발해 대량의 원유가 유출되는 사건이 발생했는데, 그로 인한 오염은 미국 역사상 두 번째로 큰 환경 재해로 간주된다.

7) Monty Python. 영국 최고의 코미디 집단. 1969년 10월 5일부터 BBC에서 방영하기 시작한 『몬티 파이튼의 비행 서커스』(*Monty Python's Flying Circus*)라는 코미디 프로그램을 통해 처음 등장한 이래로 이른바 '파이튼 풍'(Pythonesque)이라고 불리는 부조리하고 초현실적인 코미디를 선보이며 큰 인기를 누렸다. 1983년 이후 사실상 해체됐다.

8) Francis Fukuyama, *The End of History and the Last Man* (New York: Free Press, 1992). [이상훈 옮김, 『역사의 종말: 역사의 종점에 선 최후의 인간』, 한마음사, 1999.]

9) Gaia theory. 1972년 영국의 과학자 러브록(James Lovelock, 1919~　)이 주장한 가설. 지구가 단순히 기체에 둘러싸인 암석덩이로서 생명체를 지탱해주기만 하는 것이 아니라 생물과 무생물이 상호 작용하면서 스스로 진화하고 변해가는 하나의 생명체이자 유기체임을 강조한 가설이다. 특히 다음을 참조하라. James Lovelock, *Gaia: A New Look at Life on Earth*

(Oxford: Oxford University Press, 1979). [홍욱희 옮김, 『가이아: 살아 있는 생명체로서의 지구』, 갈라파고스, 2004.]

8. 새로운 공통적 세계의 구축으로서의 혁명: 자크 랑시에르와의 대담

1) Jacques Rancière, *Aux bords du politique* (1990), Folio-Essais ed. (Paris: Gallimard, 2003). [양창렬 옮김, 『정치적인 것의 가장자리에서』(전면 개정판), 도서출판 길, 2013.]

2) Jacques Rancière, *Le Partage du sensible: Esthétique et politique* (Paris: La Fabrique, 2000). [오윤성 옮김, 『감성의 분할: 미학과 정치』, 도서출판 b, 2008.]

3) Jacques Rancière, "The Aesthetic Revolution and Its Outcomes: Emplotments of Autonomy and Heteronomy," *New Left Review*, no.14 (March-April, 2002). [진태원 옮김, 「미학 혁명과 그 결과: 자율성과 타율성의 서사 만들기」, 『뉴레프트리뷰 1』, 도서출판 길, 2009.]

추천도서

다음은 이 책『맑스 재장전』과 함께 읽으면 좋을 만한 책들의 목록이다. 무엇보다도 이 책의 숨은(그러나 사실상의) 주인공인 칼 맑스, 그리고 맑스의 절친한 친구이자 사상적 동지였던 프리드리히 엥겔스의 삶과 사상을 엿볼 수 있는 책들이 이 목록의 중심이지만, 본문에서 각자의 방식으로 '맑스 재장전'을 행하는 정치철학자 여덟 명의 주요 저작들도 골라봤다. 맑스와 엥겔스의 경우,『자본』을 제외한 그들의 핵심 저작을 읽어보려는 분들에게는 기본적으로 박종철출판사의『칼 맑스/프리드리히 엥겔스 저작 선집』(전6권/1991~97)을 추천하고 싶다. 그러나 이 선집은 대부분 발췌 번역이기 때문에 가급적 완역된 다른 판본 위주로 골랐음을 미리 밝혀둔다.

1. 칼 맑스와 프리드리히 엥겔스의 삶

이사야 벌린,『칼 마르크스: 그의 생애와 시대』(미다스북스/2012)
트리스트럼 헌트,『엥겔스 평전: 프록코트를 입은 공산주의자』(글항아리/2010)
리우스,『마르크스』(김영사/2008)
프랜시스 윈,『마르크스 평전』(푸른숲/2001)

원의 책이 맑스의 전기적 사실에 주로 초점을 맞췄다면, 벌린의 책은 맑스 사상의 핵심을 간결하게 요약하는 데 더 주력하는 특징이 있다. 그러나 어떤 책을 고르든 독자들은 기존의 박제화된 맑스의 모습에서 벗어나 그의 인간적인 면모를 충분히 만끽할 수 있을 것이다. 이와 마찬가지로 헌트의 책 역시 엥겔스의 인간적 면모를 부각시키면서 맑스의 단순한 '조력자'가 아니라 자기만의 독창적인 이론을 지닌 사상가로서의 엥겔스의 모습을 설득력 있게 보여준다. 마지막으로 상당한 두께를 지닌 벌린, 헌트, 원의 책을 읽을 엄두가 도저히 안나는 분들께는 멕시코 만화가 리우스의 책을 추천한다. 1972년에 초판이 나온 이래 전 세계적인 베스트셀러가 된 데서도 알 수 있듯이 리우스의 책은 단순한 만화책 이상의 깊이를 보여준다.

2. 칼 맑스와 프리드리히 엥겔스의 핵심 저작들

(1844년) 칼 맑스, 『경제학-철학 수고』(이론과실천/2006)
(1846년) 칼 맑스·프리드리히 엥겔스, 『독일 이데올로기』(청년사/2007)
(1848년) 칼 맑스·프리드리히 엥겔스, 『공산당 선언』(이론과실천/2008)

위의 세 저작 중 맑스와 엥겔스 생전에 출간된 것(즉, 두 사람이 최종까지 감수를 본 저작)은 단 한 권, 즉 『공산주의당 선언』뿐이다. 그래서인지 한국뿐만 아니라 전 세계적으로 가장 많은 판본이 존재하는 것도 『공산주의당 선언』이다. 그러나 『공산주의당 선언』이 중요한 이유는 이런 대중성 때문만은 아니다. 영국의 역사학자 에릭 홉스봄이 지적한 대로 『공산주의당 선언』은 "자본주의가 변형시킨 1848년의 세계를 묘사했던 것이 아니라 자본주의가 이 세계를 어떻게 변형시킬 수밖에 없는가를 논리적으로 예견"한 텍스트이기 때문에 중요하다. 자본주의가 위기에 빠질 때마다 거의 틀림없이, 어디에선가, 매번 이 텍스트의 새로운 판본이 선보이는 것도 이런 이유에서일 텐데, 만약『자본』을 제외하고 맑스와 엥겔스의 저작 중 반드시 읽어야 할 단 한 권이 읽다면 그것은『공산주의당 선언』일 것이다.

청년 맑스가 집필한『경제학-철학 수고』는 맑스 사후 50여 년이 지난 1932년에야 겨우 세상의 빛을 본 텍스트이다. 그러나 모스크바의 맑스레닌주의연구소에 의해 독일어로 처음 출판된 이 텍스트는 1933년 독일에서의 아돌프 히틀러 집권과 이듬해 소련에서 이오시프 스탈린이 자행한 '피의 숙청'에 가려지는 또 다른 불운을 겪었다. 그러나 당시 모스크바에 있던 게오르크 루카치, 파리에 있던 앙리 르페브르, 베를린에 있던 헤르베르트 마르쿠제 등은 이 텍스트의 진가를 한눈에 알아봤다. 특히 르페브르는 1934년 곧장 이 텍스트를 프랑스어로 발췌 번역해 제2차 세계대전 이후 서구 맑스주의가 다시 부흥하는 데 지대한 공헌을 했다. 그도 그럴 것이 이 텍스트의 핵심 개념인 '소외'는 이론적·실천적으로 서구 공산주의자들을 억압했던 소비에트 맑스주의를 반박하는 주된 근거가 됐기 때문이다.

『경제학-철학 수고』와 마찬가지로 1932년에 처음 선보인『독일 이데올로기는』는 맑스와 엥겔스의 대표적인 '미완성 초고'나 그들의 '유물론적 역사관'이 처음 명시된 텍스트로서 아주 중요하다. 그러나 한국어판은 완역이 아니며,『독일 이데올로기는』 자체도 각 장·절의 완성도나 집필 단계가 상이해 아직 정본이 없는 상태이다. 이 텍스트를 둘러싼 논쟁으로는 정문길의『독일 이데올로기의 문헌학적 연구: 초고의 해석과 편찬』(문학과지성사/2011)을 참조하라.

(1852년) 칼 맑스, 『루이 보나파르트의 브뤼메르 18일』(비르투/2012)

(1871년) 칼 맑스, 『프랑스 내전』(박종철출판사/2003)

(1884년) 프리드리히 엥겔스, 『가족, 사유 재산, 국가의 기원』(두레/2012)

『루이 보나파르트의 브뤼메르 18일』과 『프랑스 내전』은 (『프랑스에서의 계급투쟁』[1850])과 더불어 흔히 '프랑스 혁명사' 3부작으로 불린다. 특히 이 3부작은 맑스의 탁월한 정세 분석과 정치 감각을 보여줄 뿐만 아니라 대중 운동의 경험에 비추어 자신의 사유를 냉철하게 검증함으로써 풍부한 이론적 함의까지 담고 있다. 가령 1848년 2월 혁명이 낳은 의회공화정을 몰락시킨 루이-나폴레옹 보나파르트의 쿠데타(1851년)를 다룬 『루이 보나파르트의 브뤼메르 18일』은 당대의 계급투쟁과 보통선거제의 정치적 역할을 한데 엮어 분석함으로써 자신의 유물론적 역사관을 적용·검증하는 텍스트이다. 이와 마찬가지로 '역사상 최초의 노동자 정부'를 등장시킨 1871년 파리 코뮌의 궤적을 뒤쫓는 『프랑스 내전』 역시 파리 노동자들의 투쟁을 통해 자신의 '프롤레타리아 독재' 개념을 정교화하는 텍스트이다. 그래서 이 두 텍스트는 "맑스 정치학의 『자본』"이라고도 불린다.

맑스가 '프랑스 혁명사' 3부작을 통해 행한 작업을 엥겔스는 『가족, 사유 재산, 국가의 기원』을 통해 반복한다. 엥겔스는 이 텍스트에서 원시 공동체 사회의 붕괴, 착취에 기초한 계급 사회의 출현, 국가의 탄생에 이르는 인류 역사의 발전 과정을 세 가지 키워드(가족, 사유 재산, 국가)를 통해 유물론적으로 설명하려고 시도한 것이다. 한편이 텍스트는 여성의 종속이 발생하게 된 경제적·사회적 원인을 분석함으로써 후대의 페미니즘 운동에도 지대한 영향을 끼쳤다.

(1858년) 칼 맑스, 『정치경제학 비판 요강 I, II, III』(도서출판 그린비/2007)

(1867~94년) 칼 맑스, 『자본 I, II, III』(도서출판 길/2003)

이 두 저작은 더 이상 설명이 필요 없는 맑스의 주저이다. 아니, 더 정확하게 말하면 사실 설명하려고 한들 그 방대한 분량과 풍부한 이론적 함의를 모두 포착해 전달하기가 쉽지 않다. 그러니 전부를 다 읽는 데 상당한 시간과 노력이 들더라도 직접 읽어보는 것이 가장 좋다. 여기서는 내용과 무관하게 한 가지 점만 짚고 넘어가자.

흔히 『정치경제학 비판 요강』(이하 『요강』)은 시간적으로 뒤에 출간된 『자본』의 '청사진' 혹은 '준비 작업'으로 평가받는다. 그러나 안토니오 네그리는 『요강』의 '개방성'과 '투쟁성'을 주장하며 『자본』과의 차이점을 강조한 바 있다. 가령 자본의 변증법 혹은 운동을 매끄럽게 논리적으로 설명해가는 『자본』과 달리, 『요강』에서 논의는 수시로 급작스런 비약·단절·이탈로 나아간다. 여타의 연구자들이 이것을 맑스의 이론적 미숙함으로 여겼다면, 네그리는 이런 비약·단절·이탈을 또 다른 방향으로 나아가는 샛길이라고 이해했다. 네그리의 이런 이해는 "『자본』에는 프롤레타리아트가 없다"는 또 다른 지적과 일맥상통한다. 확실히 자본의 변증법을 좇는 『자본』에는 자본의 운동이 있을 뿐 노동자의 투쟁이 존재하지 않는다. 그러나 네그리에 따르면 『요강』에 나 있는 샛길의 끝에는 자본으로부터 이탈하고, 자본의 작동을 불가능하게 만드는 적대적 주체의 힘들이 살아 숨쉰다.

네그리의 이런 이해 방식이 옳은지는 각자가 판단할 몫이다. 다만 한 가지 확실하게 말할 수 있는 것은 『요강』으로부터 네그리만큼 독창적인 이론적 자원을 끌어낸 연구자가 드물다는 점이다.

3. 맑스주의 입문서

한국철학사상연구회, 『다시 쓰는 맑스주의 사상사』(오월의봄/2013)

데이비드 하비, 『데이비드 하비의 맑스《자본》강의』(글항아리/2011)

에티엔 발리바르, 『마르크스의 정치, 마르크스의 철학』(문화과학사/1995)

『다시 쓰는 맑스주의 사상사』는 그 부제("맑스에서 지젝까지, 오늘의 관점으로 다시 읽는 맑스주의")에서도 알 수 있듯이, 한국철학사상연구회 소속 연구자들이 총 23명의 동서양 맑스주의 철학자들을 '오늘, 우리의 관점'에서 다루고 있는 저작이다. 또한 이 23명 중에는 안토니오 네그리, 자크 랑시에르, 슬라보예 지젝 등도 포함되어 있으니 이 책『맑스 재장전』과 함께 읽어봄직하다. 무엇보다도 맑스주의의 역사를 한눈에 개괄할 수 있다는 점에서 일독을 권한다.

『데이비드 하비의 맑스《자본》강의』는 영국의 급진지리학자 데이비드 하비가 1970년대 초부터 지금까지 40년간 진행한『자본』강독의 내용을 정리한 저작이다(하비의『자본』강독 동영상은 그의 홈페이지[www.davidharvey.org]에 모두 공개되어 있다). "맑스 자신의 방식대로『자본』을 읽는다"는 모토 아래『자본』제1권을 꼼꼼이 읽고 있는 하비는 그동안 각계각층의 다양한 청중들을 상대해온 만큼 참으로 난해한『자본』제1권의 내용을 요령껏 쉽게 설명해준다. 곧 하비의『자본』제2권 강독도 발간될 예정이다.

『마르크스의 정치, 마르크스의 철학』은 현존하는 최고의 맑스주의 철학자로 일컬어지는 에티엔 발리바르의 저작이다. 보통의 입문서보다는 읽기가 조금 어렵지만 맑스(주의)의 주요 저작과 개념에 대한 독창적이고도 풍부한 해석이 돋보인다.

4. 『맑스 재장전』의 정치철학자들

1) 안토니오 네그리와 마이클 하트의 주요 저작들

> (2000년) 『제국』(이학사/2001)
> (2004년) 『다중: 제국이 지배하는 시대의 전쟁과 민주주의』(세종서적/2008)
> (2009년) 『공통체』(사월의책/근간 예정)

안토니오 네그리와 마이클 하트는 맑스와 엥겔스만큼이나 생산적인 협력관계를 펼치고 있는 대표적인 현대 사상가들이다. 따라서 이들이 현재 보여주고 있는 사유의 궤적을 좇으려면 무엇보다도 이들의 공동 저작, 특히 '제국' 3부작을 읽는 것이 가장 좋을 것이다. 하트와 달리 꾸준히 개별 저작을 발표하고 있는 네그리의 사유를 좇아가기 위해서는 '제국' 3부작 이외에도 읽을 것들이 많은데, 일단 네그리의 사상 전반을 체계적으로 개괄하고 있는 조정환의 『아우또노미아: 다중의 자율을 향한 네그리의 항해』(갈무리/2003)를 추천한다.

2) 슬라보예 지젝의 주요 저작들

> (2002년) 『실재의 사막에 오신 것을 환영합니다』(자음과모음/2011)
> (2009년) 『처음에는 비극으로, 다음에는 희극으로』(창비/2010)
> (2012년) 『멈춰라, 생각하라』(와이즈베리/2012)

슬라보예 지젝은 거의 매년 꾸준히 1~2권의 책을 펴내는 놀라운 필력의 소유자이다. 더욱더 놀라운 것은 이런 지젝의 책 대부분이 한국어로 번역되어 있다는 점인데, 그래서 지젝에 관한 한 읽을 책들이 넘쳐난다. 위의 세 권은 지젝의 '주요 저작'이라고 하기에는 무게감

이 떨어지는 일종의 시평이다. 그런데도 이 책들을 소개하는 이유는 우선 읽기가 쉽기 때문이다. 저작 곳곳에서 숱한 농담과 대중문화 작품(특히 할리우드 영화)을 인용하기 때문에 얼핏 쉬워 보이지만 사실 독일 근대 철학(특히 G. W. F. 헤겔)과 정신분석학(특히 자크 라캉)에 대한 독창적인 해석에 젖줄을 대고 있는 지젝의 논법은 생각보다 꽤 복잡하다. 따라서 일단은 지젝의 가벼운 책부터 도전해보는 것이 나을 듯하다. 또한 지젝의 시평은 (무릇 모든 시평이 그렇듯이) 당대의 주요 화두를 직접적으로 다루고 있기 때문에 지젝 자신의 최근 관심사가 무엇인지를 엿볼 수 있게 해준다는 장점이 있다.

3) 니나 파워와 알베르토 토스카노의 주요 저작들

니나 파워, 『일차원적 여성』(Zero Books/2009)
알베르토 토스카노, 『광신: 한 이념의 용법에 관하여』(후마니타스/근간 예정)

영국을 중심으로 활동하고 있는 니나 파워와 알베르토 토스카노는 발표한 저작이 비교적 적다. 그러므로 이들의 작업에 관심이 있는 분들은 위의 저작 이외에도 이들이 각종 매체에 발표한 논문들을 찾아보는 것이 더 나을 것이다. 파워의 논문은 로햄튼대학교의 홈페이지(www.roehampton.ac.uk/staff/Nina-Power/), 토스카노의 논문은 런던대학교 골드스미스칼리지의 홈페이지(www.gold.ac.uk/sociology/staff/toscano/)에 대부분 올라와 있다. 파워와 토스카노는 완성된 자기만의 사유 체계가 있다고 하기에는 아직 젊다. 따라서 이들은 현재보다 앞으로가 훨씬 더 기대되는 사상가들인데, 토스카노의 『광신』처럼 파워의 『일차원적 여성』 역시 국내에 소개되기를 기대해본다.

4) 페터 슬로터다이크의 주요 저작들

(1983년)『냉소적 이성 비판 1』(에코리브르/2005)
(1999년)『인간농장을 위한 규칙』(한길사/2004)
(2006년)『분노와 시간: 정치심리학적 연구』(Suhrkamp/2012)

페터 슬로터다이크는 흔히 '보수적' 사상가로 분류되는 경향이 있는
데, 사실 그의 철학적 입장은 미묘한 데가 있다. 이 점을 확인하려면
우선『냉소적 이성 비판』을 읽어봐야 한다. 현대 사회에 만연한 냉소
주의를 근대 계몽주의의 산물이라 보며 냉소주의의 극복을 위해 고
대 그리스의 견유주의 전통을 회복해야 한다고 말하는 이 저작은 슬
로터다이크의 첫 번째 저작으로서 그의 철학적 입장이 가장 잘 집약
되어 있다(아쉽게도 국내에는 절반만이 번역되어 있는데 속간이 기대된
다).한국어판『인간농장을 위한 규칙』은 동일한 제목의 독일어판뿐
만 아니라『대중의 경멸: 현대 사회의 문화투쟁에 관한 시론』(2000),
『복음의 개선에 관하여: 니체의 다섯 번째 '복음서'』(2000)가 합본된
것으로서, 역시 슬로터다이크의 철학적 입장을 잘 보여준다.『분노
와 시간』은 그리스도교에서의 분노와 맑스주의에서의 분노를 '자본
의 논리'(거래, 투자, 축적 등)로 비교하는 흥미로운 저작이다. '분노의
정치경제학'이라 할 만한 이 저작도 소개되기를 기대해본다.

5) 존 그레이의 주요 저작들

(2002년)『하찮은 인간, 호모 라피엔스』(도서출판 이후/2010)
(2007년)『추악한 동맹』(도서출판 이후/2011)
(2011년)『불멸화 위원회』(도서출판 이후/2012)

존 그레이의 철학적 입장 역시 꽤 미묘하다. 페터 슬로터다이크의 표현을 빌리면 '냉소적' 자유주의자라 할 만한데, 그레이 본인은 '회의주의적' 현실주의자라고 자신을 소개할 듯하다. 그레이는 '호모 라피엔스'(homo rapiens), 즉 '약탈하는 자'에 불과한 인간에게는 "지식의 진보는 존재하나 윤리의 진보는 존재하지 않는다"고 본다. 따라서 이런 인류가 고안한 (민주주의에서부터 코뮤니즘에 이르기까지) 일체의 유토피아주의는 악몽이 될 뿐인데, 우리가 할 수 있는 최선의 일은 불가피하게 발생할 수밖에 없는 인간의 악행을 최대한 피하는 일이다. 바로 이것이 그레이가 말하는 '현실주의'이다. 이런 입장을 어떻게 평가할지는 각자의 몫이겠지만, 우파와 좌파의 모든 정치적 전망을 날카롭고 섬세하게 비판하는 그레이의 솜씨만은 일품이다(『하찮은 인간, 호모 라피엔스』의 원제는 『지푸라기 개』이며, 『추악한 동맹』의 원제는 『검은 미사』라는 점에 유의하라).

6) 자크 랑시에르의 주요 저작들

(1987년) 『무지한 스승: 지적 해방에 대한 다섯 가지 교훈』(궁리/2008)
(1998년) 『정치적인 것의 가장자리에서』(도서출판 길/2013)
(2006년) 『감성의 분할: 미학과 정치』(도서출판b/2008)

자크 랑시에르는 안토니오 네그리와 슬라보예 지젝만큼 국내에 잘 알려져 있는 사상가이다. 당연히 랑시에르의 저작 역시 많이 번역되어 있는데, 우선 『정치적인 것의 가장자리』에서의 일독을 권한다. 특히 여기에 수록된 「정치에 대한 열 가지 테제」에는 랑시에르 정치철학의 핵심 내용이 잘 요약되어 있다. 랑시에르의 핵심 테제인 '감성적인 것/미학의 정치성' 혹은 '정치의 감성론'이 좀 더 명확하게 제시된 저작은『감성의 분할: 미학과 정치』이다. 이 책의 부록으로 실린 슬라보예 지젝의 발문「랑시에르의 교훈」역시 일독을 권한다.

5. 코뮤니즘이라는 이념

코스타 두지나·슬라보예 지젝 엮음,『코뮤니즘이라는 이념』(Verso/2010)
알랭 바디우·슬라보예 지젝 엮음,『코뮤니즘이라는 이념 2: 베를린 2010』(Lignes/2011)
슬라보예 지젝 엮음,『코뮤니즘이라는 이념 2: 뉴욕 컨퍼런스』(Verso/2013)

위 책들은 슬라보예 지젝과 알랭 바디우가 '코뮤니즘이라는 이념'이 라는 주제 아래 개최한 국제 심포지엄·컨퍼런스의 결과물들이다. 아 쉽게도 아직 한국어로 번역되지는 않았지만, 곧 소개될 것이라는 소 문이다. 각 권 모두 쟁쟁한 사상가들의 논문을 수록하고 있는데 우선 이 주제가 정식화되는 데 산파 역할을 한 바디우의「코뮤니즘이라는 이념」(『코뮤니즘이라는 이념』), 그리고 이 주제와 관련된 쟁점을 다룬 지젝의「질문 없는 답변」(『코뮤니즘이라는 이념 2: 뉴욕 컨퍼런스』)의 일독을 권한다. 이 주제에 대해 가장 날카롭게 문제를 제기한 논문으 로는 자크 랑시에르와 에티엔 발리바르의 것을 추천한다.

옮긴이 후기

몇 해 전 웹서핑을 하다가 다큐멘터리『맑스 재장전』의 존재를 처음 알게 됐다. 유튜브에서 본『맑스 재장전』의 예고편은 레온 트로츠키 와 칼 맑스를 대면시킨 애니메이션 도입부와 이어지는 대담자들의 면면만으로도 흥미를 끌기에 충분했다. 게다가 '금융 위기'라는 말이 전지구적으로 어떤 위화감도 없이 통용되고 있는 상황에서, 이런 프 로젝트가 등장했다는 사실은 그 자체로 반가운 일이었다.

그런데 정작 다큐멘터리를 처음부터 끝까지 다 본 것은 이 책의 번역을 맡고나서였다. 그리고 다큐멘터리를 보고나서 이 책의 출판 이 꼭 필요하다는 확신이 생겼다.

다큐멘터리는 예고편이 준 기대감에 비해 무난하고 다소 평이하 다는 느낌을 지울 수 없었다. 복잡다단한 사유의 결을 따라가기보다 는 선명하게 각인될 수 있는 입장만을 확인하는 정도에 그쳤기 때문 이다. 하지만 그도 그럴 것이 TV용 다큐멘터리였기 때문에 러닝타 임이나 시청자층에 대한 고려를 비롯해 여러 가지 제약이 틀림없이 많았을 것이다. 그래서 다큐멘터리 속 여러 대담자들 중 가장 중요한 논의를 펼치고 있는 정치철학자 여덟 명의 목소리를 편집 없이 있는 그대로 전달해주는 이 책의 출판은 우선 다큐멘터리의 좋은 보완물이 된다는 점에서 꼭 필요한 기획이라는 생각이 들었다.

그러나 이 책은 다큐멘터리와의 관련성과 별개로 그 자체만으로도 매우 흥미로운 기획이 아닐 수 없다. 『맑스 재장전』이라는 프로젝트의 배경에는 21세기에 나타난 두 가지 독특한 현상이 자리하고 있다. 하나는 2007~08년의 이른바 서브프라임 모기지 사태라는 금융위기로부터 촉발되어 전지구적으로 계속되고 있는 자본주의의 위기이고, 다른 하나는 위기에 빠진 자본주의의 대안으로서 코뮤니즘이라는 이념이 각광을 받고 있는 현상이다. 제이슨 바커는 다큐멘터리라는 틀에서 벗어나 이 책에서 자유롭게 이야기하는 여덟 명의 정치철학자들과 함께 전지구적 자본주의의 위기에 대한 진단, 맑스라는 사상가에 대한 평가와 그의 사상이 갖는 현재적 의미, 그리고 코뮤니즘이라는 이념의 잠재력 등에 관한 이야기를 나눈다.

여기서 맑스를 전무후무한 자본주의 분석가로서는 긍정하지만 코뮤니즘과 주체로서의 인간의 행동 가능성에 대해서는 회의적인 존 그레이를 제외하면, 나머지 대담자들은 맑스의 사상을 긍정하고 비판적으로 수용하면서 나름의 방식으로 재창조하고 있다. 이들은 맑스가 정교화한 개념들 중에서 오늘날에도 여전히 유용한 개념들이 무엇인지 선별하는 데 그치지 않고, 그 개념들을 현재 우리가 발 딛고 서 있는 세계의 물질적 조건에 적실하도록 변형시키는 데까지 나아간다. 이것은 동시에 현실 사회주의의 이름으로 오염된 20세기 코뮤니즘과의 결별을 의미하기도 한다. 따라서 『맑스 재장전』은 마치 유물을 복원하듯이 맑스의 사상을 당시의 모습 그대로 복원해내는 것이 아니라 현재적 맑스를 창조하는 작업인 것이다.

이들 중 '맑스 재장전'을 가장 일관되고 철저하게 진행해온 사람은 단연코 안토니오 네그리와 마이클 하트일 것이다. 바커가 각 대담자들에게 제기하는 질문들은 실제로 네그리와 하트의 자본 분석과 정지석 기획에 꽤 많이 기대고 있다. 비물질노동의 헤게모니, 이윤에서 지대로의 이행, 사적인 것과 공적인 것이라는 이원구도에서 공통적인 것으로의 이행, 자유주의와도 사회주의와도 다른 것으로서의 코뮤니즘 등은 네그리와 하트가 '제국' 3부작의 마지막 책인 『공통체』(2009)와 최근작 『선언』(2012)에 이르기까지 계속 다듬어온 이론들이며, 그 뿌리에는 언제나 맑스가 자리하고 있다.

그렇다면 이처럼 오랫동안 맑스를 재장전해온 네그리와 하트가 말하는 코뮤니즘이란 과연 무엇일까? 네그리와 하트가 말하는 코뮤니즘은 바로 '공통적인 것의 운영'이다. 가령 하트는 사적 소유와 자본주의가 양립 불가능한 지경에 이르렀다고 말한다. 마치 봉건적 소유관계가 생산성에 족쇄가 되어 자본주의로의 이행이 일어났듯이, 오늘날에는 "사적 소유라는 지배적인 관계가 더 이상 성장을 추동할 수 없으며 사실상 성장을 방해"(53쪽)하고 있기에 코뮤니즘으로 나아가야 하며 나아갈 수밖에 없다는 것이다.

슬라보예 지젝 역시 이와 비슷한 주장을 펼친다. 지젝은 지식이 물질적 형태의 재산과 달리 공유하는 즉시 소진되어버리는 것이 아니라 공유될수록 더 풍성해진다는 점을 들어 반자본주의적 상품이라고 규정한다. 그래서 지젝은 오늘날 지식의 사유화가 점점 불가능해지고 있다는 데서 자본주의 종언의 근원을 발견한다. 나아가 지젝은 20세기 코뮤니즘, 즉 사회주의의 중앙집중적 계획과 대비되는 "우리가 공통재를 다룬다는 의미에서의 코뮤니즘"(102쪽)을 제시한다.

한편 알베르토 토스카노는 공통적인 것이라는 개념에 대해 양면적 태도를 갖고 있다고 말하는데, 그것은 공통적인 것이 그 자체로 해방적이라고 생각하는 것을 경계할 필요가 있다는 주장이다. 오늘날에는 자본주의조차도 협력적이고 공통적인 것을 미덕으로 삼으며 그것을 우리에게 강요하고 있기 때문이다. 토스카노의 이런 지적은 매우 타당하다. 이것은 코뮤니즘이 공통적인 것의 운영인 이유와, 달리 말해 '공통적인 것이 운영되어야 하는 이유'와 연결된다. 하트는 공통적인 것의 운영에 자생적인 것은 존재하지 않는다고 주장한다. 네그리 역시 코뮤니즘이란 물질적·존재론적으로 구축되어야 할 무엇이라고 표현하고 있다. 이것은 토스카노가 말한 "자본에 의해 부과된 공통성이나 집단성의 형태로부터, 해방의 잠재력을 가진 공통성과 집단성을 뽑아내는 것"(151쪽)과 다르지 않다.

다른 한편 페터 슬로터다이크는 노동보다는 신용이, 자본과 노동의 적대보다는 채권자와 채무자의 협력적 적대가 더 적절하다고 주장하며 기존의 프롤레타리아트 범주에 포함되지 않는 중간층에 주목한다. 슬로터다이크의 주장은 일견 맑스의 핵심 개념과 동떨어진 것으로 보일 수 있다. 그러나 오늘날의 착취/수탈 메커니즘에서 지대가 차지하는 비중을 생각해보면, 그리고 이렇게 메커니즘이 달라졌음에도 협소하고 경직된 노동·노동계급 개념에서 벗어나지 못하고 있는 우리의 모습을 떠올려보면, 이런 주장 역시 코뮤니즘을 모색함에 있어 시사해주는 바가 있음을 알 수 있다. 예컨대 니나 파워는 네그리와 하트의 다중 개념을 "노동자와 비노동자, 즉 체제에 포함된 사람들과 배제된 사람들 모두를"(120쪽) 포괄하는 흥미로운 시도라고 평가하는데, 슬로터다이크가 말하는 중간층을 바로 이 '체제에 포함된 사람들'로 볼 수 있다. 이른바 국민경제의 부속품으로 전락해 국가로 부터 수탈당하고 있는 사람들 말이다(실제로 슬로터다이크는 중간층을 다중에 포함시키고 그에 대한 명확한 상을 제시하는 것이 신맑스주의자들의 과제라고 말한다).

끝으로 자크 랑시에르는 '몫 없는 자들의 몫'을 통해 코뮤니즘을 설명한다. 랑시에르의 설명에 따르면, '몫 없는 자'는 "몫이 없으나 사유할 수 있을 뿐만 아니라 정치적으로 개입할 수 있고, 생산을 조직할 능력을 입증할 수도 있는 행위자"(203쪽)이며 이들의 등장은 해방과 직결된다. 랑시에르는 혁명이란 맑스의 프롤레타리아트 개념과 같은 "전적으로 무無로 전락한 계급"으로부터 발생하는 것이 아니라 "몫 없는 사람들이 보여주는 몫을 가질 능력"으로부터 발생한다고 말한다(같은 쪽). 그리고 오늘날에도 착취는 도처에서 행해지지만, 착취 방식이 다양해졌기 때문에 착취로부터 프롤레타리아트라는 단일한 계급이 산출되는 일은 더 이상 없다고 주장한다. 이런 주장은 피착취계급을 착취의 산물로, 평등을 불평등의 산물로 설정했던 그간의 논리를 역전시킨다.

이처럼 이 책『맑스 재장전』에서 코뮤니즘은 여러 정치철학자들의 입을 통해 다양한 방식으로 표현되고 있다. 그리고 우리는 여기에서 그 다양한 접근과 변주를 하나로 꿰어주는 실을 발견할 수 있다. 이 실은 두 가지 색을 띠고 있다.

하나는 주체의 욕망이 발휘되는 것을 출발점으로 삼는 태도이다. 하트는 자본주의에 순응하는 삶이 문제적인 것은 허위의식에 사로잡혀 있기 때문이 아니라 욕망이 제한되어 있기 때문이라고 주장한다. 따라서 혁명의 효소는 "무엇이 옳으냐, 무엇이 진리냐"에 있는 것이 아니라 "우리가 원하는 것, 우리가 원하는 사회를 만들어내는 데" 있는 것이다(60쪽). 네그리 역시 과잉생산의 본질은 욕구를 가진 사람들에게 구매할 돈이 없다는 사태에 있음을 지적하면서, "부나 재화의 균형, 순환이 제대로 이뤄지지 않는 것"(85쪽) 때문에 사람들의 욕망이 좌절되는 것을 문제 삼는다. 파워는 "더 단순하지만 더 창조적인 삶을 살려는 욕구나 욕망," 즉 "상품물신주의에 의해 매개되지 않는 진정한 관계를 맺고 싶어 하는"(125쪽) 노력이 실재한다고 말하며, 이런 욕망의 추구나 좌절이 고립된 개인의 차원에서 해소되는 것을 경계한다. 토스카노 역시 "집단적 욕구와 집단적 결정의 형태로 경제와 사회를 재조직하는 맥락"(150쪽)을 강조하며 현재의 위기를 극복하려면 전지구적인 협력이 필요할 것이라고 말한다.

다른 하나는 혁명을 폭발적인 사건이 아니라 느릿한 협력과 구성의 과정으로 보는 태도이다. 이에 관련해 하트는 "협력의 습관"이야말로 곧 "공통적인 것을 운영하는 회로들"(55쪽)이라고 말하며, 네그리는 "현실의 변형과 현실을 만들고 구축하려는 의지 혹은 결정 사이의 관계 속에서 구성되는 무엇"(71쪽)이 코뮤니즘이라고 말한다. 지젝은 다른 누구도 아닌 바로 우리가 공통재를 다뤄야 한다는 것을 강조하며, 슬로터다이크는 코-이뮤니즘을 "치명적인 것에 맞선 동맹"으로, 코-이뮤니티(공동면역체)를 "자원 분배나 연대 협정을 토대로 구축"(173쪽)되는 것으로 제시함으로써 협력과 구성의 차원을 언급한다. 파워는 우리에게 필요한 것은 "자기를 조직하고, 다른 사람들과 함께 조직하고, 시위하고, 이론을 공부하고, 세계가 어떻게 돌아가고 있는지를 이해하는 등의 더디고 때로는 지루한 과정"(133쪽)이라고 말하면서 혁명을 일회적인 각성이나 사건으로 여기기를 거부한다. 토스카노의 말처럼 "'단박에 빠져나올 수 있다'는 생각이야말로 매력적일지는 몰라도 관념적"(156쪽)인 것이다.

이렇게 주체의 욕망을 키우고 그것을 발휘하도록 하는 데 중점을 두게 되면, 그리고 그 과정을 협력과 구성의 과정으로 사유하게 되면, 코뮤니즘 사회는 어느 순간에 갑작스럽게 찾아오는 것이 아니라 지금-여기에서 우리가 만들어야 하는 것이 된다. 이로써 이 책 『맑스재장전』은 전지구적 위기의 시대에 혁명은 없고 파국만 있으리라는 냉소뿐만 아니라 혁명이 일거에 모든 것을 바꿔놓으리라는 판타지를 동시에 논파한다. 바라건대 이 책이 자본주의와는 다른 삶을 스스로 구축하고자 하는 이들, 코뮤니즘 이론과 실천의 접목을 모색하는 이들이 함께 모여 고민하고 토론하는 계기가 됐으면 한다. 이런 접속이 시작되는 순간 우리의 삶은 상당히 달라져 있을 것이다.

이 책의 번역 작업은 (글로 되어 있긴 했지만) 여러 정치철학자들의 생생한 육성을 들을 수 있다는 점에서 무척이나 재미있는 작업이었다. 그리고 코뮤니즘을 연구하고 모색하는 사람으로서 대담자들이 보여준 문제의식, 관점, 태도로부터 많은 단초들을 얻을 수 있었다. 이 책의 원문은 영어와 프랑스어로 되어 있다. 영어로 된 원문(하트, 지젝, 파워, 토스카노, 슬로터다이크, 그레이와의 대담)은 은혜가, 프랑스어로 된 원문(네그리, 랑시에르와의 대담)은 정남영이 옮겼으며, 모든 장을 함께 검토했다.

작업을 마무리하며 도움을 주신 분들께 짧게나마 감사의 인사를 드리고 싶다. 먼저 도서출판 난장의 이재원 편집장님께 감사드린다. 옮긴이들이 미처 손보지 못한 부분들을 잡아주시고 독자들이 매끄럽게 읽을 수 있도록 문장들을 세심하게 다듬어주셨다. 이런 노력 덕분에 독자들은 이 책에 좀 더 쉽게 다가갈 수 있을 것이다. 그리고 이 번역의 산실이라고 할 수 있는 연구공간 L에 고마움을 전한다. 연구공간 L의 친구들은 누구보다도 코뮤니즘에 대해 진지하게 모색하는 연구활동가들로서 이 작업의 든든한 지원군이 되어줬으며, 이 책의 잠재적인 열혈 독자들이기도 하다. 이 책을 놓고 그 친구들과 벌이게 될 토론이 벌써부터 기대된다. 끝으로 이 땅 곳곳에서 각자의 방식으로 자본주의와의 싸움을 계속하고 있는 모든 이들에게도 감사의 마음을 전하고 싶다. '다른' 삶에 대한 이들의 욕망이 없다면 결코 혁명도 코뮤니즘도 없을 것이기 때문이다.

2013년 8월 26일
서울 후암동에서

찾아보기

『프랑스 내전』(Der Bürgerkrieg in
    Frankreich) 138, 220n1, 228
『매트릭스』(The Matrix) 13, 15, 17, 21,
    22, 27, 58, 59, 103, 104, 131, 155, 175,
    193, 194
메르켈(Angela Merkel) 66
몫 없는 자들(sans-parts) 28, 203 →
    '랑시에르' 항목 참조
몫 없는 자들의 몫(part des sans-parts)
    202, 203 → '랑시에르' 항목 참조
몬티 파이튼(Monty Python) 191,
    223n7
물신주의(fetishism) 125, 163, 164,
    185~188
    상품물신주의(commodity fetishism)
        95, 104, 124, 163, 164, 183, 185~188
미국연방준비제도이사회(U.S. Federal
    Reserve Board) 43, 63

ㅂ
바디우(Alain Badiou) 10, 11, 18, 32,
    35, 71, 86, 93, 97, 112, 128~130, 136,
    209n2, 211n20, 235
    『메타정치 개요』(Abrégé de
        métapolitique) 130, 220n8
바쿠닌(Mikhail Bakunin) 160
바티모(Gianni Vattimo) 93
반달리즘(vandalism) 167
발라드(J. G. Ballard) 187
버먼(Marshall Berman) 140
벌린(Isaiah Berlin) 33, 212n21, 226
베를루스코니(Silvio Berlusconi) 88,
    216n17
벤담(Jeremy Bentham) 108
벤야민(Walter Benjamin) 103, 164
보어(Niels Bohr) 95
본원적 축적(primitive accumulation)
    65, 69, 214n4

부시(George Walker Bush) 29, 63, 88,
    216n13
부실자산 구제 프로그램(Troubled Asset
    Relief Program) 29
분업(division) 50, 208
    인종 분업(racial division) 50
    젠더 분업(gender division) 50
브라운(Gordon Brown) 79
브로델(Fernand Braudel) 153
브뤼헐(Pieter Bruegel de Oude) 100,
    217n3
    「네덜란드 속담」(Nederlandse
        spreekwoorden) 100, 217n3
블로크(Aleksandr Blok) 87, 216n16
블로흐(Ernst Bloch) 141
비물질노동(immaterial labour) 15, 81,
    120, 124, 152~154, 207 → '감정노동,'
    '돌봄노동,' '언어노동,' '정동노동,' '지대'
    항목 참조
비실물 경제(unreal economy) 39 → '실
    물 경제' 항목 참조

ㅅ
사르코지(Nicolas Sarkozy) 66
사유화(privatization) 41~44, 55, 101
사적 소유/사유 재산(private property)
    43~45, 51~55, 191 → '공적 소유/공유
    재산' 항목 참조
사회적 노동자(socialized worker) 68,
    214n6
사회주의(socialism) 18, 19, 25, 31,
    42~45, 64, 69, 70, 77, 79, 83~85, 98,
    99, 147, 149, 168, 171, 172, 190, 191,
    196, 210n7, 211n16, 216n13
산업자본(industrial capital) 51, 79
삶-형태(forms of life) 55, 80, 150,
    153, 206
세계관(Weltanschauung) 161

세계은행(World Bank) 66, 83
소비사회(consumer society) 59, 125 → '과잉생산' 항목 참조
소비주의(consumerism) 59, 164
슘페터(Joseph Schumpeter) 46
스탈린(Iosif Stalin) 86, 87, 171, 182, 189, 190, 227
스펙터클의 사회(Société du Spectacle) 187, 194 → '드보르' 항목 참조
스피노자(Baruch Spinoza) 32, 34, 66, 71~74, 170, 211n20
슬로터다이크(Peter Sloterdijk) 36, 157~176, 233, 234 → '공동면역주의,' '공동면역체' 항목 참조
시간성(temporality) 43, 154
시간틀(timeframe) 43
신레닌주의(neo-Leninism) 188~190, 193, 196
신맑스주의(neo-Marxism) 18, 19, 31, 35, 168, 169, 182, 188~190, 211n16
신볼셰비키주의(neo-Bolshevism) 193
실러(Friedrich Schiller) 206
실물 경제(real economy) 39, 145 → '비실물 경제' 항목 참조
실재(reality) 20, 22, 23, 27, 28, 31, 32, 48, 49, 95, 104~109, 160, 186, 212n20 → '지젝' 항목 참조
실재계(the Real) 21, 104

ㅇ

아그넬리(Giovanni Agnelli) 79, 215n12
IMF(International Monetary Fund) 66, 219n6
악성 자산(toxic assets) 39, 212n1
알튀세르(Louis Althusser) 72, 94, 200
양자 진동(quantum oscillation) 105
언어노동(language work) 119 → '비물질노동' 항목 참조

엥겔스(Friedrich Engels) 19, 23, 24, 46, 53, 84, 94, 100, 107, 117, 122, 123, 127, 130, 139, 159, 161, 162, 218n10, 225~229
『가족, 사유 재산, 국가의 기원』(Der Ursprung der Familie, des Privateigenthums und des Staats) 107, 218n9, 218n10, 228
역레드라이닝(reverse red-lining) 144, 221n8
역사유물론(historical materialism) 107, 227, 228
오바마(Barack Obama) 42, 43, 79, 83, 146, 215~216n13
욕망(desire) 19, 59, 60, 73, 74, 125
『월스트리트』(Wall Street) 140
유물론(materialism) 24, 47~49, 66~68, 71, 73, 78, 108, 228
육체노동(physical labour) 81, 119, 154
이글턴(Terry Eagleton) 93
인지적 내전(cognitive civil war) 160
일반지성(general intellect) 96, 100, 101
일상생활의 종교(the religion of everyday life) 25, 140, 156
잉여 인간(surplus humanity) 148

ㅈ

『자도즈』(Zardoz) 103, 217~218n5
자본주의(capitalism) 13, 14, 17, 19, 21, 23~27, 30~35, 39, 40, 42, 44~47, 51~53, 56, 58, 63~66, 69, 79, 81, 83~88, 96, 99~101, 107~109, 116, 118, 123, 126~131, 137~156, 162, 163, 165, 168, 175, 179~184, 186~188, 190, 193~196, 201, 205, 207, 211n16
자유민주주의(liberal democracy) 27, 29, 64, 66, 86, 127, 147, 148

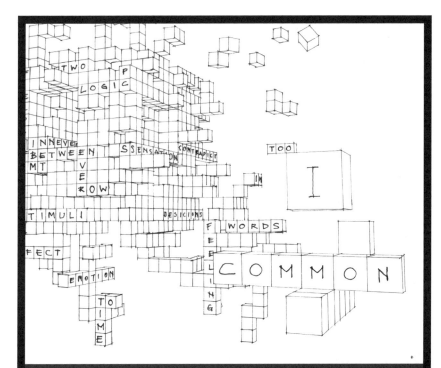

공통적인 것의 구성을 위한 에세이

자본의 코뮤니즘, 우리의 코뮤니즘

연구공간 L 엮음 | 신국판 변형(140×210) | 320쪽 | 값 18,000원 | 2012년 11월 12일 발행

신자유주의의 인클로저 운동에 맞서 어떻게 공통재를 지킬 것인가?
공적인 것과 사적인 것을 넘어서는 공통적인 것은 무엇인가?
왜 자본의 코뮤니즘에 맞서는 공통체를 창안해야 하는가?

"공통적인 것이라는 관념을 통해 우리는 맑스가 코뮤니즘이라는 말로 의미하고자 했던 바를 더 잘 이해할 수 있다"(마이클 하트)

"코뮤니즘은 공통적인 것에 대한 고찰이 나아가야 할 세 번째 방향이자 가장 난해한 방향이다"(에티엔 발리바르)

이제 다시 새로운 『공산주의당 선언』을 쓸 차례이다!

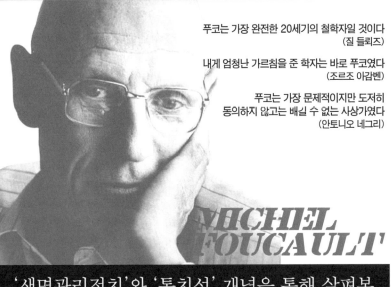

맑스 재장전
자본주의와 코뮤니즘에 관한 대담

초판 1쇄 인쇄 | 2013년 9월 2일
초판 1쇄 발행 | 2013년 9월 9일

엮은이 | 제이슨 바커
옮긴이 | 은혜·정남영
펴낸곳 | 도서출판 난장·등록번호 제307-2007-34호
펴낸이 | 이재원
주 소 | (121-841) 서울시 마포구 서교동 458-15 하이뷰오피스텔 501호
연락처 | (전화) 02-334-7485 (팩스) 02-334-7486
블로그 | blog.naver.com/virilio73
이메일 | nanjang07@naver.com

ISBN 978-89-94769-13-4 03300

이 도서의 국립중앙도서관 출판시도서목록(CIP)은
서지정보유통지원시스템 홈페이지(http://seoji.nl.go.kr)와
국가자료공동목록시스템(http://www.nl.go.kr/kolisnet)에서 이용하실 수 있습니다.
(CIP제어번호: CIP2013016003)